ALICIA SALZER

Zurück ins Leben

arkana

ALICIA SALZER

ZURÜCK INS LEBEN

Durch schmerzhafte Erlebnisse
und Krisen wachsen

Ein Selbstheilungsprogramm

Aus dem Amerikanischen
von Andrea Panster

arkana

Die amerikanische Originalausgabe erschien 2011 unter dem Titel
»Back to Life. Getting Past your Past with Resilience, Strength and Optimism«
bei William Morrow, einem Imprint von Harper Collins Publishers, New York.

MIX
Papier aus verantwor-
tungsvollen Quellen
FSC® C014496

Verlagsgruppe Random House FSC-DEU-0100
Das für dieses Buch verwendete FSC®-zertifizierte Papier
EOS liefert Salzer Papier, St. Pölten, Austria.

1. Auflage
Deutsche Erstausgabe
© 2011 der deutschsprachigen Ausgabe
Arkana, München
in der Verlagsgruppe Random House GmbH
© 2010 der Originalausgabe Alicia Salzer
Lektorat: Anne Nordmann
Satz: Buch-Werkstatt GmbH, Bad Aibling
Druck und Bindung: GGP Media GmbH, Pößneck
Printed in Germany
978-3-442-34101-6

www.arkana-verlag.de

Für Piper, meinen Seestern

Und für Leslie, die dafür sorgt, dass wir ein Dach über dem Kopf und festen Boden unter den Füßen haben

Ich bin hier, um in einer von der Jagd nach dem Vergnügen geblendeten Welt zu verkünden, dass Menschen leiden. Ich bin hier, um in einer rücksichtslos vorwärtsstrebenden Welt zu verkünden, dass Menschen auf der Strecke bleiben. Ich bin hier, um mich in einer vom Marktwert besessenen Welt für den Wert des Lebens einzusetzen … Und ich lebe. Dieser Kampf wird nicht lautlos vonstatten gehen, denn ich bin die Stimme der Kühnheit im Angesicht der Gleichgültigkeit. Ich bin der Geist der Tapferkeit in einer vorsichtigen Welt. Ich bin der klare Wille zum Handeln angesichts der Neutralität. Ich lebe.

Dan Pallotta, Aktivist und Überlebender

| INHALT |

| Einleitung |

ALS KINDER BLICKEN WIR STAUNEND in die Welt. Wir stellen uns vor, Prinzessinnen oder Superhelden zu sein, und gehen in diesen Rollen auf. Als Jugendliche verlieben wir uns mit Haut und Haaren. Wir planen unser Leben, erträumen uns die Zukunft und genießen die Gewissheit, dass wir uns zu den Menschen entwickeln werden, die zu sein uns bestimmt ist. Was ist aus dieser Leidenschaft, dieser Lebendigkeit geworden? Nun, das Leben kam uns dazwischen – mit seinen Enttäuschungen, Rückschlägen und Tragödien. Wir halten nur selten inne, um über all unsere Verluste und deren Ursachen nachzudenken. Stattdessen häufen sie sich, und allmählich scheint uns das Leben öde und schwer.

Die meisten von uns haben Dinge erlebt, die sie ihrem Gefühl nach von Grund auf verändert haben – und zwar zum Schlechteren. Viele blicken in den Spiegel und sehen einen bitteren und wütenden oder einen ängstlichen und unsicheren Menschen. Es fällt uns schwer, unsere Vergangenheit zu überwinden. Wir haben noch immer kein dickes Fell, fühlen uns lädiert, ohnmächtig und schämen uns. Das Leben fordert in der Tat seinen Tribut.

Gleichwohl gibt es Menschen in unserer Mitte, welche die

Tragödien und Herausforderungen des Lebens anscheinend
würdevoll zu nehmen wissen. Wir lesen ihre Biografien. Wir
gehen zu ihren Vorträgen. Wir sehen sie uns im Fernsehen
an und fragen uns: *Wie haben sie das nur geschafft?*

Wie übersteht man eine lebensverändernde Erfahrung,
ohne die Selbstbeherrschung, die Hoffnung, die eigene
Macht zu verlieren? Wie ist es diesen Menschen gelungen,
sich ein Gefühl der Sicherheit und des Vertrauens zu bewahren – oder wiederzufinden?

Die Menschen in diesen Fernsehsendungen sind uns ein
echtes Rätsel. Zu gerne wüssten wir, was haben sie, das wir
nicht haben. Wir fragen uns, ob es möglich ist, von hier nach
dort zu gelangen, und suchen in ihren Gesichtern und ihren
Geschichten nach Hinweisen. Wie fanden sie den Mut weiterzumachen? Wie überwanden sie ihre Wut? Wie fanden
sie Sinn in etwas, das gänzlich sinnlos ist? Was dachten und
was taten sie in ihrer schwersten Stunde, um zu der positiven Einstellung zu finden, die ihnen nun offenbar eigen ist?
*Wie haben sie es geschafft, große Schwierigkeiten erfolgreich zu
überwinden?*

Leider macht sich das »Wie« im Fernsehen nicht besonders gut. Deshalb sehen wir meist das trostlose »Vorher« und
das glanzvolle »Nachher«, getrennt durch die Offenbarung,
die das Leben dieser Menschen auf wundersame Weise veränderte. Es sieht aus, als sei eine Art heilende Magie in ihr
Leben getreten und habe ihnen geholfen, die Vergangenheit
zu überwinden.

In Wirklichkeit ist die scheinbare Mühelosigkeit, mit
der sie durchs Leben gehen, das Ergebnis harter Arbeit. Sie
üben sich in der Kunst des Überlebens. Sie wissen, wer oder
was ihnen ein Gefühl von Wohlbefinden, Sicherheit und
Lebendigkeit gibt, und bemühen sich diszipliniert und mit

Nachdruck um diese Menschen und Dinge. Sie wissen, wie sie sich trösten, sich beruhigen, ihr Selbstverständnis, ihren Glauben und ihre Handlungsfähigkeit wiederherstellen können. Wenn wir uns diese resilienten Menschen ansehen, die erfolgreich große Schwierigkeiten überwunden haben, fällt unser Blick meist auf ihre beeindruckenden *Taten*. Mich dagegen fesselt vor allem ihre aktive Kontrolle darüber, welche *Gedanken* sie in ihrem Kopf und welche *Gefühle* sie in ihren Herzen haben möchten.

> Resiliente Überlebende *beurteilen* das, was sie durchgemacht haben, auf eine ganz besondere Weise, die es ihnen ermöglicht wieder aufzublühen.

Auch Sie können das Wissen dieser Menschen erwerben. Im Rahmen meiner Arbeit begegne ich vielen Helden. Einige sind berühmt, andere nicht, alle aber stellen sich den Herausforderungen des Menschseins und erschaffen daraus in der schweren Zeit nach einem traumatischen Erlebnis ein Leben, das ein wunderbares Zeugnis für die Resilienz des menschlichen Geistes ist. Ich bin – genau wie Sie – stets auf der Suche nach dem »Wie«. Dabei bin ich auf konkrete Antworten gestoßen, die tatsächlich von Nutzen sind.

In meiner Tätigkeit als Psychiaterin konzentriere ich mich seit zehn Jahren auf die Behandlung von Traumata. Zuweilen stehe ich meinen Patienten unmittelbar nach einem schweren psychischen Trauma bei. Ich arbeite in der psychiatrischen Notaufnahme eines New Yorker Krankenhauses, in die Menschen kommen, deren Leben völlig aus den Fugen geraten ist. Ich arbeite mit Angestellten der öffentlichen

Verkehrsmittel in New York City, die bei der Arbeit psychische Traumata erlitten haben und deshalb nicht mehr fahrtüchtig sind. Nach dem Angriff auf meine Heimatstadt am 11. September 2001 engagierte ich mich für eine Organisation namens Disaster Psychiatry Outreach und behandelte unzählige New Yorker. Anfangs half ich ehrenamtlich am Ground Zero und sprach dort mit Feuerwehrleuten und Rettungsassistenten, Stahlbauarbeitern und Nachbarn, die sich von einer Sekunde auf die andere in einem Kriegsgebiet wiedergefunden hatten. Später engagierte ich mich am für die Angehörigen der Vermissten, Verletzten und Toten eingerichteten Family Assistance Center.

Es ist zwar von großem Wert, wenn man Menschen unmittelbar in einer Krise beistehen und beraten kann; die eigentlichen Fortschritte aber finden in den Monaten und Jahren danach statt, wenn sie darum ringen, das durch das Psychotrauma aus der Bahn geratene Leben zurückzuerobern. Erst nach einer Weile zeigt sich, wer mit dem Talent gesegnet scheint, diese Erfahrung souverän hinter sich lassen zu können. Nach dem Anschlag vom 11. September 2001 arbeitete ich für die Mount Sinai World Trade Center Clinic, in der sich die Rettungskräfte und freiwilligen Helfer, die im Bereich von Ground Zero im Einsatz waren, kostenlos behandeln lassen konnten. Darüber hinaus war ich fünf Jahre lang bei der *Montel Williams Show* als Traumaexpertin sowie für die Nachsorge zuständig. In dieser Zeit durfte ich viele bemerkenswerte Traumaüberlebende kennenlernen und unterstützen. Bei meiner Arbeit in der Traumapsychiatrie sehe ich die Menschen in ihren schlimmsten und in ihren besten Momenten. Am meisten berührt es mich, wenn jemand eine Möglichkeit findet, beides miteinander zu verbinden. Damit wir uns nicht falsch verstehen: Die Menschen, die wir als Helden bezeichnen, zweifeln genauso wie wir; sie verlieren die Hoffnung, geraten ins Taumeln und fallen auf die Nase. Aber sie haben besondere Fähigkeiten und kennen bestimmte Strategien, die ihnen in Augenblicken des Zweifels und der Krise teils Rettungsfloß, teils Religion sind.

Offenbar wissen einige wenige tapfere Menschen intuitiv, wie man psychische Traumata im Leben überwindet. Möglicherweise haben sie einen Teil dieser Fähigkeiten bereits in ihrer Kindheit erworben, die meisten trafen jedoch irgendwann die bewusste Entscheidung, genug zu haben. Sie entschlossen sich, von nun an selbst zu bestimmen, welche Gedanken sie in ihrem Kopf haben wollten. Das ist zwar beeindruckend diszipliniert, und doch kann sich jeder dieser Gruppe anschließen. Jeder kann sich ihre Gewohnheiten und Perspektiven aneignen. Jeder kann die Strategien ausprobieren, mit denen resiliente Traumaüberlebende den unausweichlichen Herausforderungen des Lebens begegnen. Und jeder kann sie nutzen, um sich besser zu fühlen.

Das Wort *Trauma* wird in diesem Buch recht häufig vorkommen. Ich verwende es im Sinne von: »Dann kamen die Traumata des Lebens und beraubten Sie Ihrer Hoffnung.« Viele Menschen empfinden diesen Begriff als beunruhigend. Was genau versteht man unter einem Psychotrauma?

Im Sinne dieses Buches gilt als Trauma *jedes* Erlebnis oder *jede* Situation, die unser Verständnis von der Welt und unserem Platz darin in seinen Grundfesten erschüttern.

Selbstverständlich schließt dies all die schrecklichen Dinge
ein, die uns bei diesem Wort normalerweise in den Sinn
kommen. Meiner Ansicht nach bezeichnet es aber auch viele
weitere Erfahrungen, die uns aus der Bahn werfen, weil sie
das Gefühl hervorrufen, urplötzlich hätten sich die »Regeln«
des Lebens geändert. Somit können auch gesundheitliche
Probleme, ein Verrat, der Verlust der Wohnung oder des
Arbeitsplatzes traumatisch sein. Wenn ein Ereignis im Leben
Sie Ihres Wohlbefindens und Ihres Selbstwertgefühls beraubt
und Sie sich danach nicht mehr sicher fühlen oder meinen,
gänzlich die Kontrolle verloren zu haben, liegt ebenfalls ein
Trauma vor.

Es ist wichtig, sich klarzumachen, dass wir mit dem Wort
Trauma im Grunde zwei verschiedene Dinge bezeichnen:
zum einen die traumatische Erfahrung selbst, zum anderen
das »verinnerlichte Trauma«, also die Art und Weise, wie die
Erfahrung unsere Ansichten, die Regeln, nach denen wir
leben, und unser Selbstbild verändert. Zu den dauerhaften
Folgen eines Traumas gehören die spirituellen, emotionalen
und kognitiven Schläge, die Sie einstecken müssen – und
welchen Einfluss diese Veränderungen darauf haben, wie Sie
danach durch die Welt gehen.

Traumatische Erfahrungen stellen Ihren Sinn für Ordnung und Gerechtigkeit infrage. Die Welt, die früher einmal
fair erschien, ist es nun nicht mehr. Sie dachten, wenn Sie
treu und liebevoll wären, würde Ihre Ehe funktionieren –
doch das war nicht der Fall. Nun meinen Sie, nicht mehr
lieben und vertrauen zu können. Sie dachten, Sie würden
Ihr Geld klug investieren – doch nach dem Verlust eines
Großteils Ihrer Ersparnisse sind Sie sich nicht mehr sicher,
ob Ihre Intelligenz Ihnen ein guter Ratgeber ist. Aus uner-
findlichen Gründen haben sich die Regeln verändert: Nach

dem, was Sie erlebt haben, können Sie nicht mehr glauben, dass Vorsicht Sie schützt oder eine gesunde Lebensführung dafür sorgen wird, dass Sie gesund bleiben.

> Wir müssen zwischen der traumatischen Erfahrung und dem »verinnerlichten Trauma« unterscheiden.

Diese Änderung der Regeln, die dem »verinnerlichten Trauma« zu Grunde liegt, hat verheerende Folgen. Manchmal fühlt es sich an, als sei Ihr Leben vom Schatten einer zweiten Existenz begleitet. Sie können deutlich erkennen, was für ein Mensch Sie hätten werden sollen und was für ein Mensch Sie ohne das Trauma auch *geworden wären*. Sie sehen sehr genau, was Sie verloren haben.

Wenn wir versuchen, nach diesen neuen Regeln zu leben, scheint der Boden unter unseren Füßen nicht mehr sicher. Dieser Zustand ist eine Mischung aus Trauer, Angst und Misstrauen, die ich als **Permatrauma** bezeichne. Wir versuchen, uns vor einer erneuten Traumatisierung zu schützen, und bedienen uns dazu maladaptiver, das heißt unangemessener, unvorteilhafter oder sozial unverträglicher Verhaltensweisen. So hält das, was wir am schlimmsten Tag unseres Lebens gelernt haben – Misstrauen, einen Mangel an Selbstvertrauen und Selbstwirksamkeit, das Gefühl, ein Opfer zu sein – Einzug in unser ganzes folgendes Leben. Wir unternehmen nichts mehr; wir vertrauen anderen nicht mehr; wir klammern uns an dieses unangemessene Verhalten, auch wenn der Sturm längst vorüber ist, und merken nicht, dass wir dadurch das Gefühl von Ohnmacht und Gefahr aufrechterhalten.

Wenn uns diese ungeeigneten Strategien zur Gewohnheit werden, wird es in unserem Leben immer enger. Mit einem Mal gibt es viele Dinge, die wir nicht mehr *tun*. Vor allem aber gibt es viele Dinge, die wir nicht mehr *fühlen,* da unser emotionales Repertoire auf die Größe unseres neuen Permatrauma-Weltbildes schrumpft.

Es scheint, als würden uns die Regeln schützen, die wir nach einer traumatischen Erfahrung aufstellen, aber in Wirklichkeit schränken sie unsere emotionale Bandbreite ein. Oft bleiben wichtige Gefühle wie Geborgenheit, Vertrauen, Liebe, Zärtlichkeit, Intimität und Selbstbestimmung auf der Strecke. Doch ebendiese Emotionen müssen wir empfinden, um ein vollständiges und erfülltes Leben zu führen. Die eigentlichen Verluste infolge eines Traumas werden daher erst im Nachhinein erkennbar.

> Ein Trauma schränkt unsere emotionale Bandbreite ein.
> Deshalb rückt dieses Buch die spirituellen und emotionalen Kosten in den Mittelpunkt.

Es ist nicht leicht, ein liebevoller Partner, Vater oder Mutter sowie anderen Menschen eine Stütze zu sein, wenn man nicht weiß, ob man angreifen oder flüchten soll. Es ist nicht möglich, Nähe zu empfinden, wenn man gleichzeitig »Sicherheitsabstand« zum anderen hält. Wer sich mit eiserner Disziplin durchs Leben kämpft, dem wird es schwerfallen, Dankbarkeit zu empfinden, kreativ zu sein oder zu lachen, bis ihm die Tränen kommen. Wer die Vorstellung verinnerlicht hat, dass er ein Opfer ist, kann nicht stark, mutig oder leidenschaftlich sein. Bei der Lektüre dieses Buches werden Sie feststellen, dass gerade diese »verschollenen Gefühle« – sowie die Aktivitäten und Beziehungen, die sie uns ermöglichen – das Leben lebenswert machen. Das Permatrauma nimmt sie uns, aber wir können sie uns zurückholen.

Warum dieses Buch anders ist

Ich nehme an, dies ist nicht das erste Buch, mit dessen Hilfe Sie Ihre Vergangenheit zu bewältigen versuchen. Vielleicht haben Sie es auch schon mit einer Therapie probiert, um sich besser zu fühlen. Vermutlich waren Sie damit nicht so erfolgreich, wie Sie gehofft hatten. Sie können sicher sein, dass sich mein Ansatz erheblich von allem unterscheidet, was Sie bisher probiert haben.

Vor allen Dingen möchte ich Ihnen zeigen, dass Sie nicht allein sind und dass das, was Sie gerade durchmachen, nicht ungewöhnlich ist. Eine der großen kulturellen Mythen zum Thema Trauma lautet, dass derartige Vorfälle selten seien. Dies ist auch einer der Gründe, weshalb sich viele Überlebende so einsam fühlen.

Ich war einmal in einem Seminar, das nichts mit dem Thema Trauma zu tun hatte. Um uns unsere angeborene Fähigkeit vor Augen zu führen, mit Herausforderungen fertig zu werden, bat der Seminarleiter das Publikum – das aus knapp tausend Menschen bestand – aufzustehen, wenn sie ein bestimmtes Trauma erlebt hatten. Die Leute erhoben sich zuhauf. Er nannte Schwierigkeiten anderer Art, und noch mehr Menschen standen auf. Nachdem er eine Handvoll Traumata aufgezählt hatte, saß fast niemand mehr. Interessanterweise hatten aber auch die Menschen, die auf ihren Stühlen geblieben waren, schwierige, einschneidende, emotional belastende und lebensverändernde Traumata erlebt. »Nach zehn Jahren Ehe hat mein Mann die Kinder und mich für eine andere verlassen.« »Als aus mir kein Spitzensportler wurde, wie mein Vater sich das gewünscht hätte, war ich Luft für ihn.« »Ich habe mein ganzes Vermögen in die Verwirklichung eines Traumes investiert, und mein Geschäftspartner hat mich darum betrogen.« »Ich habe hart gearbeitet, um meiner Frau und meinen Kindern ein gemütliches Zuhause bieten zu können, und dann haben wir das Haus verloren.« Niemand – wirklich niemand – im Raum war von mehr oder weniger schweren Schicksalsschlägen verschont geblieben.

Ich bezeichne Vergewaltigung, Körperverletzung und Krieg als »Big-T Traumas« oder »Traumata im engeren Sinn«. Allerdings kommen auf jeden Kriegsveteranen, auf jede Frau, die am 11. September 2001 Witwe wurde oder einen brutalen Übergriff überlebt hat, unzählige Menschen, die von anderen Ereignissen überrumpelt werden, die ihr Leben und ihre Regeln verändern. Vorfälle dieser Art bezeichne ich als »Little-t Traumas« oder »Traumata im weiteren Sinn«. Sie können ebenso belastend sein und fühlen sich, wenn man betroffen ist, alles andere als belanglos oder banal an.

> »Traumata im weiteren Sinn« können ebenso tiefgreifende Folgen haben wie »Traumata im engeren Sinn«.

Ich möchte hier keine Einteilung vornehmen und schon gar keine Diagnose stellen. Ich möchte vielmehr die Scham ausmerzen, die aus dem Gefühl entsteht, wir seien allein und würden Ungewöhnliches durchmachen.

Wir Traumaüberlebende sind ein seltsames Völkchen. Wir haben Solidarität und Kameradschaft bitter nötig und sind doch füreinander weitgehend unsichtbar. Ich halte Vorträge für eine Organisation namens RAINN (Rape, Abuse and Incest National Network). Um die Finanzen aufzubessern und bekannter zu werden, verkauft RAINN Halsketten mit Anhängern, in die ein einziges Wort eingraviert ist: »Hoffnung.« »Mut.« »Stärke.« »Überlebende/r.«

Wenn ich den Anhänger mit der Aufschrift »Hoffnung« trage, fragen mich die Leute oft, wo sie eine solche Kette kaufen können. Jeder mag Hoffnung! Wenn ich die Anhänger mit der Aufschrift »Mut« oder »Stärke« trage, fragen die Leute, wo sie eine solche Kette für einen Menschen bekommen können, der gerade eine schwere Zeit durchmacht. (Ich höre nie, dass jemand die Kette für sich selbst möchte. Schließlich würde man einen Anhänger mit der Aufschrift »Stärke« oder »Mut« nur tragen, wenn man glaubte, diese Eigenschaften zu brauchen – und es ist schwer, dies zuzugeben.)

Es dauerte lange, bis ich die Kette mit der Aufschrift »Überlebende« trug. Was würde ich auf die Frage antworten: »Was haben Sie denn überlebt?« Wäre ich bereit, meine Geschichte zu erzählen? Bekämen die Leute am Ende Dinge zu hören, auf die sie nicht gefasst sein würden?

Mit dem, was tatsächlich geschah, als ich endlich den Mut fand, die Kette anzulegen, hatte ich nicht gerechnet. An jenem Nachmittag bemerkte ich eine junge Frau, die sich in meine Nähe herumdrückte und immer wieder zu mir herübersah. Schließlich sprach sie mich an. Sie bemühte sich, ihre Tränen zurückzuhalten, und sagte einfach: »Ich finde es toll, dass Sie diese Kette tragen.« Es war ihr anzusehen, dass sie gern noch mehr gesagt hätte, aber ich merkte auch, dass sie schon dieser kurze Satz große Kraft gekostet hatte.

Später wurde ich auch von anderen Menschen angesprochen, die meine Kette angerührt und ermutigt hatte. Sie offenbarten sich mir nicht deshalb, weil ich Psychiaterin war, sie kannten mich ja nicht. Sie wussten nur, dass ich den Mut hatte, meinen Status als Überlebende wie eine Auszeichnung zu tragen.

Bis heute erinnert mich diese Kette immer daran, wie viele von uns leiden und versuchen, als »normal« zu gelten. Überall sehe ich Hinweise darauf, dass die Menschen Verletzungen mit sich herumtragen: In dem Jungen, der bei der Fehlzündung eines Wagens zusammenzuckt. In der Haltung einer Frau, die auf dem Bürgersteig an einer Gruppe von Männern vorübergeht. In der sarkastischen Bemerkung einer Freundin über die Nutzlosigkeit des anderen Geschlechts. Scham hält uns voreinander verborgen.

Die Wahrheit lautet: Die meisten Erwachsenen tragen ein unbewältigtes Trauma mit sich herum.

Dies beeinträchtigt unsere Fähigkeit zu lieben und uns liebenswert zu fühlen, uns zu wehren und dafür zu sorgen, dass unsere Bedürfnisse befriedigt werden, Risiken einzugehen und Hoffnung zu empfinden. Der Permatraumamodus schwächt unsere Fähigkeit, uns die Seelennahrung zu verschaffen und anzunehmen, die wir im Leben brauchen. In diesem Sinne können uns auch scheinbar belanglose Vorfälle, also Traumata im weiteren Sinn, beachtlichen Schaden zufügen.

Deshalb möchte ich, dass Sie erlebte Herausforderungen ernst nehmen – ganz gleich, was Ihnen zugestoßen ist. Ich möchte, dass Sie sich eingestehen, inwiefern sie Sie zu jemandem gemacht haben, der Sie nicht sein wollen. Außerdem hoffe ich, dass Sie bei der Lektüre dieses Buches feststellen werden: Es gibt einen Weg zurück.

Falls die traditionelle Therapie bei Ihnen versagt hat, sind Sie nicht allein

Als uns klar wurde, dass unser Leben vom Kurs abgekommen war, griffen viele von uns nach dem Rettungsring der Therapie. Eine Therapie schenkt manchen Menschen Erleichterung, aber die traditionelle Traumabehandlung funktioniert nicht bei jedem. Es gibt keine Statistiken darüber, wie viele Menschen die Traumatherapie abbrechen, doch jeder, der in der klinischen Praxis tätig ist, wird Ihnen das schmutzige kleine Geheimnis verraten, dass der Prozentsatz astronomisch hoch ist.

In meiner Zeit bei der *Montel Williams Show* schilderten viele Gäste den Albtraum ihrer Therapie. Es schmerzte mich zu sehen, dass ein ungeschicktes Vorgehen qualvolle Abwärtsspiralen auslösen kann. Ich glaube wirklich, dass unser ganzer Berufsstand die Augen vor den Schäden verschließt, die eine solche Behandlung möglicherweise anrichtet. Eines Tages werden wir uns mit denselben Gefühlen der Scham und des Bedauerns an unsere derzeitigen Methoden erinnern, mit denen wir heute auf Lobotomien oder viktorianische Irrenhäuser zurückblicken. Wir brauchen dringend bessere Verfahren zur Traumabehandlung.

In der psychiatrischen Ausbildung lernten wir, die Patienten dazu zu ermutigen, von ihrem Trauma zu berichten. Das soll ihnen helfen, unbewusste Empfindungen zum Vorschein zu bringen, um sie loszulassen. Wir lernten, nicht lockerzulassen, wenn unsere Patienten weinten, sondern ein sicheres Umfeld zu schaffen, in dem sie diese Gefühle zum Ausdruck bringen und sich damit auseinandersetzen können. Wir lernten, das »Erzählen« und das »Reden« hätten eine kathartische Wirkung und würden unseren Patienten helfen, sich gegen den verstörenden Inhalt dieser Gespräche abzuhärten: Wenn man einen Horrorfilm nur oft genug sieht, wird einen irgendwann nichts mehr überraschen und erschrecken können. Wir wurden dazu ausgebildet zu ertragen, dass die Büchse der Pandora geöffnet wird, und dies sogar zu unterstützen – ganz gleich, was dabei entweicht.

Später als Therapeutin stellte ich fest, dass sich die Klienten meist kopfüber in die Dinge stürzten, die sie erlebt hatten, sich sehr offensiv mit ihren Erfahrungen auseinandersetzten und dann oft völlig überfordert davon waren: Wie ihre Therapeuten hatten sie gelernt zu denken, dass sie ihre Geschichte mehrmals erzählen müssten und dies ihnen helfen würde.

Es wird allgemein akzeptiert, dass sich der Patient zunächst schlechter fühlt, ehe er sich erholt. In Wirklichkeit aber nehmen bei vielen die Symptome so schnell so sehr überhand, dass sie gar nicht mehr funktionsfähig sind. In unserem Beruf wird sehr viel darüber geschrieben, wie der Therapeut verhindern kann, dass *er* von den Schilderungen und dem Leiden seiner Patienten überwältigt wird. Ich finde es unglaublich, wie bereitwillig wir einräumen, dass die Erfahrung des Erzählens und Durchleidens zu viel für einen ausgebildeten Therapeuten sein kann, und gleichzeitig an der Vorstellung festhalten, dies könne dem Überlebenden in irgendeiner Weise von Nutzen sein.

Bei der Lektüre der »Bibeln« der Traumatherapie begegnet man Sätzen wie: »Die Überlebenden erholen sich nie vollständig von ihrem Trauma«, und: »Was geschehen ist, lässt sich nicht ungeschehen machen.« Ich finde weder in meiner Ausbildung noch in meiner persönlichen Erfahrung oder meiner Praxis klare Anhaltspunkte dafür, dass dieser Ansatz der Mehrzahl der Traumaüberlebenden tatsächlich eine Hilfe wäre.

Ich kann weder überzeugende Studien noch wissenschaftliche Beweise finden, die für das »Wiedererzählen« sprechen oder die damit möglicherweise verbundenen Risiken rechtfertigen. Indem die Psychiatrie allmählich zu stärker beweisgestützten Modellen übergeht, zeigt sich recht deutlich, dass die Verfahren der Traumatherapie unzulänglich sind und die dürftigen Ergebnisse keine Rechtfertigung für die äußerst schmerzhaften Mittel sind.

Eine Studie räumt ein, dass die Hälfte aller Patienten mit einer posttraumatischen Belastungsstörung nicht auf die Kognitive Verhaltenstherapie anspricht.[1] Um herauszufinden, woran das liegt, untersuchten die Wissenschaftler die neuronalen Reaktionen dieser Patienten. Dabei stellten sie fest, dass Traumatisierungen bei einigen der Testpersonen eine übertriebene Angstreaktion in der Amygdala verursachten – dem Teil des Gehirns, der für die Verarbeitung und Erinnerung von Gefühlen zuständig ist. Da die traditionelle Therapie das Trauma erneut aufleben lässt, reagieren diese Patienten darauf ähnlich wie auf das traumatisierende Erlebnis selbst. Es ist einfach zu viel für sie. Es gibt also nachweislich Menschen, die nicht gut für eine Therapie geeignet sind, bei der sie dazu aufgefordert werden, die Büchse der

Pandora noch einmal zu öffnen. Wir brauchen zumindest bessere Möglichkeiten, um feststellen zu können, wem ein solches Verfahren helfen kann, um so diejenigen davor zu bewahren, bei denen dies nicht der Fall ist.

Eine andere Studie untersuchte die sogenannte Stressbearbeitung nach belastenden Ereignissen (SBE).[2] Dabei handelt es sich um die bevorzugte Methode der »Trauerindustrie«, wie sie Jerome Groopman in seinem Artikel in der Zeitschrift *The New Yorker* nannte. Die Stressbearbeitung besteht aus einmaligen strukturierten Gruppeninterventionen, bei denen die Überlebenden ihre Gefühle und Reaktionen hinsichtlich des Ereignisses schildern. (Auch Schulungen und Nachbeobachtungen werden angeboten.) Als Vorteile dieser Ende der siebziger und Anfang der achtziger Jahre entwickelten Therapieform werden genannt: Die Überlebenden können sofort mit der Verarbeitung der Ereignisse beginnen, und das Verfahren reißt sie aus dem Angriff-oder-Fluchtmodus heraus und verhindert, dass sie emotional abstumpfen oder das Erlebte verdrängen. Auf dem Papier scheint diese Methode bestens geeignet, ein Permatrauma zu vermeiden. Nach den Anschlägen vom 11. September 2001 wurde sie am Ground Zero sehr häufig praktiziert. Wir waren sogar stolz darauf, sie zu beherrschen, und glaubten wirklich, gute Präventionsarbeit zu leisten. Folgestudien zeigten jedoch, dass die Stressbearbeitung weder eine posttraumatische Belastungsstörung verhindern noch die Symptome lindern kann.[3] Bei einigen Menschen wurden sie sogar schlimmer.

Wir stehen schon lange im Bann der Vorstellung, dass es hilfreich sei, über traumatisierende Erfahrungen zu sprechen, sie mit jemandem zu teilen, sie sich »von der Seele« zu reden. Doch der Prozess, den man den Betroffenen damit zumutet, ist sehr schmerzhaft – vor allem, wenn man nicht

hundertprozentig sicher sein kann, dass es ihnen anschließend auch wirklich besser geht. In anderen Bereichen der
Medizin legen wir Kosten-Nutzen-Analysen vor, wenn wir
Behandlungen vorschlagen, die auch nachteilige Folgen haben können. Bei einem gesunden, kräftigen Patienten mittleren Alters kann eine aggressive Chemotherapie sinnvoll
sein; nicht aber bei einem gebrechlichen älteren Menschen,
bei dem nicht sicher ist, ob der potenzielle Nutzen tatsächlich größer ist als das erhebliche Risiko. In beiden Fällen ist
der Arzt verpflichtet, den Patienten über mögliche Nebenwirkungen und Misserfolge aufzuklären. Er muss eine sogenannte »Einverständniserklärung« einholen. Wären auch
Traumatherapeuten dazu verpflichtet, würden sich wohl nur
die wenigsten Menschen für die derzeit übliche Therapie
entscheiden.

Berge von Selbsthilfebüchern widmen sich der Traumabewältigung und sind dabei nicht besser als die konventionelle
Therapie. Auch sie fordern Sie dazu auf, Ihre Gefühle bloß-
zulegen, ohne Ihnen das geeignete Werkzeug an die Hand zu
geben. Wie Sie habe ich diese Bücher in bester Absicht erworben und bin mit gezücktem Textmarker zu Werke gegangen. Schon nach wenigen Kapiteln aber übermannten mich
die Gefühle, die diese Übungen in mir auslösten. Ich kehrte
in Gedanken in die Vergangenheit zurück und blieb darin
stecken. Und je mehr meine Ängste wuchsen, desto funkti-
onsuntüchtiger wurde ich. Ich habe eine ganze Bibliothek
von Selbsthilfebüchern zur Traumabewältigung – die ich
allesamt nach der Hälfte weggelegt habe. Ich zweifle nicht
daran, dass sie eine Fülle von Informationen enthalten, aber
ich schaffte es nicht durchzuhalten, um an dieses Wissen zu
gelangen. Die Nebenwirkungen waren einfach zu groß.

Kann man sich von einem Trauma tatsächlich wieder

erholen? Selbstverständlich. Aber oft genesen die Menschen trotz, nicht wegen der etablierten Traumatherapien.

> Die etablierten Methoden verlangen von uns, immer wieder an den »Schauplatz des Verbrechens« zurückzukehren. Doch indem wir uns das Erlebte regelmäßig ins Gedächtnis zurückrufen, traumatisieren wir uns jedes Mal aufs Neue.

Das, was wir wirklich brauchen, bekommen wir nicht: das nötige Handwerkszeug, um uns besser zu fühlen und mit unserem Leben weitermachen zu können. Während andere Bücher sich in erster Linie mit den Symptomen beschäftigen und dabei das Ziel verfolgen, sie durch die erneute Vergegenwärtigung »des Vorfalls« zu lindern, möchte ich an einer ganz anderen Stelle ansetzen: bei dem radikalen Konzept, dass Sie sich keinen Schmerz zufügen müssen, um eine Besserung zu erzielen.

Kann dies tatsächlich ein »Wohlfühlbuch« zur Vergangenheitsbewältigung sein? Ja! Sie müssen nicht erzählen, was Ihnen zugestoßen ist. Sie müssen die Geschichte Ihres Traumas weder aufschreiben noch als Collage darstellen. Sie müssen keine Briefe an Ihren Angreifer oder Ihren Ex schreiben. Die traditionelle Therapie und die daraus hervorgegangenen Bücher verlangen von Ihnen, auf der Suche nach Einsicht bei Ihrem Trauma zu beginnen. Aber diesen Ort kennen Sie bereits – Sie sind sogar mehrfach dorthin zurückgekehrt. Wenn diese Methode funktioniert hätte, würden Sie das vorliegende Buch nicht lesen. Ich möchte Ihnen helfen, dieses Muster zu *durchbrechen*.

Sie müssen nicht jede qualvolle Sekunde Ihrer
Erfahrung noch einmal durchleiden, damit es Ihnen
besser geht.

Wenn Sie dieses Buch lesen, ist Ihnen zweifellos klar, dass Sie
von Ihrer Vergangenheit gezeichnet sind. Wir werden hier
keine Bestandsaufnahme Ihrer Symptome machen, sondern
vielmehr feststellen, wo Ihre Alltagsdiät aus Gefühlen und
Erfahrungen unausgewogen ist. Wir können viel von den
Menschen lernen, die wir für resiliente Überlebende halten,
die wir als Helden bezeichnen oder die wir dafür bewundern, wie sie mit ihrem Leben weitermachen. Deshalb werden wir uns einige von ihnen genauer ansehen. Wir werden
herausfinden, was *diese Menschen* tun, wenn sich ihre Vergangenheit in ihre Gegenwart schleicht und sie sich schlecht
fühlen. Wir werden ihre Methoden und Bewältigungsstrategien ausprobieren.

Wir kehren das Erlebte nicht unter den Teppich, wir stellen vielmehr fest, welcher Gefühle und Überzeugungen Sie
dadurch beraubt wurden, und finden einfache Möglichkeiten, sie zurückzuholen. Selbstwirksamkeit, Geborgenheit,
Macht, Wohlbefinden, Vertrauen, Hoffnung und Optimismus: Dieses Buch zeigt Ihnen, was Sie tun können, damit
diese Gefühle wieder zu Ihrem emotionalen Repertoire und
zu Ihrem Leben gehören.

Verantwortung statt Schuldzuweisungen

Ich habe meinen Ansatz für die Arbeit mit Traumapatienten über viele Jahre entwickelt. Ich bemühe mich sowohl in meiner Praxis als auch in diesem Buch darum, nützliche Konzepte aus verschiedenen Forschungsbereichen sowie neuere Denkmodelle aus der Welt der Psychiatrie miteinander zu verbinden.

Meine eklektische Herangehensweise hat ihre Wurzeln in der Positiven Psychologie, der Resilienzforschung, der Kognitiven Verhaltenstherapie und dem erlernten Optimismus. Ich bediene mich der verhältnismäßig neuen Psychologie des Glücks, um Einsicht in die Strategien von Menschen zu geben, die sich nicht nur besser, sondern gut fühlen möchten. Ich flechte Vorstellungen aus den Bereichen der Achtsamkeit, der Dankbarkeit und des Auskostens ein und übertrage sie auf Menschen, die ihre Vergangenheit bewältigen möchten.

In allen genannten Bereichen finden faszinierende Forschungen statt, doch leider beziehen sich die untersuchten Ergebnisse oft nicht speziell auf die Überlebenden traumatischer Erfahrungen. Ich hoffe, dass die auf diesen Gebieten tätigen Wissenschaftler ihr Interesse für die Traumaforschung entdecken und Studien entwickeln, in denen solche Techniken auch zur Behandlung posttraumatischer Belastungsstörungen und anderer traumabedingter Erkrankungen eingesetzt werden. Ich selbst bin nicht in der Forschung, sondern in der klinischen Praxis tätig. Meine persönliche und berufliche Erfahrung hat mir aber gezeigt, dass dieser eklektische traumatherapeutische Ansatz, Elemente aus den verschiedensten Bereichen zu einem Weg verbinden, eine aufregende, wirkungsvolle Alternative zur traditionellen Traumatherapie bieten kann.

> Von Junkfood allein kann man nicht leben –
> ebenso wenig wie von der steten Diät negativer
> Gefühle, die Sie zu diesem Buch geführt hat.

Mit den in diesem Buch beschriebenen Techniken können Sie Ihre emotionale Bandbreite allmählich wieder erweitern. Sie werden feststellen, welche Gefühle und Tätigkeiten für Sie einen Sinn und einen Wert haben, und Sie werden Mittel und Wege finden, sie in Ihr Leben zurückzuholen. Sie werden lernen, sich immer mehr als Überlebende, nicht als Opfer zu sehen. Dazu müssen Sie den Menschen wiederfinden, der Sie früher einmal *waren* (oder den Menschen, der Sie *hätten werden sollen*). Gleichzeitig müssen Sie sich etwas eingestehen, das Ihnen bisher vielleicht noch nicht in den Sinn gekommen ist: dass Sie durch die Probleme, die Sie überwinden mussten, möglicherweise sogar besser, klüger und stärker geworden sind.

Sie werden eine Reihe individuell auf Sie zugeschnittener Bewältigungsstrategien entwickeln – eine Karte der neuen Gewässer, in denen Sie sich nun befinden. Mit diesen Strategien können Sie nicht nur die Traumata der Vergangenheit lindern, sie werden Ihnen auch das Selbstvertrauen geben zu wissen, dass Sie die Zukunft bewältigen können. Dies ist der Schutz, den die Resilienz dem Menschen gewährt.

Positive Psychologie und Resilienz können den Menschen eine große Hilfe sein, wenn sie in Gefühlen ertrinken, wie sie nach traumatischen Erfahrungen häufig auftreten: Depressionen und Angst, gepaart mit dem Verlust des Selbstwertgefühls und der inneren Stärke. Bislang wurden Techniken

aus diesen Bereichen freilich noch nie gezielt zur Traumabehandlung eingesetzt.

Ich kenne vermutlich sogar den Grund dafür. Diese psychologischen Schulen fordern ein hohes Maß an *Eigenverantwortung*. Sie gehen davon aus, dass wir unsere Gefühle
kontrollieren können und sollen, statt uns davon beherrschen zu lassen. Sie funktionieren nach dem Prinzip, dass
unser Umgang mit den Problemen des Lebens entscheidet, ob wir trotz erheblicher Widrigkeiten ein glückliches
und erfülltes Leben führen können oder nicht. Geraten wir
hierbei in die falschen Hände, können wir den Eindruck
bekommen, man würde uns sagen, wir seien selbst schuld,
sollten uns endlich zusammenreißen, uns am eigenen
Schopf aus dem Sumpf ziehen und mit unserem Leben
weitermachen.

Ich habe allerdings die Erfahrung gemacht, dass meine
Patienten sehr wohl in der Lage sind, diese Perlen konstruktiv zu nutzen. Seit Jahren sehen sie sich im Fernsehen
Berichte über Überlebende an und lesen Texte, die sich mit
dem Thema »Trauma« beschäftigen, um eine Antwort auf
die schwer zu ergründende Frage zu finden: »Wie komme
ich von hier nach dort?« Sie lassen sich nicht entmutigen,
wenn sie sehen, wie andere sich im Gegensatz zu ihnen erholen, und wenn sie sich selbst im Weg stehen, fragen sie
nach, was sie anders machen können. Werden diese Techniken mit Unterstützung und Mitgefühl angeboten, können
sie ein wahrer Rettungsanker sein, nach dem die Patienten
mit beiden Händen greifen.

Vielleicht hatten Sie keine Kontrolle über das, was Ihnen zugestoßen ist, und tragen keinerlei Verantwortung dafür. Sie haben aber sehr wohl Einfluss auf das, was in diesem Augenblick geschieht.

Auf den folgenden Seiten werde ich Sie unter anderem bitten, eine bestimmte Einstellung aufzugeben, die dazu führt, dass Sie weiterhin so leben, als ob die traumatisierende Erfahrung noch Wirklichkeit sei. Sie wenden vielleicht ein, dass Sie bleibende Schäden oder Narben erlitten haben und diese Last bis in alle Ewigkeit mit sich herumtragen werden. Ich werde Ihnen nicht sagen, dass Sie die Sache endgültig »abhaken« sollen. Ich möchte Ihnen helfen, sie zu überwinden. Ich werde ins Feld führen, dass Sie durch das, was Sie durchgemacht haben, reicher geworden sind – stärker, einfühlsamer und mehr im Einklang mit Ihren Grundwerten. Ich glaube nicht nur, dass Traumaüberlebende ein glückliches, erfülltes Leben führen können, ich bin sogar davon überzeugt, dass sie besonders gut dafür geeignet sind.

Möglicherweise wissen Sie nach dem, was Ihnen zugestoßen ist, das Wunderbare, Seltene und Besondere im Leben besonders zu schätzen.

Ich verwende einen dreigleisigen Ansatz: Dafür werde ich Sie bitten, sich anzusehen, was Sie denken, was Sie tun und was Sie fühlen. Zuerst werde ich anhand einiger Beispiele zeigen, wie Sie eventuell gerade über sich und Ihre Umwelt denken.

Wir werden überlegen, ob Sie sich bewusst um eine positivere Einstellung bemühen können, die Ihnen Kraft gibt. Danach werde ich Sie ermutigen, etwas Neues auszuprobieren und die Gewohnheiten resilienter Traumaüberlebender zu testen. Im dritten Teil des Buches geht es darum, wie Sie die Gefühle unter Kontrolle bringen, die Sie in sich tragen und die Ihren Tag bestimmen. Sie werden einen Vorrat an individuellen Strategien anlegen und viele Tricks kennenlernen, die Sie immer dann anwenden können, wenn Permatraumagefühle Sie zu überwältigen drohen.

Ich möchte Ihnen die seltene Gelegenheit geben, die schwarze Brille abzusetzen, und Ihnen zeigen, wie die resilienten Helden, die Sie am meisten bewundern, die Welt betrachten.

Das wird anfangs ein wenig ungewohnt sein. Ein Mensch, der sein Leben lang eine schlechte Haltung hatte, wird es zunächst zwangsläufig unangenehm finden, sich endlich aufzurichten. Da Sie dieses Buch lesen, haben Sie vielleicht schon andere Ansätze ausprobiert und kämpfen immer noch mit denselben Dämonen. Ich hoffe, Sie werden den Mut und den Optimismus finden, mir für die Dauer dieses Buches einen Vertrauensvorschuss zu gewähren. Am Ende werden Sie entscheiden müssen, ob Sie versuchen möchten, die rosafarbene Brille auch weiterhin zu tragen.

Dieses Buch ist für alle, die vom Leben angeschlagen sind. Es ist für diejenigen von uns, die sich über ihre Symptome definieren, Symptome, die sie davon abhalten, ein Leben zu führen, das sie glauben verloren zu haben. Jeder von uns verdient es, dass seine Erfahrung anerkannt und gewürdigt wird. Wir verdienen es, dass man uns daran erinnert, Mitgefühl mit uns selbst zu haben. Wir verdienen es, auf dem Weg der Heilung die Hand eines anderen zu halten. Ich hoffe, Sie werden dieses Buch als Begleiter auf Ihrer Reise betrachten, als Quell der Unterstützung und des Zuspruchs. Es gibt keinen Grund, sich den Rest des Lebens die Nase an der Scheibe plattzudrücken. Sie verdienen ein Leben voller Liebe und Lachen und Glück – und Sie können es haben! Mag sein, dass Sie mir (noch) nicht glauben. Aber ich verspreche Ihnen, gemeinsam werden wir es schaffen.

TEIL I | Das Denken verändern

| 1 |
Der Wagen jenseits der Beule

Wie Sie sich wieder mit sich anfreunden

VIOLET HATTE IN IHRER EHE schreckliche Gewalt erlebt, aber irgendwann war es ihr gelungen, die Beziehung zu beenden. In den letzten fünf Jahren hatte sie sich zu einer starken und leidenschaftlichen Fürsprecherin für Frauen in ähnlichen Situationen entwickelt.

Bei einer Veranstaltung der National Domestic Violence Hotline beobachtete ich, wie sie einen ganzen Hotelsaal voller Menschen mit ihrer Geschichte zum Weinen brachte. Als sie das Podium verließ, stürmten die Zuhörer nach vorn – so groß war ihr Wunsch, mit ihr zu sprechen und ihr zu sagen, wie sehr ihre Worte sie berührt hatten. Ich war so froh, dass sie sich diesen Augenblick geschenkt hatte: Zu viele Menschen mit einem ähnlichen Schicksal werden nie einen solchen Moment erleben.

Am liebsten hätte ich das Gefühl von Macht, Selbstvertrauen und Unterstützung, das ihr in diesem Hotelsaal zuteilwurde, in Flaschen abgefüllt, um damit in die Vergangenheit zu reisen, als sie es am dringendsten brauchte – als sie darüber nachdachte, ihren Mann zu verlassen; als sie fürchtete, es alleine nicht zu schaffen; als sie sich von der Justiz den endgültigen Abschluss der ganzen Sache erhoffte, um dann erleben zu müssen, wie ihre Aussage aufgrund von Widersprüchen zerpflückt wurde. Was wäre wohl geschehen, wenn ich ihr *damals* hätte sagen können, dass sich eines Tages unzählige dankbare und respektvolle Menschen voller Bewunderung um sie drängen würden, um ihr zu sagen, wie sehr sie ihren Mut und ihre Widerstandskraft schätzten?

Genau das hoffe ich für Sie zu tun. Wenn Sie mit diesem Kapitel fertig sind, sollen auch Sie sich *als Heldin oder Helden* sehen. Denn erst, wenn Sie sich mit demselben Maß an Mitgefühl und Bewunderung begegnen, werden Sie sich eine Welt vorstellen können, in der Sie so mutig und so voller Leben sind, wie es Ihnen zusteht. Sobald es Ihnen gelingt, nicht nur Ihre Narben zu sehen, können Sie allmählich eine positive Einstellung zu einer der größten Leistungen Ihres Lebens entwickeln: dass Sie Ihre Vergangenheit überlebt haben.

Zum Ausprobieren:
Ein Hoch auf den Außenseiter

Warum sehen wir uns Helden und Überlebende im Fernsehen an oder lesen Bücher über sie? Was haben wir davon?

Diese Geschichten zeigen auf einer sehr grundlegenden Ebene, dass man auch große Schwierigkeiten erfolgreich überwinden kann, und geben einen kleinen Vorgeschmack darauf, wie sich das anfühlt. Nehmen Sie sich zur Vorbereitung auf dieses Kapitel ein paar Minuten Zeit und stellen Sie eine kurze Liste mit Büchern, Musik, Filmen oder Nachrichten zusammen, in denen ein Außenseiter triumphiert. Denken Sie sowohl an klassische Heldengeschichten als auch an Erzählungen, in denen sich unvermutet ein schrulliger Charakter durchsetzt, auch wenn er vielleicht nicht bekommt, was er zu wollen glaubte, sondern anderweitig Sinn und Zufriedenheit findet.

Mit wem fiebern Sie mit? Gandhi? Schweinchen Wilbur aus *Wilbur und Charlotte*? Der alten Dame aus den Nachrichten, die mit ihrem Stock den Möchtegern-Einbrecher in die Flucht schlägt? Einer Frau, die nach überstandener Brustkrebserkrankung an einem Fünf-Kilometer-Lauf teilnimmt? Little Miss Sunshine? Rocky? Welche Geschichten bleiben Ihnen im Gedächtnis? Wie fühlen Sie sich, wenn Sie an diese siegreichen Außenseiter denken?

Wie wir in diesem Kapitel und in diesem Buch sehen werden, geben uns solche Geschichten Gelegenheit zu großer Einsicht. Wir wählen unsere Helden nicht zufällig aus. In den Geschichten, die uns am stärksten anrühren, die uns besonders ansprechen und inspirieren, tut der oder die Überlebende oft genau das, was auch wir tun müssen.

Beule mit Auto

Nur wenige Minuten nach Beginn der Sitzung war Pauline bereits vollauf damit beschäftigt, sich Vorwürfe zu machen. »Ich bin ein Wrack. Früher hatte ich immer alles im Griff, aber jetzt bin ich nur noch ängstlich und schreckhaft. Ich kann nicht schlafen, ich rauche zu viel, ich kann mich nicht konzentrieren. Kaum zu glauben, dass sie mich noch nicht gefeuert haben. Ich habe meinem Freund gesagt, dass ich es ihm nicht übelnehmen würde, wenn er sich eine weniger verkorkste Freundin sucht. Mir fehlt einfach die Kraft, irgendetwas Lustiges zu unternehmen.«

Pauline hält sich offensichtlich für eine Katastrophe. Ein brutaler Zwischenfall am Arbeitsplatz hat sie zutiefst erschüttert und ihre Selbstwahrnehmung getrübt. Aus meiner Sicht ist ihre Selbstdarstellung nämlich recht unvollständig. Pauline ist hübsch, klug und kompetent. Sie ist einfühlsam, loyal und trotz ihres schweren Herzens eine selbstlose Freundin. Wo bleiben *diese* Eigenschaften, wenn sie von sich spricht? Pauline hat – genau wie Sie – viele Talente, aber sie sieht nur das Trauma.

Wäre Pauline ein Gebrauchtwagen, würde sie nicht viel für sich verlangen. Ihr Aufkleber würde sofort alle darauf aufmerksam machen, dass sie einen Totalschaden hat. Sie würde Kaufinteressenten die große, rostige Beule im Frontbereich zeigen und vergessen zu erwähnen, dass der Motor wunderbar läuft und man mit einer Tankfüllung verhältnismäßig weit kommt. Sie würde nicht mit ihrer schicken Innenausstattung prahlen, und der niedrige Preis würde auch niemals vermuten lassen, dass bei dem Unfall – an dem sie im Übrigen keine Schuld hatte – alle Sicherheitsgurte funktionierten und alle Airbags ausgelöst wurden, weshalb alle Insassen überlebten.

Wenn man Pauline so reden hört, könnte man meinen, sie sei nur eine Beule mit einem Wagen hintendran. Da wir uns nach einem Trauma tatsächlich so sehen, ist das Leben danach auch so schmerzhaft. Wir trauern nicht nur wegen der Dinge, die uns zugestoßen sind, sondern auch um Charakterzüge, auf die wir früher einmal stolz waren, die uns Trost schenkten und die nun für immer verloren scheinen.

Als ich anfing, ihre wunderbaren Eigenschaften aufzuzählen, brach sie in Tränen aus. Sie weinte, weil sie ihr nach dem, was sie erlebt hatte, verschwunden schienen. Ihre Ruhe und ihre Kompetenz, ihr Sinn für Humor, ihre große Begabung für stabile Freundschaften – all dies schien verloren, von Narbengewebe überwuchert und von dem Gefühl verdrängt, sie sei verrückt, kaputt, außer Kontrolle. Pauline trauerte um den Verlust dieser Charakterzüge.

> Der Schmerz, den wir nach einer traumatischen Erfahrung empfinden, wird zum Teil durch die Trauer um den Verlust des Menschen verursacht, der wir früher einmal waren.

Meine Aufgabe war es, Pauline vor Augen zu führen, dass ihr altes Ich nicht verloren war. Es hatte sich nur verkrochen und musste aus seinem Versteck gelockt werden. Bei der Arbeit mit meinen Patienten verwende ich in diesem Zusammenhang gern das Bild eines ramponierten Koffers: Er hat zwar eine weite Reise hinter sich und wurde bei unzähligen Taxifahrten und durch unsanfte Verladung abgestoßen, aber der wertvolle Inhalt ist unversehrt. All die Eigenschaften, die Sie früher einmal ausmachten, sind noch in diesem Koffer. Es wird Zeit, ihn aufzumachen und sie abzustauben. Genau das werden wir in der nächsten Übung tun.

Zum Ausprobieren:
Wer Sie sind und was Sie mögen

Wenn ich Sie bitten würde, alles aufzuschreiben, was Ihnen an sich selbst missfällt, würden Sie sich vermutlich sofort ans Werk machen, Ihre vermeintlichen körperlichen Mängel aufzuzählen. Dann kämen die Charakterzüge an die Reihe, an denen es Ihrer Ansicht nach hapert. Wie Pauline könnten Sie vermutlich ohne Weiteres ganze Seiten mit Beispielen füllen, inwiefern Sie sich seit dem traumatisierenden Erlebnis »gehen lassen«. Die traditionelle Therapie beschäftigt sich hauptsächlich mit der Beule und der Frage, wie sie sich beseitigen lässt. Aber darum soll es hier nicht gehen. Erinnern Sie sich? Ich hatte Ihnen ein Wohlfühlbuch versprochen.

Zählen Sie deshalb ganz schnell zehn Dinge auf, die Sie an sich mögen: Ihren eigenwilligen Humor oder wie gut Ihre Füße aussehen, wenn sie von der Sonne ein wenig gebräunt sind. Nennen Sie danach ebenso schnell zehn Dinge, die Sie gerne *tun*. Denken Sie an Ihre Talente und Interessen. Notieren Sie, was Sie tun möchten, bevor Sie sterben, und was Sie gern täten, wenn sie einmal eine Woche frei hätten.

Lesen Sie die Liste laut vor. Beginnen Sie mit Sätzen wie: »Ich kann gut _____. Ich interessiere mich für _____. Ich habe ein Talent für _____.«

Wir werden uns in Kürze eingehender damit befassen, aber diese kinderleichte Übung ist ein erster Schritt auf Ihrem Weg zu der Erkenntnis, dass Sie mehr sind als diese Beule. Ungeachtet des Kleinkriegs, den viele gegen sich selbst führen, *mögen* die meisten von uns den Menschen, der sie tief im Inneren sind – selbst, wenn sie kaum noch Kontakt zu ihm haben. Achten Sie deshalb darauf, wie Sie sich fühlen, wenn Sie sich auf die Dinge konzentrieren, *die Sie ausmachen*, und wie sich das auf Ihre Stimmung auswirkt.

Entdecken Sie den Wagen jenseits der Beule: Finden Sie Ihre Signatur-Stärken

Sie sind so viel mehr als das, was Sie erlebt haben. Es ist eine hervorragende Strategie, sich mit den Werten zu beschäftigen, die Sie inspirieren, und mit den Dingen, die Ihnen Kraft geben. Doch wenn man fragt: »Welche Werte sind Ihnen besonders wichtig?«, müssen die meisten Menschen erst einmal überlegen. Sehen wir uns also an, wofür Sie stehen, was Ihnen gefällt, was Sie gut können.

In der Positiven Psychologie werden diese Faktoren als »Signatur-Stärken« bezeichnet. Es besteht eine klare Wechselwirkung zwischen dem Wissen und der Integration dieser Stärken einerseits und der Lebenszufriedenheit andererseits. Mit ihrer Hilfe werden Sie den Wagen jenseits der Beule neu entdecken. (Die folgende Liste stammt aus dem von den Wissenschaftlern Christopher Peterson und Martin Seligman verfassten Leitfaden *Character Strengths and Virtues* des VIA Institute on Character.)[4] Bei diesen Signatur-Stärken handelt es sich keineswegs nur um Talente, sondern um alles, was Sie lebendig werden lässt. Jeder Mensch fühlt sich von zwei bis fünf dieser Eigenschaften besonders angezogen.

Bevor Sie die Liste durchlesen, möchte ich unmissverständlich klarstellen, dass es hier keine Hierarchie gibt. Es handelt sich um grundlegende Eigenschaften, die in vielen Kulturen geschätzt, gefördert und verehrt werden. Vermutlich werden Sie in verschiedenen Momenten Ihres Lebens einzelne Aspekte aller genannten Stärken zum Ausdruck bringen. Zweifellos werden Sie aber auch feststellen, dass Sie einige der genannten Eigenschaften als besonders wertvoll oder wichtig *empfinden*. Dies ist ein klarer Hinweis darauf, dass sie eine große Bedeutung für Sie haben.

Kreuzen Sie maximal fünf Signatur-Stärken an, die Sie besonders ansprechen:

Sinn für Schönheit und Vortrefflichkeit: Sie erleben einige Ihrer emotionalsten Momente, wenn Sie von Schönheit überwältigt werden – in der Musik, der Kunst, der Natur. Ein großes Talent oder eine hervorragende Leistung erfüllt Sie mit Ehrfurcht und Dankbarkeit. Schönheit kann tiefe Gefühle in Ihnen wecken, die beinahe ans Spirituelle grenzen, und diese Erlebnisse geben Ihnen große Kraft.

Echtheit: Die Wahrheit ist für Sie das Wichtigste. Sie legen großen Wert darauf, ehrlich zu sein, kein Blender oder Lügner. Ihre Mitmenschen wissen, dass Sie »echt« sind und sich niemals für jemanden ausgeben, der Sie nicht sind. Im Falle eines Missverständnisses liegt Ihnen viel daran, die Angelegenheit zu klären. Sie empfinden es als Ihre Lebensaufgabe, sich in der eigenen Haut wohlzufühlen, sich selbst zu erkennen und sich so zu nehmen und zu schätzen, wie Sie sind.

Tapferkeit: Sie sagen Ihre Meinung, auch wenn sie unpopulär oder umstritten ist. Sie setzen sich für Menschen ein, denen Unrecht geschieht. Wenn Sie davon überzeugt sind, richtig zu handeln, lassen Sie nicht zu, dass Angst Ihre Entscheidungen beeinflusst. Sie empfinden das Universum als sinnvoller, wenn Sie wissen, dass Sie einen Beitrag zur Gerechtigkeit leisten – und sei er noch so klein.

Erfindergeist: Sie fangen Feuer, wenn es Ihnen gelingt, eine ungewöhnliche Lösung für ein Problem oder eine neue Verwendungsmöglichkeit für irgendetwas zu finden. Sie stürzen sich Hals über Kopf in große Herausforderungen und entdecken oft ausgefallene Lösungsansätze. Sie haben Freude an den Früchten Ihrer Arbeit, wissen aber auch den »Weg« zu schätzen, der Sie dorthin führt. Sie sind jederzeit für alles zu haben, was Ihnen Gelegenheit gibt, Ihren Einfallsreichtum, Ihre Flexibilität, Ihre Findigkeit und Ihre Originalität zum Ausdruck zu bringen.

Neugier: Sie lieben es, etwas Neues auszuprobieren, etwas Neues zu lernen, neue Abenteuer zu erleben. Sie fühlen sich am lebendigsten, wenn Sie Neuland erkunden. Viele Menschen mögen das Vertraute und fühlen sich in einer neuen oder fremden Umgebung unwohl, aber auf Sie trifft das gewiss nicht zu. Sie empfinden es vielmehr als tröstend – und reizvoll – zu wissen, dass die Welt stets neue Erfahrungen für Sie bereithalten wird.

Fairness: Sie finden, dass alle Menschen unabhängig von ihrem Rang oder Status ein Mitspracherecht haben und gleich behandelt werden sollten. In einer Gruppe sorgen Sie dafür, dass jeder seine Chance bekommt. Sie geben zu, wenn Sie im Unrecht sind. Nichts liegt Ihnen ferner, als sich mit fremden Federn zu schmücken. Sie haben vielmehr Freude daran, dafür zu sorgen, dass auch derjenige das Lob und die Anerkennung bekommt, der sie tatsächlich verdient. Es frustriert und schmerzt Sie zu sehen, wenn jemand unfair behandelt wird, und Sie sind stets bereit, etwas dagegen zu unternehmen, wenn Ihnen dies irgendwie möglich ist.

Vergeben: Sie sind nicht nachtragend. Rache interessiert Sie nicht. Einem Menschen, der Sie verletzt hat, wollen Sie weder Unrecht noch Schaden zufügen. Sie sehen, wie schwer andere an der Last der Verletzungen, Vorwürfe und Wut tragen, während Sie selbst loslassen können. Ihrer Ansicht nach wäre die Welt ein besserer Ort, wenn mehr Menschen diese Gabe besäßen, die Ihnen in den Schoß fällt.

Dankbarkeit: Sie haben das Gefühl, gesegnet zu sein – ganz gleich, was Ihnen im Leben widerfährt. Ihre Mitmenschen wissen, dass Sie sie schätzen, da Sie sich stets bemühen, ihnen Ihre Dankbarkeit zu zeigen. Zu den wichtigsten Augenblicken in Ihrem Leben gehören die Momente, in denen Sie Ihre tief empfundene Dankbarkeit zum Ausdruck bringen können. Da Ihr Leben so viele gute Seiten hat, verlieren Sie auch in schwierigen Zeiten nie den Blick fürs Wesentliche. Sie sind froh darüber, dass Ihnen auch kleine Dinge große Freude bereiten können.

Hoffnung: Sie sind sich ziemlich sicher, dass Ihnen eine glückliche Zukunft bevorsteht und Ihre Ziele in Reichweite sind. Selbst wenn sich eine Situation nicht wie erwartet entwickelt, können Sie ihr etwas Positives abgewinnen. Sie finden mühelos Zugang zu dem beruhigenden Gefühl, dass am Ende alles gut werden wird.

Humor: Ihre Freunde können sich darauf verlassen, dass Sie mit Ihrem Lachen und Ihrem Talent für Spaß und gutmütigen Spott für gute Stimmung sorgen werden. Sie haben die Gabe, Menschen mit Humor aufzuheitern. Wenn es einmal schwierig wird, können Sie sogar die eigene Situation von ihrer komischen Seite sehen. Diese Gabe bedeutet Ihnen sehr viel, denn sie hilft Ihnen, bei Verstand und mit beiden Beinen auf dem Boden zu bleiben.

Menschenfreundlichkeit: Sie helfen gern und packen bei Freunden oft mit an. Manchmal erkennen und erfüllen Sie die Bedürfnisse anderer, ohne dass man Sie extra darum bitten müsste. Sie fühlen sich beschwingt, wenn Sie einem Fremden helfen können. Sie sind sogar der Ansicht, dass kleine Gefälligkeiten die große Macht besitzen, die unschönen Seiten des Lebens wieder wettzumachen. Es ist Ihnen sehr wichtig, sich und anderen zu zeigen, dass es sehr wohl anständige Menschen auf der Welt gibt.

Menschenführung: Sie haben Organisationstalent und wissen den Beitrag jedes Einzelnen zu würdigen. Sie lieben es zu planen und dafür zu sorgen, dass Ihr Plan auch umgesetzt wird. Im Freundeskreis sind Sie für Ihr diplomatisches Geschick bekannt – dafür, dass Sie den Dialog ermöglichen, Auseinandersetzungen schlichten und dafür sorgen, dass alle an einem Strang ziehen. Sie empfinden es als ausgesprochen befriedigend, wenn Sie andere motivieren und ihnen helfen können, ihre Ziele zu erreichen. Es gibt Ihnen ein gutes Gefühl zu wissen, dass Sie Ordnung in chaotische oder schwierige Situationen bringen können.

Liebe: Für Sie sind zwischenmenschliche Beziehungen besonders wichtig. Sie genießen das Gefühl, anderen etwas zu bedeuten, und sind den Menschen in Ihrem Leben sehr zugetan. Das Maß Ihres Reichtums ist die Qualität Ihrer Beziehungen. Es ist erfüllend, wenn man lieben kann, und Sie werden stets mehr als genug von diesem Gefühl haben.

Lerneifer: Wenn etwas neu für Sie ist, sind Sie stets bemüht, mehr darüber in Erfahrung zu bringen. Es genügt Ihnen nicht, von einem neuen Thema nur kurz zu hören, Sie wollen Internetrecherchen anstellen und mehr darüber lesen. Sie lieben Sachbücher. So wie ein sportlicher Mensch große Freude an seiner körperlichen Fitness hat, fühlen Sie sich gut, wenn Ihr Wissensschatz wächst.

Bescheidenheit: Manch einer liebt es, im Mittelpunkt der Aufmerksamkeit zu stehen, sie dagegen genießen das Gefühl, im Hintergrund zu bleiben. Statt von sich zu sprechen, konzentrieren Sie sich lieber auf Ihre Mitmenschen, hören zu und lassen Ihre Taten für sich sprechen. Dieses Selbstverständnis verleiht Ihnen große Würde.

Geistige Offenheit: Sie sind der Ansicht, dass die Welt besser wäre, wenn wir nicht immer alle so sicher glaubten, im Recht zu sein. Sie halten sich auf einem Gebiet erst dann für bewandert, wenn Sie es von allen Seiten erkundet haben.

Zudem fällt Ihnen auf, dass bei gegensätzlichen Meinungen oft beide Seiten gute Argumente haben. Sie sind sehr stolz auf Ihre Flexibilität.

Durchhaltevermögen: Wird jemand gebraucht, der eine Sache allen möglichen Hindernissen zum Trotz zu einem erfolgreichen Ende bringt, sind Sie der oder die Richtige. Sie können sich gut konzentrieren, sind gut im Prioritäten setzen und in der Ausführung. Dank Ihres Durchhaltevermögens schaffen Sie Dinge im Leben, die andere niemals zustande brächten. Das Wissen, dass Sie zu einer solchen Disziplin fähig sind, schenkt Ihnen große Befriedigung. Sie genießen die Früchte harter Arbeit mehr als leicht errungene Erfolge.

Weitblick: Man schätzt Ihre Weisheit und fragt Sie häufig um Rat. Das liegt zum Teil daran, dass Sie ein sehr bedachter Mensch sind. Sie werden oft als weise oder als »alte Seele« bezeichnet. Sie haben die Gabe, anderen in Zeiten der Verwirrung Klarheit zu schenken. Es ist sehr tröstend für Sie, die größeren Zusammenhänge erkennen zu können.

Vorsicht: Sie sind nie versucht, leichtsinnig oder übereilt zu handeln. Sie gehen keine Risiken ein. Sie halten es vielmehr für einen ausschlaggebenden Faktor Ihres Erfolges, dass Sie sich Zeit zum Überlegen nehmen, ehe Sie handeln. Sie können sich darauf verlassen, nicht aus einer Laune etwas zu tun, das Sie später bitter bereuen werden. Ihr Motto lautet: Wenn eine Sache es wert ist, getan zu werden, dann ist sie es auch wert, dass man vorher darüber nachdenkt.

Selbstkontrolle: Ihr Erfolgsrezept sind Selbstbeherrschung und Disziplin. Es gelingt Ihnen ausnehmend gut, Ihre Wünsche und Sehnsüchte mit einer realistischen Einschätzung der Folgen übertriebener Genusssucht abzugleichen. Da spielt es keine Rolle, ob es darum geht, sich an eine Diät, ein Sportprogramm oder ein Budget zu halten, oder sich einfach zu versichern, dass sich die Mühe und das Warten lohnen werden: Sie können sich sicher sein, dass Sie Ihren Impulsen niemals nachgeben und dadurch den Gesamterfolg gefährden werden. Es ist gut zu wissen, dass Sie sich nicht selbst im Weg stehen.

Soziale Intelligenz: Menschen sind komplex, Sie aber kennen die Gründe Ihres Handelns und wissen, was sie empfinden. Deshalb haben Sie auch ein Talent dafür, sich einzufügen und Kontakte zu knüpfen. Das macht Sie einfühlsam und schenkt Ihnen tiefe Einsicht in die Beweggründe anderer. Sie fühlen sich lebendig, wenn Sie andere in all ihren Dimensionen erleben, und fühlen sich zu Erfahrungen hingezogen, die Ihnen Einlass in deren innere Welt gewähren.

Spiritualität: Viele Menschen leben ausschließlich im Diesseits. Sie dagegen haben direkten Zugang zu transzendenten Phänomenen. Ihr innerer Dialog über den Sinn des Lebens und darüber, welche Rolle Sie dabei spielen, hilft Ihnen, Entscheidungen zu treffen, und schenkt Ihnen in schwierigen Zeiten Einsicht und Trost. Sie haben kein Problem mit abstraktem Denken und stehen im Kontakt mit universellen Kräften, ob unsere wissenschaftlich-materielle Welt sie nun beweisen kann oder nicht. Dieses tiefe Verständnis gibt Ihrem Leben einen Zusammenhang.

Teamwork: Sie sind ein Aufbauspieler und sorgen dafür, dass jeder die Chance bekommt, den großen Wurf zu wagen und einen Punkt zu machen. Am glücklichsten sind Sie in einer Gruppe. Wenn Sie anderen helfen, wenn Sie selbst Ihren Beitrag leisten und an der Gemeinschaft sowie dem Erfolg einer Gruppe teilhaben können, fühlen Sie sich lebendig.

Elan: Sie verkörpern den Begriff »Joie de Vivre«. Sie sorgen dafür, dass etwas vorwärtsgeht – und dass es auch noch Spaß macht. Sie lieben das Leben, können sich für Ihre Pläne begeistern und sind mit der Energie und dem Enthusiasmus gesegnet, jeden Tag zu nutzen. Für Sie steckt das Leben voller Möglichkeiten.

Die Eigenschaften, die Sie angekreuzt haben, sind Ihre Signatur-Stärken. Sie bringen Ihre Grundwerte zum Ausdruck. *Diese Dinge* machen Sie aus – nicht das, was Ihnen zugestoßen ist. Sie sehen nur die Beulen, aber der Wagen selbst besteht aus diesen Stärken. (Blättern Sie kurz zu der Außenseiterübung zurück, die wir vor einer Weile gemacht haben. Dabei werden Sie vielleicht feststellen, dass auch diese »Underdogs« über viele Ihrer Stärken verfügen.) Wenn Sie im Alter einmal auf Ihr Leben zurückblicken, werden Sie Ihre größten Erfolge auf diese Eigenschaften und die daraus entstandenen Leistungen zurückführen können.

Kultivieren Sie diese Stärken, *denn das hilft Ihnen, sich gut zu fühlen.*

Wenn wir uns mit Dingen beschäftigen, bei denen wir mit unseren Signatur-Stärken brillieren können, fühlen wir uns sehr lebendig. Es fällt uns leichter, uns in unserer Haut wohlzufühlen und unserem Leben einen Sinn und eine Struktur zu geben, wenn wir unsere Stärken kennen und nutzen. Bezieht sich der Lernstoff auf eine unserer Stärken, lernen wir schnell, und wenn wir damit arbeiten, fühlen wir uns eher erfrischt als erschöpft. Ihre Signatur-Stärken können Ihnen zeigen, wovon Sie mehr im Leben brauchen – und warum Sie manche Dinge als angenehm und erholsam empfinden, während andere Sie auslaugen.

In den fünfziger Jahren begann der Psychologe Mihaly Csikszentmihalyi, berühmte ungarische Maler zu studieren. Dabei stellte er fest, dass sie, wenn sie ganz in ihrer Arbeit aufgingen, offenbar weder Hunger noch Schmerz, Müdigkeit oder Kälte verspürten. In seinem gleichnamigen Buch bezeichnet er diesen Zustand als *Flow* und definiert ihn ungefähr so: Flow ist ein belebendes Gefühl von Präsenz unter Abwesenheit des Zeitempfindens. Hinzu kommt ein Verlust des Selbstgefühls. Man sorgt sich weder um die eigene Kompetenz noch um das Ergebnis. Die Flow-Erfahrung ist sehr wohltuend, da wir uns dabei erfrischt und lebendig fühlen. Es ist ein Zustand, in dem man ganz in der Beschäftigung aufgeht. Dazu müssen sich Herausforderung und Fähigkeit die Waage halten ... Ist die Herausforderung zu groß, empfindet man eine Sache als frustrierend; ist das eigene Können zu groß, langweilt man sich. Doch zum Glück ist das Prinzip für Menschen aller Fähigkeitsstufen umsetzbar.

Das Gefühl, so von einer Sache gefesselt zu sein, dass sie uns komplett absorbiert, ganz im Augenblick gegenwärtig zu sein und gleichzeitig die Zeit zu vergessen, empfinden wir am häufigsten, wenn wir mit einer unserer Signatur-Stärken arbeiten. Das Ergebnis ist dabei völlig nebensächlich. Es spielt keine Rolle, was dabei herauskommt, sondern wie man sich dabei fühlt. Csikszentmihalyi spricht von gemeinsamen Flow-Erfahrungen (wenn man sich mit jemandem unterhält, Mannschaftssport betreibt oder in einem Orchester spielt) und von Microflow (kurzen Beschäftigungen, die Flow auslösen und uns helfen, die Konzentration wiederherzustellen, zum Beispiel sinnloses Herumkritzeln). Immer, wenn das Verhältnis zwischen Anforderung und Können stimmt, kann eine Flow-Erfahrung entstehen: beim Joggen, Malen, Stricken, bei Streitgesprächen oder Unterhaltungen. Möglicherweise hat es sogar evolutionäre Vorteile, Flow-

Erfahrungen anzustreben. Da dieses wunderbare Gefühl mit zunehmendem Können nachlässt, gehen wir stets an unsere Grenzen und verbessern so das Verhältnis zwischen den an uns gestellten Anforderungen und unserer Kompetenz. Wir lassen nicht nach in unserem Bemühen und werden dadurch immer besser. Die Flow-Erfahrung belohnt uns dafür, dass wir immer weiter versuchen, unser Bestes zu geben.

Es ist leicht, die Bedeutung von Flow-Erfahrungen herunterzuspielen oder sich über die Dinge lustig zu machen, die sie auslösen. Wir betrachten sie gern lediglich als Hobbys oder als Luxus, den sich nur Menschen leisten können, die mehr Zeit und Geld zur Verfügung haben als wir. In Wirklichkeit ist für eine Flow-Erfahrung weder Geld noch Talent oder sehr viel Zeit nötig. Rein hedonistische Methoden der Selbstberuhigung, bei denen es ausschließlich ums Vergnügen geht, sind flüchtig (wenn wir zum Beispiel einen Krapfen essen oder ein Bad nehmen); Flow-Erfahrungen hingegen sind produktiv und haben eine bleibende Wirkung.

Flow-Erfahrungen tun uns gut. Es besteht eine klare Verbindung zu Erfolg und Lebenszufriedenheit, und es wird sogar ein Zusammenhang mit einer höheren Lebenserwartung vermutet. Falls Sie sich nur noch mit Ihrem Trauma – als Beule mit Wagen – identifizieren, sollten Sie sich das, was Ihnen Flow-Erfahrungen beschert (oder früher einmal beschert hat), einmal genauer ansehen. Es ist eine wunderbare Möglichkeit, den Wagen jenseits der Beule neu zu entdecken.

Zum Ausprobieren:
Was versetzt Sie in Flow?

Woran mussten Sie spontan denken, als ich die Flow-Erfahrung beschrieb? Wann hatten Sie Ihr letztes Flow-Erlebnis und wobei? Waren Sie allein oder mit einem anderen Menschen zusammen? Gibt es irgendetwas – das Lösen von Kreuzworträtseln, Sex, Schwimmen, Arbeiten –, das Sie verlässlich in diesen Zustand versetzt? Jeder Mensch hat anspruchslose Tätigkeiten, die ihm Behagen bereiten und ihm helfen, abzuschalten und sich zu entspannen, doch die sind hier nicht gemeint. Welche Beschäftigungen und Gedanken geben Ihnen ein gutes Gefühl und sind gleichzeitig tief in Ihren Werten verwurzelt? Nennen Sie fünf Tätigkeiten, die Sie in Flow versetzen.

Einen Augenblick! Wieso beschäftigen wir uns in einem Buch über Traumabewältigung mit Werten und Signatur-Stärken? Nun, wenn wir uns in der Opferrolle befinden, sind wir passiv. Unsere Gedanken und Gefühle fegen wie das Wetter über uns hinweg und veranlassen uns zu scheinbar unvermeidlichen, unkontrollierbaren Reaktionen. Wenn Sie Ihre Vergangenheit überwinden möchten, müssen Sie Ihr Denken und Ihr Handeln bewusst steuern. Sie müssen sich unter anderem darum bemühen, Dinge zu tun, die es Ihnen gestatten, mit Ihren Signatur-Stärken zu arbeiten – Aktivitäten, die Flow-Erlebnisse auslösen. Christopher Peterson, einer der Begründer der Positiven Psychologie und Mitentdecker der Signatur-Stärken[5] fragt in diesem Zusammenhang: »Wieso überfliegen wir Kitschromane, statt uns mit Literatur zu beschäftigen? Wieso führen wir oberflächliche Gespräche mit Freunden, statt über das zu reden, was wirklich zählt? Wieso nehmen wir den leichten Weg, statt uns Herausforderungen zu stellen?« Wenn Sie sich für den Flow entscheiden, obwohl *Seinfeld*-Wiederholungen und eine Packung Eiscreme locken, können Sie damit einen echten Beitrag zu Ihrer Heilung leisten.

Ich habe von resilienten Menschen unter anderem gelernt, dass sie die Verantwortung dafür übernehmen, welchen Gedanken sie Einlass in ihren Kopf gewähren. Wir entscheiden bewusst, was in unserem Kleiderschrank hängen darf, und bemühen uns um ein Gleichgewicht zwischen Arbeits- und Freizeitkleidung. Wir achten darauf, dass unser Kühlschrank mit Zutaten für Frühstück und Abendessen gefüllt ist. In der Frage aber, welche Gedanken sich in unseren Köpfen tummeln und welche Gefühle unsere Herzen füllen dürfen, verhalten wir uns eher nachlässig.

> Wenn die Redensart »Du bist, was du isst« der Wahrheit entspricht, dann gilt umso mehr, dass wir sind, was wir *denken.*

Falls die emotionale Kost resilienter Überlebender zu viele Gefühle enthält, die sie träge machen, gleichen sie dies noch am selben Tag mit ein paar Portionen positiver Emotionen aus. Traumatisierte Menschen achten in der Regel eher nicht darauf, dass sie genügend Obst und Gemüse, also bunte, knackige Wohlfühlemotionen, bekommen. Damit möchte ich keineswegs sagen, dass es nach einem traumatischen Erlebnis nicht völlig normal wäre, ein gewisses Maß an Angst, Depressionen, Trauer, mangelndem Selbstwertgefühl und Verletztheit zu empfinden; auch diese Gefühle gehören zu einem ausgewogenen emotionalen Repertoire. Doch obwohl es sich dabei um völlig normale Empfindungen handelt, sollte man sich besser nicht darin verlieren.

Man kann sich, wie es so schön heißt, nicht um Frieden bemühen, wenn man gleichzeitig für den Krieg rüstet. Ebenso wenig kann man das eigene Wohlbefinden steigern, wenn man positive Gefühle vernachlässigt und abwertet. Wir brauchen eine bunte, vielseitige emotionale Kost. Positive Gefühle sind kein Luxus, für den man sich Zeit nimmt, wenn einmal weniger zu tun ist; sie sind unabdingbar, und man braucht jeden Tag eine gewisse Dosis davon.

Deshalb werden wir daran arbeiten, erneut Kontakt zu den Dingen herzustellen, die Ihnen ein gutes Gefühl geben, die Ihnen Flow-Erfahrungen ermöglichen, die sich mit Ihren Werten und Signatur-Stärken decken. Ich werde Ihnen das Versprechen abnehmen, sich Tag für Tag um diese Gefühle zu bemühen – und zwar mit derselben Konsequenz, mit der Sie versprechen würden, mehr Salat zu essen, um Ihre Ernährung zu verbessern. Wenn Sie sich schon auf die Suche nach positiven Gefühlen machen (und das tun wir), können Sie sich ebenso gut um die Emotionen bemühen, die eine besonders große Wirkung auf Sie haben.

Zum Ausprobieren:
Wer sind Ihre Helden und warum?

Jahr für Jahr veröffentlicht das *Time Magazine* eine Aufstellung der einflussreichsten Menschen unserer Zeit. Bei der Lektüre der Liste des Jahres 2009 achtete ich bewusst darauf, welche Geschichten mich ansprachen und welche ich lediglich überflog. Ich notierte mir, welche Artikel ich für meine Pinnwand ausschneiden und welche Geschichten ich einer Freundin, meiner Mutter oder meiner

Lebenspartnerin erzählen wollte. Unsere Helden – ob sie nun berühmt sind oder nicht – liefern den Beweis für menschliche Eigenschaften, von denen wir entweder *selbst* gern mehr hätten oder von denen die Menschheit im Allgemeinen unserer Ansicht nach mehr haben sollte.

> Wir wählen unsere Helden nicht zufällig aus.

Auf den ersten Blick scheint offensichtlich, weshalb wir jemandem Heldenstatus verleihen. Unser sportlicher Held bricht Weltrekorde und revolutioniert das Spiel. Wer würde ihn nicht bewundern? Nehmen wir uns aber einen Augenblick Zeit, um unsere Helden genauer zu betrachten, können wir versuchen zu verstehen, welche Rolle sie in unserem Leben spielen. Dabei werden wir feststellen, dass uns ein berühmter Spitzenbasketballspieler nicht nur wegen seines sportlichen Könnens fasziniert. Es hat seine Gründe, weshalb jemand ein Held für uns ist.

> Unsere Helden können uns Dinge über uns verraten, die uns letztlich helfen, jene Ressourcen anzuzapfen, die uns die Heilung ermöglichen.

Da lohnt es sich, wenn wir uns ein wenig Zeit für sie nehmen. Nicht, um uns ihre Titel oder Fähigkeiten, ihre Auszeichnungen oder Leistungen anzusehen, sondern um uns zu fragen, welche emotionale Wirkung ihre Geschichte und ihre Ausstrahlung auf uns hat. Wer sind *Ihre* Helden – und warum?

Als ich die Liste des *Time Magazine* überflog, fiel mir Richard

Phillips auf, der Kapitän des vor Somalia gekaperten Containerschiffs *Maersk Alabama*. Kapitän Phillips hatte sich als Geisel angeboten, um seine Mannschaft zu retten. Er ist zweifellos für viele Menschen ein Held, aber aus verschiedenen Gründen: wegen seines Mutes, seiner Selbstlosigkeit, der Klarheit seiner Entscheidungen oder der Hingabe an seinen Beruf. Wenn Sie Menschen wie Kapitän Phillips als Helden bezeichnen, sollten Sie sich fragen, weshalb das so ist und wofür sie stehen. Wünschen Sie sich, jemand hätte sich während Ihrer traumatischen Erfahrung für Sie eingesetzt und Sie gerettet? Hoffen Sie, tief in Ihrem Inneren den Mut zu ähnlichem Handeln zu finden? Fühlen Sie sich sicher, wenn Sie wissen, dass es solche Menschen gibt? Weckt es in Ihnen den Glauben, dass das Gute in der Welt das Böse aufwiegen wird?

Gelegentlich sind unsere Helden Menschen, die den Mut hatten, die Welt zu verändern. Sie setzen sich für Außenseiter ein oder tun Dinge, die wir selbst gern täten. In diesem Fall dürfte Somaly Mam Sie ansprechen, die ebenfalls auf der Liste des *Time Magazine* zu finden ist. Mit zwölf Jahren wurde sie in Kambodscha zur Zwangsprostitution verkauft. Sie entkam, kehrte aber später in ihr Land zurück, um dort gegen den illegalen Frauen- und Mädchenhandel zu kämpfen. Auch Morddrohungen können sie nicht davon abbringen. Inspiriert Sie ihre immense, unerschütterliche Hoffnung allen Widerständen zum Trotz? Inspiriert Sie der Umstand, dass Somaly Mam eine zweite Chance im Leben bekam, ihre Zeit auf Erden nicht zu vergeuden? Oder helfen Ihnen ihre Schönheit und ihr Mut, hinter die eigene vermeintlich angeschlagene und hässliche Fassade zu blicken?

Beschränken Sie sich nicht auf die, wie ich sie nenne, obligatorische »Martin-Luther-King-Antwort«. Vielleicht ist einer Ihrer Helden Immobilienmogul oder Rockstar. Vermutlich werden Sie diese Menschen aber nicht nur wegen ihres Geldes und ihres Ruhms bewundern, sondern weil ein Aspekt ihres Weges große Bedeutung für Sie hat. Ermutigt ihr Erfolg Sie zu großen Visionen? Trägt die Stimme Ihres Lieblingssängers Ihre Gefühle in ungeahnte Höhen? Geben diese Menschen Ihnen das Gefühl, verstanden zu sein? Teil einer größeren Gemeinschaft zu sein?

Einer meiner Helden ist Dan Pallotta. Nach dem Selbstmord seines Partners nutzte er seine Trauer als Antrieb. Er rief einen 42-Kilometer-Walkathon namens »Out of the Darkness« ins Leben und sammelte damit 1,3 Millionen Dollar an Spenden für die Suizidprävention. Er machte es zu seinem Beruf, Möglichkeiten zu finden, wie wir mit unserer Trauer und unserer Empörung die Welt verändern können. Sein Unternehmen Pallotta TeamWorks hat inzwischen 305 Millionen Dollar für wohltätige Zwecke gesammelt; die Palette reicht vom Kampf gegen Brustkrebs und AIDS bis hin zum Kampf gegen den Hunger in der Welt. Dan klingt wie ein Geschäftsmann, und das ist er auch. Aber er ist auch ein Dichter und Songschreiber, den Schmerz und Verlust zutiefst gezeichnet haben und der dennoch die unglaubliche Motivation verspürt, Berge zu versetzen. Er ist mein Held, weil seine Erfahrungen ihn nicht gefühllos, bitter, wütend oder hilflos werden ließen, sondern weil er gefühlvoll, leidenschaftlich und quicklebendig daraus hervorgegangen ist.

Da Sie die Lebensentscheidungen Ihrer Helden anerkennen und bewundern, wird es Ihnen helfen zu wissen, worin genau diese Entscheidungen bestehen. Unsere Helden können Retter sein, Vorbilder oder sie verkörpern Sehnsüchte – immer aber haben sie etwas an sich, das auch in uns selbst schlummert. Welche emotionale Funktion erfüllen Ihre Helden für Sie? Von welchen Werten kündet ihr Leben? Fällt Ihnen bei der Lektüre der Liste Ihrer Signatur-Stärken auf, dass Ihre Helden dieselben Charakterzüge haben wie Sie selbst?

Ich bewundere meine Helden, weil ...

sie wunderschöne, erhabene Gefühle in mir wecken

ihre Spiritualität die Schwierigkeiten, denen sie sich stellen mussten, unbeschadet überstanden hat

sie Mut zur Verletzlichkeit haben

sie mit all ihren Fehlern geliebt werden

sie zeigen, dass es in Ordnung ist, anders zu sein

sie die Welt für mich und andere sicherer machen

ihr Mut mir beweist, dass es auch gute Menschen auf der Welt gibt

ihr Einfallsreichtum unendlich viele neue Möglichkeiten eröffnet

sie mir das Gefühl geben, dass ich stolz auf mich sein kann

sie mir das Gefühl geben, dass sich jemand für mich einsetzt und ich gehört werde

sie allen Widerständen zum Trotz Erfolg hatten; das hilft mir, daran zu glauben, dass auch meine Träume Wirklichkeit werden können

sie konstruktive Möglichkeiten finden, ihr Leben weiterzuleben

sie etwas zurückgeben/sich bedanken/ihre Wertschätzung zum Ausdruck bringen

sie der Liebe in ihrem Leben so viel Platz einräumen

sie andere inspirieren

sie mir mit ihrem Humor Erleichterung bringen und alles in die richtige Perspektive rücken

sie leidenschaftlich kämpfen und man sich besser nicht mit ihnen anlegt

sie wissen, wie man es mit dem System aufnimmt und etwas erreicht

sie hervorragend Kontakte knüpfen können

sie die Probleme anderer lösen können

es ihnen gelungen ist, die Massen zu mobilisieren und etwas zu bewegen

sie von unermüdlicher Beharrlichkeit sind.

Sehen Sie, wie die Dinge, die Sie an Ihren Helden bewundern, Ihre Signatur-Stärken widerspiegeln? Kapitän Phillips appelliert an den Grundwert der »Tapferkeit«, Billie Jean King an den Grundwert des »Durchhaltevermögens«.

Nennen Sie drei Möglichkeiten, wie Sie Ihre Signatur-Stärken nutzen und gleichzeitig Ihren Helden nacheifern können. Da diese Übung Ihre Vorstellungskraft schult, müssen die Projekte nicht realistisch sein. Es geht hier weniger um die Frage, ob Sie tatsächlich in der Lage sind, ein Waisenhaus zu gründen, viel wichtiger ist, dass Sie Zugang zu den Gefühlen bekommen, die Sie empfänden, wenn Ihnen dies wirklich gelänge. Ihre Liste kann auch winzige Schritte enthalten, wie einem Obdachlosen eine Tasse Kaffee zu kaufen oder anzufangen, eine neue Sprache zu lernen.

Machen Sie sich keine Gedanken, wenn Sie Aktivitäten gewählt haben, die nicht realisierbar sind. Mag sein, dass Sie nicht nach Kambodscha gehen können, um dort gegen den illegalen Frauenhandel zu kämpfen, aber nichts hindert Sie daran, sich ehrenamtlich für eine Frauenhilfsorganisation einzusetzen. Sie haben vielleicht nicht die Gelegenheit, in die Schlacht zu reiten, um für die Schwachen und die Sanftmütigen einzutreten, doch sicher werden an einer Schule in Ihrer Nähe Kinder schikaniert und brauchen einen Erwachsenen, der für sie spricht. Vielleicht bewundern Sie Ihre sportliche Heldin vor allem wegen ihres Durchhaltevermögens. Nun, es spricht nichts dagegen, dass Sie ein Liegestütz-Trainingsprogramm aufstellen und jede Woche fünf Wiederholungen mehr machen.

Schaffen Sie im eigenen Rahmen eine Version der Dinge, die jene Helden tun, die Ihre Werte und Ihre individuellen Stärken verkörpern. Wenn Ihnen dies gelingt, werden Sie ihre Triumphe nachempfinden können.

Damit haben Sie einen ersten, wichtigen Schritt getan. Vielleicht ist Ihnen noch keine Möglichkeit eingefallen, wie Sie Ihre Signatur-Stärken im Alltag zelebrieren können. Trösten Sie sich in dem Fall mit dem Wissen, dass Ihnen das, was Sie durchgemacht haben, diese wichtigen Eigenschaften nicht nehmen konnte. Bewahren Sie dieses Wissen. Es ist – ganz gleich, wie Sie sich gerade fühlen – ein Quell, aus dem Sie bei Bedarf jederzeit schöpfen können. Wir werden im Verlauf dieses Buches noch genauer auf die Erkenntnisse eingehen, die Sie bei dieser Übung über sich gewonnen haben. Sie werden realistische Möglichkeiten finden, sie in Ihr Leben zu integrieren und sie sogar wie eine Art nicht pharmazeutisches Medikament immer dann einzusetzen, wenn Sie niedergeschlagen sind. Und dies ist erst der Anfang: Sie werden lernen, nach einer emotionalen Karotte, nicht nach einem Törtchen zu greifen.

Bitte notieren Sie Ihre Signatur-Stärken, bevor Sie zum nächsten Absatz übergehen. Bringen Sie die Liste an einem Ort an, an dem Sie sie jeden Tag sehen können, so dass sie sich irgendwann in Ihr Gedächtnis einprägt.

Betrachten Sie Ihre Symptome in einem neuen Licht

Traumaüberlebende reduzieren sich häufig auf eine Reihe posttraumatischer oder depressiver Symptome. Dies ist eine weitere Möglichkeit, sich nur auf die Beule zu konzentrieren und den ganzen restlichen Wagen zu ignorieren. Ich habe oft Patienten, die mir von dem kalten Schweiß, den Panikattacken, den Flashbacks, den Albträumen, dem Energiemangel und den Tränen berichten, als handle es sich dabei um ihren Stammbaum.

Dafür gibt es Gründe. Die Psychiatrie bemüht sich sehr darum, diffuse Probleme zu Symptombildern zusammenzufassen, die Diagnose und Behandlung erleichtern. Das hat viele Vorteile: Wenn wir erkennen können, dass jemand unter Schizophrenie oder einer bipolaren Störung leidet, ist das weit besser, als ihn wie noch vor hundert Jahren lediglich für »verrückt« zu erklären.

Solche Symptomlisten bieten zudem eine objektive Möglichkeit, Verbesserungen festzustellen. Die wöchentliche Therapiesitzung ist daher erst nach einem kurzen Überblick über die im Fokus der Behandlung stehenden Symptome sowie die Frage, ob sie nachgelassen haben, abgeschlossen. Leider lernt der Überlebende dabei auch, sich anhand dieser Liste zu beurteilen.

Betroffene können durch diese Symptomlisten und die damit verbundenen Diagnosen pathologisiert und stigmatisiert werden. Zwar kann es eine enorme Erleichterung sein, das eigene Innenleben lehrbuchartig ausgebreitet zu sehen und zu denken: »Ja! Das bin ich!« Viele meiner Patienten sagen aber auch, sie hätten keine Ahnung vom Ausmaß ihrer psychischen Probleme gehabt, bis sie in einem Selbsthilfebuch zufällig auf eine Liste typischer Symptome posttraumatischer Belastungsstörungen gestoßen seien.

Es ist verlockend, Fortschritte anhand der Symptome zu beurteilen, da diese messbar sind. Entweder Sie hatten in der vergangenen Nacht einen Albtraum oder nicht. Und wenn nicht, muss es Ihnen allmählich besser gehen, nicht wahr? Eine derart eingeschränkte Sicht auf die Symptomatik kann Ihnen aber auch das Gefühl geben, nicht mehr als eine Anhäufung der verrückten Dinge zu sein, die Sie tun und fühlen. Es ist eine weitere Möglichkeit, nur die Beule zu sehen und darüber den restlichen Wagen zu vergessen.

Ich möchte weg von diesem konventionellen Denken. Selbst wenn Sie einige Symptome einer posttraumatischen Belastungsstörung aufweisen, werden Sie dadurch nicht definiert. Mag sein, dass Sie in der vergangenen Nacht einen Albtraum hatten, aber das heißt noch lange nicht, dass Sie heute keinen herrlichen, lebensbejahenden Tag haben könnten. Mein höchstes Ziel ist auch nicht, lediglich die Ausgangssituation, also ein symptomfreies Leben wiederherzustellen – ich habe viel größere Pläne mit Ihnen.

Falls Sie dazu neigen, sich über Ihre Krankheit zu definieren, möchte ich Sie zu einer völlig neuen Sichtweise ermutigen. Betrachten Sie Ihre Symptome nicht mehr als Beweis dafür, dass Sie krank und unwiederbringlich verkorkst sind, sondern als das, was sie sind: der Versuch Ihres Körpers und Ihres Geistes, Sie vor einer erneuten Traumatisierung zu schützen.

Ihre Symptome sind der Beweis für Ihren angeborenen Selbsterhaltungstrieb. Sie sind Reste einer Reaktion, die aus einer Zeit übriggeblieben ist, in der die vom Selbsterhaltungssystem veranlassten körperlichen Veränderungen durchaus von Vorteil waren. Zum Beispiel konnte man schneller vor dem Säbelzahntiger fliehen, der einem auf den Fersen war. Sie sind schreckhaft und können nicht schlafen, weil Sie immer noch über Ihre Schulter blicken. Ihr Gehirn möchte auf der Hut bleiben, damit Sie das nächste Mal »gewinnen«, und Ihre Albträume sind sein Versuch, alle Eventualitäten abzudecken, damit Sie in Zukunft besser vorbereitet sind. Wenn Sie felsenfest davon überzeugt sind, dass jeden Augenblick etwas Schreckliches passieren wird, ruft Ihr Kopf im Grunde: »Ich will leben!« Er aktiviert alle Sinne, um die Bedrohung zu orten und ihr zuvorzukommen.

Diese Bemühungen des Körpers, sich zu schützen, sind fehlgeleitet. Sie können eine ausgesprochen beunruhigende und sogar zerstörerische Wirkung haben – angesichts dessen, was Sie durchgemacht haben, sind sie jedoch vollkommen normal. Meines Erachtens ist es sogar sehr tapfer von Ihrem Kopf zu versuchen, dies für Sie zu tun.

Vielleicht werden Sie mit den in diesem Buch dargestellten Methoden eine erhebliche Verbesserung Ihrer Symptome erzielen, aber vielleicht werden Sie wie die meisten Überlebenden feststellen müssen, dass ein paar davon bleiben. Der Unterschied wird darin bestehen: Wenn Sie gelegentlich einen Albtraum haben oder sich dabei ertappen, dass Sie über eine dunkle Phase Ihres Lebens nachgrübeln, werden Sie über das richtige Handwerkszeug verfügen, um Ihre Gefühle in den Griff zu bekommen.

Seien Sie stolz darauf, überlebt zu haben

Wenn ich von meiner Arbeit erzähle, werde ich immer gefragt: »Ist das denn nicht *deprimierend*?«

Die ehrliche Antwort lautet nein. Natürlich höre ich von schrecklichen Gräueltaten, von Dingen, die meinen Glauben in die Menschheit erschüttern könnten. Aber ich werde auch Tag für Tag vom Mut, der Würde, dem Humor und der Klarheit der Überlebenden inspiriert. Ich zweifle nicht daran, dass im Feuer des Traumas ein fester Charakter und eine große Stärke geschmiedet werden. Die erste Herausforderung besteht stets darin, meinen Patienten zu helfen, diese außergewöhnlichen Eigenschaften in sich zu erkennen.

Überlebende sind schnell damit bei der Hand, sich als ruiniert, als unwiderruflich kaputt und als erheblich weniger wertvoll zu betrachten, als sie »vorher« waren. Sich einen Weg durch das Trauma zu bahnen und gleichzeitig zu versuchen, allen Anforderungen des Lebens gerecht zu werden, ist, als trügen wir fortwährend ein bleischweres, unsichtbares Gewicht mit uns herum. Deshalb kann es sich wie eine große Last anfühlen, sich dem Leben nach dem Trauma stellen zu müssen. Man sollte aber auch wissen, dass man bei einem solchen Krafttraining sehr viel Muskelmasse aufbaut – und nicht nur »Bewältigungsmuskeln«, sondern eine wirkliche Stärkung des Charakters.

Darum liebe ich Traumaüberlebende so sehr. Es ist tapfer und mutig, wenn sich ein Mensch angesichts einer Erfahrung behauptet, die ihn seiner Sicherheit und sogar seines Selbstverständnisses zu berauben droht.

> Sie haben etwas Schlimmes erlebt, und diese Erfahrung hat Sie verändert, aber Sie haben keine irreparablen Schäden davongetragen.

Es ist an der Zeit, dass Sie sich mit anderen Augen sehen, dass Sie Ihren Status als Überlebende/r anerkennen und würdigen. Sie sind ein Veteran, kein Opfer, und dies ist Ihr Denkmal, die Verleihung Ihres Verwundetenabzeichens, Ihre Konfettiparade. Ich möchte Ihnen helfen, wie ein Mensch zu denken, der an sich, sein Potenzial und seine Zukunft glaubt. Sich als jemanden zu sehen, der das Leben genießt, statt ständig Todesangst zu haben. Mit anderen Worten: Ich möchte Ihnen helfen, sich als Überlebende/n, nicht als Opfer zu betrachten.

Vielleicht fragen Sie sich: »Was ist so falsch daran, wenn ich mich als Opfer fühle?« Schließlich *waren* Sie es ja tatsächlich einmal. Das kann niemand bestreiten. Aber die Wahrheit ist schlicht, wenn Sie sich weiterhin so sehen, ist das eine unrealistisch passive und letztlich zermürbende Art zu leben.

Wenn Sie sich als Opfer fühlen, glauben Sie, Ihre emotionale Kost würde Ihnen von den Umständen diktiert. Wie ein Gefangener essen Sie, was sich auf dem Tablett befindet, das durch die Gitterstäbe geschoben wird. Die Fähigkeit, Ihre Gedanken und Gefühle zu kontrollieren, verkümmert. Wenn Sie in der Opferrolle gefangen sind, statt sich als einen Menschen zu betrachten, der zweck- und zielgerichtet durch die Welt geht, betrachten Sie sich als jemanden, der alles passiv hinnimmt, dem jederzeit alles genommen werden kann.

Indem Sie sich als Opfer sehen, halten Sie das Permatrauma am Leben.
Sie waren hilflos und ohnmächtig, solange die traumatisierende Situation anhielt, aber jetzt sind Sie es nicht mehr.

Deshalb müssen wir Ihnen helfen, diesen Zustand zu überwinden, damit Sie ein positiveres Selbstbild und ein stärkeres Gefühl für Ihren Einfluss bekommen. Sie haben soeben den ersten Schritt auf diesem Weg getan: Sie haben erneut Kontakt zu *sich selbst* aufgenommen – zu dem Menschen, der Sie waren, und dem Menschen, der Sie zu werden hofften, bevor das Trauma Ihre Pläne durchkreuzte.

| 2 |
So finden Sie einen Sinn in dem, was Ihnen zugestoßen ist

MIT FÜNFZEHN JAHREN SAH CHARLIZE THERON, wie ihre Mutter ihren alkoholabhängigen, gewalttätigen Vater in Notwehr erschoss.[6] In einem Interview sagte sie: »Ich weiß nicht, wie ich das sagen soll, ohne dass es merkwürdig klingt. Aber ich glaube, dass ich anderen weit voraus war, weil ich schon so früh eine so große Tragödie erlebt hatte. Ich kannte bereits mit sechzehn Jahren den Wert des Lebens und wusste, wie schnell es einem genommen werden kann.«

In vielen Kulturen ist man erst dann ein Mann oder eine Frau, wenn man bestimmte Initiationsriten überstanden hat. Dabei werden die Menschen auf ähnliche Weise gefordert, wie das bei Ihrer traumatischen Erfahrung der Fall war. In diesen Kulturen ist es eine Auszeichnung, ein Überlebender zu sein, und die Menschen tragen sie mit Stolz. Vielleicht haben Sie noch einen langen Weg vor sich, bis Sie sich selbst als jemanden ansehen können, der eine Initiation überstanden hat und daran gewachsen ist. Aber auch Sie verdienen es, diese Auszeichnung zu tragen.

Die Fähigkeit, in ihrem Trauma eine Art Initiation zu sehen, die sie wie eine Impfung schützt und aus der sie stärker und besser hervorgegangen sind, zieht sich wie ein roter Faden durch das Dasein vieler resilienter Überlebender. Auch wenn das, was uns zugestoßen ist, völlig sinnlos war, bedeutet es nicht, dass wir keinen Sinn in dem Wachstum finden könnten, das daraus entstanden ist. Die Erfahrung hat Sie verändert, das ist wahr. Aber nun wird es Zeit, dass Sie den Menschen schätzen und würdigen, zu dem Sie sich *seither* entwickelt haben.

Finden Sie einen Sinn in Ihrer Erfahrung

Im letzten Kapitel sind Sie Violet begegnet, die eine gewalttätige Ehe überlebt und sich zur Aktivistin gemausert hat. Sie ist davon überzeugt, auf dieser Welt zu sein, um Frauen Kraft zu geben, die sich in einer ganz ähnlichen Situation befinden, in der auch sie früher einmal war. Wenn man sie so reden hört, war ihre destruktive Beziehung nichts weiter als eine Inkubationszeit für ihre Arbeit als Aktivistin. Jeder Akt der Gewalt und der Demütigung, den sie durch ihren Ex-Mann erlitten hat, motiviert sie nun dazu, für gesetzliche Regelungen und finanzielle Unterstützung zugunsten misshandelter Frauen zu kämpfen. Keiner weiß, was passiert wäre, wenn ihre Ehe einen anderen Verlauf genommen hätte. Aber Violet glaubt unerschütterlich daran, dass die traumatischen Erlebnisse in ihrer Ehe etwas in ihr geweckt haben, das andernfalls verborgen geblieben wäre. Sie ist stolz darauf, der Mensch zu sein, der sie heute ist.

> Indem Sie zu schätzen lernen, was Ihre Erfahrung
> Sie gelehrt hat, geben Sie ihr einen Sinn. Das ist ein
> wertvoller Entwicklungsschritt.

Aber es steht ein Elefant im Zimmer. Für die meisten Überlebenden ist das die Frage nach dem »Wie«. Wie kann man von Ihnen erwarten, diese schrecklichen und destabilisierenden Ereignisse in einen Aspekt Ihrer Lebensgeschichte zu verwandeln, der Ihnen Kraft gibt?

Ich habe bereits angekündigt, dass wir uns in die Köpfe resilienter Menschen hineinversetzen und die Welt – und Ihre Vergangenheit – mit ihren Augen betrachten werden. Fangen wir an! Wir werden mit einem meiner persönlichen Helden beginnen, dem südafrikanischen Anti-Apartheid-Kämpfer Nelson Mandela. Weil er sich für die Bürgerrechte einsetzte, verbrachte er siebenundzwanzig Jahre in Haft, aus der er 1990 entlassen wurde. Bei den ersten demokratischen Wahlen in Südafrika wählte man ihn zum Präsidenten – und zeichnete ihn schließlich mit dem Friedensnobelpreis aus. Mandela ist nicht nur wegen seiner umwälzenden Erfolge auf dem Gebiet der Politik und der Bürgerrechte mein Held. Er ist es auch, weil er seine Prüfungen seelisch unbeschädigt überstand, während die meisten Menschen bitter geworden wären und sich geschlagen gegeben hätten. In seiner Autobiografie *Der lange Weg zur Freiheit* spricht er aufrichtig über seine Empfindungen, und wir können viel aus seinem Umgang mit seinen Erfahrungen lernen.

In dem Buch schildert er auch die eigene Beschneidung. Bei den Xhosas kennzeichnet diese Initiation den Übergang vom Jungen zum Mann. Traditionell verwandelt der Junge seinen Schmerz in dem Augenblick, in dem der Schnitt gemacht wird, in einen Siegesschrei und ruft *»Ndiyindoda!«* oder »Ich bin ein Mann!«

Einen erwachsenen Menschen ohne Betäubung zu beschneiden, hört sich absolut furchtbar an. Man könnte gut verstehen, wenn eine solche Erfahrung ein lebenslanges Trauma zur Folge hätte. Liest man Mandelas Schilderung, erkennt man jedoch, dass er daraus das Gefühl zog, stark, etwas Besonderes, ein Mitglied seines Stammes und bereit zu sein, mit seinem Leben zu beginnen. »Es war eine heilige Zeit; ich fühlte mich glücklich und zufrieden, weil ich teilhatte am Brauch meines Volkes, und war bereit für den Wechsel von der Jünglingszeit zum Mannesalter.«

Dieses Beispiel zeigt, dass ein *Sinn* dem Überlebenden helfen kann, eine Erfahrung gut für sich selbst einzuordnen, die andernfalls wohl eines der schrecklichsten Erlebnisse seines Lebens wäre. Bedenken Sie nur, wie groß der Unterschied gewesen wäre, hätte eine Gruppe von Marodeuren Mandela in einer Gasse überfallen und ihm eine ähnliche Verletzung zugefügt. Wäre der Schmerz größer gewesen? Nein. Aber sein Leiden wäre von einem Gefühl der Sinnhaftigkeit und der Gemeinschaft abgekoppelt gewesen, und das hätte genügt, um das Erlebnis zu einem Trauma werden zu lassen. So aber empfinden Mandela und die anderen Xhosa-Jungen den körperlichen Schmerz als positiv, weil er mit dem Ritual des Erwachsenwerdens verbunden ist. In Mandelas Augen ist er nicht willkürlich, ja noch nicht einmal brutal. Er hat einen *Sinn*. Er demütigt ihn nicht und setzt ihn nicht herab. Er verleiht ihm sogar ein Gefühl von Macht, weil er ihn erduldet hat.

Mandelas Beschneidung unterscheidet sich in mehreren Punkten von den Traumata, um die es in diesem Buch geht.

Vor allem hatte er nie das Gefühl, in Lebensgefahr zu sein, schließlich hatten alle Männer, die er kannte, die Beschneidung überlebt. Er wusste im Gegensatz zu den meisten von uns, dass er nicht allein war und dass man eine derartige Erfahrung durchstehen, überwinden und meistern kann. Und obwohl er Angst vor seiner Beschneidung hatte, unterzog er sich ihr nicht gegen seinen Willen. Initiationsriten haben einen Zusammenhang, sie haben einen Sinn.

Bei den meisten Traumata ist dies freilich anders. Der Schrecken dessen, was wir erlebt haben, wird bei vielen Überlebenden durch die Sinnlosigkeit der Erfahrung noch verstärkt. Einigen Traumaüberlebenden gelingt es jedoch, einen Sinn in ihrem Leiden zu finden. Sie tun dies, indem sie ihren Qualen selbst einen Sinn *verleihen.*

Das beste mir bekannte Beispiel dafür ist der Psychiater Viktor Frankl, der während des Zweiten Weltkriegs mehrere Jahre lang im Konzentrationslager war. Seine Erfahrungen halfen ihm, Theorien darüber aufzustellen, wie der Mensch Schreckliches erdulden kann. Das daraus entstandene Buch *Trotzdem Ja zum Leben sagen* ist der Bericht eines resilienten Überlebenden. Es zeigt, wie der Mensch schreckliche Dinge überstehen kann, sogar einige der schlimmsten Gräueltaten der gesamten bisherigen Geschichte.

Frankl zufolge gibt es drei Möglichkeiten für den Menschen, einen Sinn im Leben zu finden:

1. durch sein Tun und seine Leistung, seine Arbeit und das Vermächtnis seiner Arbeit,
2. durch die Verbindung zu seinen Mitmenschen und die Qualität seiner zwischenmenschlichen Beziehungen,
3. *durch die Art und Weise, wie er das unumgängliche Leid des Lebens erträgt und einen Sinn darin findet.*[7]

Die ersten beiden Punkte wirken glaubhaft: Sie sind der Stoff, aus dem unsere Werte und unsere Signatur-Stärken sind, und decken sich außerdem mit den Dingen, die auch in unserer Gesellschaft dem Leben einen Sinn geben. Beim dritten Punkt aber zögern wir. In einigen Kulturen, wie etwa der Nelson Mandelas, in denen es zum Erwachsensein gehört, dass man Prüfungen übersteht, dürften die Menschen die letzte Aussage eher intuitiv als richtig empfinden. Ich vermute, dass Frankls Buch unter anderem deshalb einer der größten Bestseller aller Zeiten ist, weil es eine Lektion enthält, die unsere Gesellschaft nicht angemessen vermittelt, nämlich wie wertvoll es ist, schwere Zeiten durchzustehen.

Natürlich behauptet Frankl nicht, froh zu sein, dass es den Holocaust gegeben hat. Er ist nicht dankbar für die Zeit, die er hungernd und demoralisiert in einem Konzentrationslager verbrachte, während die Menschen, die er liebte, mit Millionen anderen abgeschlachtet wurden. Aber diese Erfahrung lehrte ihn viel Wertvolles darüber, dass wir eine Wahl haben – selbst wenn uns das Leben mit furchtbaren Dingen konfrontiert. Er sagt, sogar wenn wir in den Tod gingen, könnten wir uns entscheiden, dies aufrecht und mit einem Gebet auf den Lippen zu tun. Über die anderen Lagerinsassen schreibt Frankl: »Sie haben dafür den Beweis erbracht, dass im rechten Leiden ein Leisten liegt, dass es eine innere Leistung darstellt. Die geistige Freiheit des Menschen, die man ihm bis zum letzten Atemzug nicht nehmen kann, lässt ihn auch noch bis zum letzten Atemzug Gelegenheit finden, sein Leben sinnvoll zu gestalten.« Dieses grausige Beispiel habe ich bewusst gewählt, um eine für alle Überlebenden bedeutende Lektion zu illustrieren. Ich hatte gedacht, manche Dinge seien so schrecklich, dass man nie wieder ein Gefühl von Glück, Frieden und Sinn empfinden könne, doch dann begegnete ich Menschen, die diese Annahme widerlegten. Frankls Suche nach dem Silberstreif am Horizont ist typisch für diejenigen, die ihre Vergangenheit überwinden und in ein Leben zurückfinden, das sie als sinnvoll empfinden.

Natürlich ist es für uns oft alles andere als einfach, einen Sinn in einem Trauma zu sehen. Von resilienten Überlebenden können wir jedoch lernen, dass dieser Schritt – auch wenn er noch so schwerfällt – eine wichtige Rolle bei der Vergangenheitsbewältigung spielt.

Im Konzentrationslager wurde Frankl von einem Mann sogar gebeten, er möge ihm helfen, einen Sinn in diesem scheinbar sinnlosen Leid zu finden. Welchen Sinn, so fragte er, sollte es haben, dass seine ganze Familie niedergemetzelt worden sei? Frankl erwiderte, hätte nicht er, sondern seine Frau als einziges Familienmitglied überlebt, müsste sie nun dieses Leid ertragen. Hätte er das gewollt? Vielleicht, so sagte er zu dem Mann, müsse er all dies erdulden, um ihr das, was er jetzt empfand, zu ersparen. Durch diese neue Deutung der Ereignisse bekamen das Leid und der Verlust dieses Mannes einen Sinn: Denn gewiss hätte er sich für das Leid entschieden, wenn er gewusst hätte, dass er seine geliebte Frau dadurch davor bewahren konnte. Frankl fordert den trauernden Witwer in dieser zerbrechlichen Situation auf, sich nicht als Opfer, sondern als Ehrenmann zu sehen.

Er lehrt uns, dass wir dem, was uns widerfahren ist, sogar im Nachhinein noch einen Sinn verleihen können. Wir tun dies, indem wir stolz auf den Menschen sind, zu dem es uns gemacht hat. Ihre schwierigen Umstände haben Ihnen geholfen, neue Fähigkeiten zu entwickeln. Sie wissen Dinge

über sich, die Sie niemals erfahren hätten, wenn Sie nicht
auf die Probe gestellt worden wären. Meiner Erfahrung nach
ist es nicht ungewöhnlich, dass Menschen später auf das
im Feuer des Traumas geschmiedete Können und Selbstvertrauen besonders stolz sind.

In welcher Hinsicht sind Sie gewachsen?

Wenn Sie die Wahl gehabt hätten, hätten Sie sich natürlich
nicht dafür entschieden, ausgerechnet auf diese Weise klüger
und stärker zu werden. Aber die Sache ist nun mal geschehen – und sie hat Sie klüger und stärker gemacht.

Dies beweisen nicht nur Einzelfälle. Christopher Peterson
studierte zahlreiche Personen, die dem Tod schon einmal ins
Auge gesehen haben. Dabei stellte er fest, dass die folgenden Eigenschaften bei Menschen, die eine lebensbedrohliche
Krankheit überstanden haben, besonders ausgeprägt waren:

- Sinn für Schönheit
- Neugier
- Fairness
- Vergebung
- Dankbarkeit
- Humor
- Menschenfreundlichkeit
- Lerneifer
- Spiritualität

Die Eigenschaften decken sich mit meinen Erfahrungen bei
der Arbeit mit Überlebenden. Ich glaube, dass diese Menschen etwas Besonderes sind. Bei der Arbeit fällt mir immer

wieder eine einzigartige Tiefe, Besonnenheit und Zielstrebigkeit an ihnen auf. Sie verfügen oft über die bewegende Fähigkeit, das Wichtige im Leben vom Unwichtigen unterscheiden zu können. Eine meiner Patientinnen brauchte ein Jahr, um sich von einem Autounfall zu erholen. Davor war sie frustriert gewesen, dass die Vorstellung ihres Mannes von Romantik offenbar darin bestand, am Valentinstag ein billiges Schokoladenherz zu kaufen, nachdem sie mehrere deutliche Anspielungen gemacht hatte. Im Jahr ihrer Genesung aber begleitete er sie zu allen Arztterminen. Er wuchs über sich selbst hinaus und wechselte ohne zu klagen Bettpfannen und Verbände.

Natürlich hat sich ihre Vorstellung vom Märchenprinzen radikal gewandelt. Am Ende ist ein treuer Freund, ein echter Helfer, jemand, der einen auch dann noch liebt, wenn man in denkbar schlechter Verfassung ist, wichtiger als alles andere auf der Welt. Menschen, die ein Trauma überstanden haben, muss man das nicht sagen.

Traumaüberlebende wissen, was wirklich zählt.

Wenn im hässlichsten Block Manhattans ein hübsch blühendes Unkraut aus dem Beton ragt, bleibt meiner Erfahrung nach der Traumaüberlebende stehen und macht die anderen auf das einzelne grüne Pflänzchen aufmerksam. Er tut dies nicht trotz, sondern *wegen* seines Traumas.

Die Wissenschaftler Lawrence Calhoun und Richard Tedeschi prägten den Begriff »posttraumatisches Wachstum«. Sie fanden heraus, dass viele Menschen nach einer traumatischen Erfahrung positive Veränderungen feststellten. Sie führten solidere Beziehungen, empfanden mehr Mitgefühl und mehr Mitleid und hatten den Eindruck, stärker geworden zu sein. Im Allgemeinen ist ein Wachstum in drei Bereichen zu verzeichnen: in den zwischenmenschlichen Beziehungen, in einem veränderten Selbstverständnis und in einer neuen Lebensphilosophie. Ben Sherwood zitiert in seinem Buch *Wer überlebt? Warum manche Menschen in Grenzsituationen überleben, andere nicht* die Arbeit des Neuropsychologen Jeff Moore am Robert E. Mitchell Center for Prisoner of War Studies.[8] Er schreibt, die meisten Kriegsgefangenen glaubten, die Erfahrung habe sie stärker gemacht. 61 Prozent berichteten von vorteilhaften psychischen Veränderungen nach der Gefangenschaft, unter anderem einem klareren Gespür für Prioritäten und einem besseren Verständnis für sich selbst.

Nach dem finanziellen Zusammenbruch merken viele Menschen, dass sich ihre Wertvorstellungen gewandelt haben und sie vor allem jene Dinge zu schätzen wissen, die man mit Geld nicht kaufen kann. Wenn man erlebt, wie oft Menschen einander belügen, betrügen, verletzen oder verlassen, lernt man den Wert von Vertrauen ganz anders zu schätzen. Wird man plötzlich mit einer Krankheit oder einem Unfall konfrontiert, entdeckt man voller Ehrfurcht die Magie der Selbstheilungskräfte des Körpers.

Wahrscheinlich waren Ihnen diese Dinge auch früher schon bekannt, doch Sie werden gewiss bestätigen können, dass Sie sich ihrer inzwischen wesentlich deutlicher bewusst sind.

Ich stelle auch immer wieder fest, dass ihre Erfahrungen den Überlebenden helfen, ein erstaunlich tiefes Mitgefühl und Einfühlungsvermögen in sich zu entdecken. Man muss nur ein wenig an der Oberfläche kratzen, um zu erkennen, dass sie die treibende Kraft hinter allen Bewegungen sind, die es sich zum Ziel gesetzt haben, die Welt zu verbessern, für die Bürgerrechte zu kämpfen, Außenseiter zu schützen, Menschen aus Gefahren zu retten und Notleidenden zu helfen. Es ist kein Geheimnis, dass in Frauenhäusern hauptsächlich Leute wie Violet arbeiten, die selbst häusliche Gewalt erlebt haben, und dass in Heilberufen viele Menschen tätig sind, die selbst emotionale Schwierigkeiten überwunden haben. Alle Menschenrechtsbewegungen, die es jemals gab, sind aus dem Schmerz und dem Unrecht – dem Trauma – derjenigen entstanden, die sie anführten.

Diese Eigenschaften gehören zu den Dingen, die Ihnen helfen werden, Freude am Leben zu haben – auch wenn dies möglicherweise dem intuitiven Empfinden widerspricht. Caitlin kam nach einem sexuellen Übergriff mit der Vorstellung in die Therapie, die Freude an Sexualität wiederfinden zu müssen: »Ich werde wissen, dass es mir besser geht, wenn ich wieder einen heißen Striptease hinlegen oder einen Quickie auf dem Rücksitz eines Wagens haben kann.« Natürlich war es ein lohnendes Ziel, die Freude an Sexualität wiederzufinden, doch gab es nicht bessere Möglichkeiten, das mühsam errungene und überaus wichtige Wissen um Vertrauen und Intimität zu nutzen, das sie durch ihre Erfahrung gewonnen hatte?

Ihr Erlebnis hatte Caitlin wertvolle und seltene Erkenntnisse darüber vermittelt, was es eigentlich heißt, einvernehmlichem Sex zuzustimmen. Die Unfreiwilligkeit ihrer Erfahrung lehrte sie, das Potenzial für Intimität zu schätzen, das aus der Verletzlichkeit beider Partner entstehen kann. Viele Menschen werden dies nie lernen. Ich behaupte, dass die Intimität, die Caitlin das nächste Mal erleben wird, eine höhere Qualität haben wird als das, was andere darunter verstehen. Gewiss hätte sie diese Dinge lieber auf andere Art und Weise erfahren. Als der Rauch sich aber verzog, stellte Caitlin fest, dass sie die idealen Voraussetzungen besaß, ihren Beziehungen etwas Wunderbares abzugewinnen.

> Überlebende identifizieren sich über das, was sie verloren haben.
> Dabei hat das, was sie erdulden mussten, ihre Aufnahmefähigkeit für genau diese Dinge sogar noch erhöht.

Dies ist einer der Gründe, weshalb ich so sehr auf diesem Thema beharre – dass wir stolz darauf sein können, überlebt zu haben. Denn das Wissen, auf welche Weise Ihr Trauma Ihnen Einsicht und Mitgefühl schenkt, trägt zu Ihrer Genesung bei.

Das Trauma als Impfung

Es gibt noch einen letzten Grund, weshalb Sie akzeptieren sollten, was Ihnen zugestoßen ist: Wenn es Ihnen gelingt, die Hindernisse der Vergangenheit zu überwinden, wird Ihnen das helfen, auch künftige Hürden zu nehmen.

Traumaüberlebende behaupten oft, ihre Erfahrungen hätten sie geschwächt. Sie haben den Eindruck, sie könnten sich nach dem, was ihnen zugestoßen ist, im Leben nicht mehr zurechtfinden – von schwierigen Phasen ganz zu schweigen. In Wirklichkeit wirkt das Trauma (und unsere Fähigkeit, es zu überleben) wie eine Impfung.

Wir ziehen Kraft aus dem einfachen Wissen, dass wir alles überstehen können. Auch Eleanor Roosevelt ist eine meiner Heldinnen. Sie schrieb:»Wir gewinnen Mut, Stärke und Selbstvertrauen durch jede Erfahrung, bei der wir innehalten, um der Angst ins Gesicht zu sehen. Denn dann können wir sagen: ›Ich habe diese schreckliche Erfahrung überlebt. Ich werde auch die nächste überstehen.‹«

Wenn wir dann auch noch lernen, welche Strategien uns bei der Bewältigung unserer Erfahrung geholfen haben (und welche nicht), kann das Erlebnis dazu beitragen, uns auf künftige Herausforderungen vorzubereiten, mit denen uns das Leben zwangsläufig noch konfrontieren wird.

Kommen wir noch einmal auf Nelson Mandela zurück. Seine Beschneidung war zwar nicht traumatisierend, sie war aber sehr wohl eine große Herausforderung. Die Strategien, mit denen er diese Erfahrung bewältigte, setzte er auch später im Leben immer wieder ein.

Nach der Beschneidung versammelten sich die initiierten jungen Männer, um den Häuptling ihres Stammes über den Rassismus sprechen zu hören.»Denn wir Xhosas ... sind ein besiegtes Volk ...Wir sind Pächter auf unserer eigenen Erde. Wir haben keine Kraft, keine Macht, keine Kontrolle über unser eigenes Geschick im Land unserer Geburt.« Mandela hatte eine friedliche Kindheit gehabt, in der er nichts von der Diskriminierung gewusst hatte. In jenem Augenblick wurde ihm zum ersten Mal bewusst, dass er das Opfer eines Missbrauchs von Macht war.

Der Rest ist Geschichte, wie es so schön heißt. Mandela begann mit seinen lebenslangen (und letztlich erfolgreichen) Bemühungen, die Rassentrennung in seinem Land abzuschaffen. Für mich ist daran interessant, dass er in der schwierigen Zeit, die für ihn folgte, tagtäglich auf die Lektionen zurückgriff, die er im schrecklichen, schmerzhaften Augenblick seiner Beschneidung gelernt hatte. Wie etwa in den siebenundzwanzig Jahren, in denen er zu Unrecht inhaftiert war. Er reagierte stets mit dem reflexartigen Ruf: »Ich bin ein Mann!«

Die Beschneidungszeremonie lehrte ihn auf eine stark ritualisierte Weise, Schwierigkeiten zu bewältigen, indem er sich seine Kraft und seine Würde ins Bewusstsein rief. Mandela überstand sogar die schweren Zeiten in einem sadistischen System, das ihm ein Gefühl der Ohnmacht vermitteln wollte, indem er Mittel und Wege fand, den Demütigungen mit seinem Stolz, seiner Würde und seiner Kraft zu begegnen. Als die Wärter die schwarzen Gefangenen zu demoralisieren versuchten, indem sie ihnen nicht nur eine angemessene oder gar nahrhafte Kost vorenthielten, sondern sie auch noch zwangen, kurze Hosen anzuziehen, die in Südafrika nur Kinder tragen, forderte Mandela, die Gefangenen mit Respekt zu behandeln, wie Männer. In den siebenundzwanzig Jahren seiner Gefangenschaft rief er immer wieder: »Ich bin ein Mann!«

Die Qualen, die Mandela und Frankl erleiden mussten, lehrten sie, dass sie sich trotz ihrer äußeren Umstände würdevoll verhalten konnten. Beide erlaubten sich einfach nicht, sich als Opfer zu fühlen. Die Lektionen ihres Lebens zeigten ihnen, dass sie das Zeug zum Überleben hatten. Wenn Sie möchten, können auch Sie dies aus Ihrem Trauma lernen. Wer nie auf die Probe gestellt wurde, weiß nicht, wie es ist, tief aus dem eigenen Inneren schöpfen zu müssen, um nur den Tag zu überstehen. Wer sich nie auf sich selbst verlassen musste, hat keine Ahnung, wie tief die eigenen Kräfte der Resilienz und der Genesung gehen. Jeder Mensch erlebt Ungerechtigkeiten, Schmerz, Herzeleid, Diskriminierung, Krankheit oder Niederlagen. Der Unterschied ist, wenn Sie mit diesen Dingen konfrontiert werden – was zweifellos irgendwann der Fall sein wird –, werden Sie wissen, dass Sie sie überstehen können. Sie haben überlebt. Wie könnte es da etwas geben, das Ihnen nicht gelingt?

Zum Ausprobieren:
Lernen Sie, stolz darauf zu sein, dass Sie überlebt haben –
Was haben Sie dabei gewonnen?

Vervollständigen Sie folgende Sätze:
Mein Trauma hat mich in folgender Hinsicht stärker, klüger und besser gemacht: _____, _____, _____.
(Nennen Sie drei Beispiele.)
Seit meinem Trauma weiß ich _____, _____,
_____, _____, _____ mehr zu schätzen.
(Nennen Sie fünf Beispiele.)
Vor meinem Trauma musste ich nie _____, _____,
_____, (nennen Sie drei neue Fähigkeiten). Jetzt weiß ich, dass ich es kann.

Wenn Ihnen diese Übung leichtgefallen ist, sind Sie vielen anderen bereits weit voraus. Würde ich Sie allerdings bitten, in den Spiegel zu sehen und diese Sätze laut vorzulesen, würden sie Sie möglicherweise nicht überzeugen. Sobald Sie sich in die Augen sehen und diese Dinge laut aussprechen, hören sie sich vielleicht sogar dann falsch an, wenn sie sich beim Schreiben echt angefühlt haben. Interessant, nicht wahr? Es fühlt sich nicht unglaubwürdig an, wenn Nelson Mandela oder Viktor Frankl erzählen, wie sie an ihren Traumata gewachsen sind. Aber für Sie dürfte es neu und ungewohnt sein, sich so zu sehen. In der Tat glauben viele von uns, der folgende Umstand würde uns von unseren Helden unterscheiden: dass diese Menschen nicht nur überlebt haben, sondern trotz allem sogar ein glückliches und erfülltes Leben zu führen scheinen.

Ich möchte Ihnen ein kleines Geheimnis verraten: Helden finden sich nur selten heldenhaft. Während meiner fünf Jahre bei der *Montel Williams Show* war eine der erstaunlichsten Erfahrungen die, wie viele Menschen, die gemeinhin als Helden gefeiert werden, selbst keine Ahnung haben, wie sie auf das Podest gekommen sind.

Als ich am Ground Zero arbeitete, sprachen dieselben Männer, die auf den Titelseiten der Zeitschriften prangten, offen über das Gefühl, den Dank und die Blumen und das Gebäck nicht verdient zu haben. Sie sagten mir immer wieder: »Ein Held ist derjenige, der ein brennendes Haus mit einem geretteten Baby auf dem Arm verlässt.« Aber nach den Anschlägen vom 11. September 2001 gab es niemanden zu retten. Diese Männer mussten verhindern, dass ihre Herzen und ihre Seelen zerbrachen, während sie einen qualmenden Berg aus Trümmern und Leichenteilen abtrugen.

Dennoch waren sie Helden. Ich werde Ihnen sagen, weshalb: weil sie sich jeden Tag, an dem sie zur Arbeit gingen, selbst retteten. Sie kämpften aktiv in einem emotionalen Krieg, in dem sich alles gegen sie verschworen hatte, um sie ihrer Kraft, ihrer Leistungsfähigkeit und ihrer Lebenslust zu berauben. Sie überstanden dieses emotionale Bombardement mit einem intakten Selbst. Sie sahen Dinge, die andere nicht ertragen hätten. Es gelang ihnen, trotz ihrer Trauer weiterzumachen, trotz ihrer Erschöpfung ein weiteres Mal zur Arbeit zu erscheinen und den Glauben an sich selbst lange genug zu bewahren, um nicht die Zuversicht zu verlieren. All das angesichts einer Realität, die sie zu erdrücken drohte.

Das ist es, was ein Held tut. Manchmal rettet er andere; und manchmal rettet er sich selbst.

Das, was diese Rettungskräfte zu Helden macht, macht auch Viktor Frankl und Nelson Mandela zu Helden: die Kraft, die eigene Seele vor der Niederlage zu bewahren. Es macht auch Sie zu einer Heldin oder einem Helden.

> Gelegentlich macht uns die Fähigkeit, *uns selbst* zu retten, zu Helden.

Sie müssen einfach erkennen, dass Sie das schon die ganze Zeit über tun. Sie lesen dieses Buch, weil etwas geschehen ist, das Ihnen eine schwere Last aufgebürdet hat. Sie tragen sie Tag für Tag. Sie gehen trotz Ihres schweren Herzens zur Arbeit. Sie versuchen sogar zu lieben, obwohl Sie nicht vertrauen können. Tag für Tag gehen Sie mutig hinaus in Ihr beängstigendes Leben.

Wie die Rettungskräfte am Ground Zero kämpfen Sie in einem emotionalen Krieg, in dem sich alles gegen Sie verschworen hat, um Sie Ihrer Kraft, Ihrer Leistungsfähigkeit und Ihrer Lebenslust zu berauben. Sie überstehen dieses emotionale Bombardement, und Ihr Selbst bleibt intakt. Sie sahen Dinge, die andere nicht ertragen hätten. Es gelang Ihnen, trotz Ihrer Trauer weiterzumachen, trotz Ihrer Erschöpfung ein weiteres Mal zur Arbeit zu erscheinen und den Glauben an Sie selbst lange genug zu bewahren, um nicht die Zuversicht zu verlieren. All das angesichts einer Realität, die Sie zu erdrücken drohte.

Das ist es, was ein Held tut.

Ich hoffe, Sie können sich bereits an diesem frühen Punkt des Buches vorstellen, eines Tages ehrlich stolz darauf zu sein, auch unter ungünstigen Bedingungen wieder aufzublühen. Können Sie sich vorstellen, beim eigenen Anblick Mitgefühl zu empfinden? Können Sie sich vorstellen, Bewunderung für den Menschen zu hegen, den Sie da sehen, und für das, was er oder sie überwunden hat? Können Sie sich vorstellen, Stolz und Befriedigung daraus zu ziehen, dass Sie auch schwierige Erfahrungen überstehen?

Wenn Sie eine dieser Fragen mit ja beantworten können, sind Sie schon auf einem guten Weg. Sie haben sich bereits für ein Denken entschieden, das sich radikal von der Art und Weise unterscheidet, mit der die meisten Menschen nach einem Trauma an die Heilung herangehen. Wir können das, was Sie erlebt haben, nicht ungeschehen machen. Wir können nichts tun, um es aus der Geschichte zu tilgen. Aber vielleicht muss diese Erfahrung Sie nicht so sehr lähmen, wie Sie bisher dachten; vielleicht kann aus der Asche Ihres Traumas etwas entstehen, das nicht ausschließlich negativ ist.

Der Mensch, der Sie nach dem Trauma sind, verdient Ihre Liebe, Ihre Loyalität und Ihre Bewunderung sogar noch mehr als die Person, die Sie vorher waren. Deshalb werden wir uns bemühen herauszufinden, was zwischen Ihnen und diesem Ziel steht – und Möglichkeiten entwickeln, diese Hindernisse aus dem Weg zu räumen.

Meinen Patienten geht es für gewöhnlich sehr viel besser, wenn sie anerkennen, inwiefern sie an ihrem Trauma gewachsen sind. Dies zeigt mir, wie viel wir bewirken können, wenn wir unser Denken verändern. Der Grund dafür ist, dass Ihre Erfahrung Ihre Kognitionen beschädigt hat – also die Art und Weise, wie Sie die Welt sehen. Die Narben bleiben noch lange spürbar, nachdem die körperlichen Wunden verheilt sind, die Gerichtsverhandlung vorüber und die Sache für den Rest der Welt erledigt ist. Ein Trauma verändert Ihre Sicht der Welt, und zwar nicht zum Besseren. Aber es liegt in Ihrer Macht, Ihre Wahrnehmung zu verändern und Zugang zu dem erfüllendsten, wunderbarsten Leben zu bekommen, das Sie sich nur vorstellen können.

Sie können sich entweder damit abfinden, dass diese Erfahrung Sie für immer zeichnen wird, oder den Umstand, dass Sie überlebt haben, als Ihre größte Leistung betrachten.

Eine letzte Bemerkung zu Pandoras Büchse: Vom Nutzen der Eindämmungspolitik

Unseren kulturellen Überzeugungen zufolge wirkt eine Medizin nur, wenn sie schlecht schmeckt. Deshalb gehen wir oft mit der Einstellung an unsere Heilung heran, wir müssten den Verband herunterreißen und den Schmerz fühlen, und alles, was uns nicht umbringe, mache uns nur stärker.

Weshalb stürzen sich die Menschen oft schon in der allererersten Therapiesitzung Hals über Kopf in die Details ihres Traumas? Weil sie glauben, es würde von ihnen erwartet. Aber die Übungen in diesem Buch sind anders. Bei dieser Methode sollen Sie sich wohlfühlen.

Denken Sie daran, dass Sie Ihre Erfahrung weder noch einmal durchleben noch einzelne Details aufzählen müssen. Es bringt nichts, an den Schauplatz des Verbrechens zurückzukehren – erst recht nicht, wenn Sie sich danach den ganzen Tag wieder davon erholen müssen.

Lassen Sie sich bei der Arbeit mit dem vorliegenden Buch von Ihren Gefühlen leiten. Falls Sie sich überfordert fühlen,

sind Sie wahrscheinlich in alte Gewohnheiten zurückge-
fallen oder bedienen sich automatisch fremder Techniken.
Machen Sie dann eine Pause. Lesen Sie die Übung noch einmal durch. Ertappen Sie sich dabei, wenn Ihre Gedanken
zu wandern beginnen, und bleiben Sie im Hier und Jetzt.
Lassen Sie sich nicht so tief hineinziehen, dass Symptome
auftreten (Dissoziation, Flashbacks, Panikattacken) oder Sie
ins Grübeln kommen. Das vorliegende Buch soll Ihnen helfen, genau diesen Zustand zu *vermeiden* – und Ihnen zeigen,
wie Sie sich daraus befreien können, sollten Sie dennoch einmal hineingeraten.

Hört sich das an, als wollte ich Ihnen raten, nicht darüber
zu sprechen oder die ganze Sache unter den Teppich zu
kehren? Wenn das so ist, möchte ich Sie auf Folgendes aufmerksam machen: Es gibt Hinweise darauf, dass ein Mensch,
der zu viel von einer traumatischen Erfahrung spricht, sich
möglicherweise dem Risiko der sogenannten *Stressübertra-
gung* aussetzt.[9] Das Reden darüber und das Erzählen davon
sollen nach einem Trauma zwar hilfreich sein, Forschungen
zeigen jedoch einen Zusammenhang zwischen der Steige-
rung eines solchen Verhaltens und einer erhöhten psychischen Belastung.

Damit möchte ich nicht sagen, Sie sollten das Erlebte kon-
sequent verdrängen oder dürften sich nicht daran erinnern.
Ich glaube jedoch, dass Sie sich auf Portionen beschränken
sollten, die Sie auch bewältigen können (und dass Sie es nur
tun sollten, wenn Sie es auch wirklich wollen).

Hier mein Lösungsvorschlag: Wenn Sie fürchten, eine
Übung könnte Sie überfordern, lassen Sie sie einfach aus.
(Es hat seinen Grund, dass die Übungen mit der Überschrift
»Zum Ausprobieren« versehen sind. Falls der Versuch mehr
schadet als nützt, hören Sie auf, es zu versuchen.) Halten

Sie sich nicht allzu lange mit den Übungen auf, sie sollten nicht mehr als fünf bis zehn Minuten in Anspruch nehmen. Falls Sie vermuten, dass Ihnen eine Aufgabe Probleme bereiten wird, oder plötzlich Symptome auftreten, überspringen Sie sie. Kommen Sie darauf zurück, wenn es Ihnen möglich ist – es muss aber nicht sein.

In diesem Buch gibt es keine Übung, die für Ihre Genesung so entscheidend wäre, dass Sie nicht auch ohne sie ein wunderbares Leben führen könnten. Mir ist vor allem wichtig, dass Sie sich in dem Bemühen um Ihre Genesung keinen Schaden zufügen.

| 3 |
Darf ich vorstellen, Miesepetra!

So besiegen Sie den inneren Feind

ALS AMY GEBETEN WIRD, DAS POSITIVE in ihrem Leben aufzuzählen, sagt sie: »Nun ja, ich bin klug.« Aber ihre Stimme schwankt, denn in ihrem Kopf hört sie den leisen Einwand: »Nicht klug genug um zu merken, dass dein Mann dich betrügt.«

> Was das Permatrauma angeht, ist das eigene Denken unser ärgster Feind.

Ist Ihnen schon einmal aufgefallen, dass sich unmittelbar vor schwierigen Vorhaben, wenn Sie zum Beispiel um eine Verabredung oder eine Gehaltserhöhung bitten möchten, eine leise Stimme in Ihrem Kopf zu Wort meldet und Ihr Selbstvertrauen erschüttert? Vielleicht füllt sie Ihren Kopf mit Vorstellungen von negativen Konsequenzen, katastrophalem Versagen und demütigender Zurückweisung, um Sie daran zu hindern, das Risiko einzugehen. Vielleicht verspottet sie Ihre Bemühungen und zählt schadenfroh all Ihre bisherigen Misserfolge auf. Vielleicht vergiftet sie die Atmosphäre und lässt Sie an Menschen zweifeln, denen Sie normalerweise vertrauen würden, oder daran, dass die Welt um Sie herum gut ist.

Das, was Sie erlebt haben, hat Sie zweifellos aus der Bahn geworfen – kein Wunder, dass sich diese innere Stimme bei Traumaüberlebenden besonders häufig zu Wort meldet. Wir geben mehr auf sie, als wir wissen. Wir hören auf sie, weil wir sie tief im Herzen für weise halten und meinen, ihre Weisheit würde uns schützen.

Leider ist unsere innere Stimme nicht immer der beruhigende, bedachte Ratgeber, für den wir sie halten. Allzu oft hindern uns die von ihr heraufbeschworenen dunklen Wolken der Paranoia und des Wehklagens daran, das Gute und Heilende in der Welt zu erkennen. Wenn wir vorsichtig nach der Seelennahrung greifen, die wir brauchen, schlägt sie uns auf die Hand. Wir halten unsere innere Stimme für unsere Freundin. Hätten wir tatsächlich eine derartige Spaßbremse zur Freundin, Psychotherapeutin oder Trainerin, würden wir sie umgehend feuern. Nachdem Ihnen Ihre innere Stimme den Glauben an alles Gute ausgeredet hat, bleibt nur noch das Schlechte übrig. Deshalb wird es allmählich Zeit, dass wir einen gewissen Einfluss darauf nehmen, welche Gedanken wir in unserem Kopf haben möchten.

Wie wir das Permatrauma aufrechterhalten

Wir haben bereits im letzten Kapitel erwähnt, dass Symptome wie Albträume und Flashbacks gut gemeinte, aber fehlgeleitete Versuche sind, uns zu schützen. Ein Permatrauma wird auch oft durch Gedanken- und Bewältigungsmuster aufrechterhalten, die wir in einer Phase enormer Belastung entwickelt haben. Diese Bewältigungsstrategien übertragen wir auf unser augenblickliches Leben, um uns vor künftigem Leid zu schützen. Aber wir können nicht das ganze restliche Leben mit den Mitteln bestreiten, mit denen wir den schlimmsten Tag unseres Lebens überstanden haben.

Ich habe meine fiese innere Stimme Miesepetra getauft, weil dieser Name lustig und respektlos ist und mich daran erinnert, dass sie kein guter Ratgeber ist. Hasswig, Spaßbremse oder Herr Kümmerling funktionieren ebenfalls bestens. Sie können sich natürlich gern selbst einen spöttischen Spitznamen ausdenken.

Warum in aller Welt haben Sie eine derart unsympathische innere Stimme, die so schlechte Ratschläge erteilt? Sie ist ein Überbleibsel. Im Tierreich haben besonders risikobewusste Lebewesen einen klaren evolutionären Vorteil. Vor dem Hintergrund der natürlichen Auslese sind radikal verallgemeinernde Negativurteile ausgesprochen sinnvoll, weil sie den meisten Tieren helfen, Situationen zu meiden, in denen sie schon einmal schweren Schaden genommen haben. Ein Reh, das rote Blätter frisst und daraufhin erkrankt, wird lernen, sich davon fernzuhalten. Ein Hund, der einen Burger vom Grill stibitzt und sich dabei übel die Nase verbrennt, wird das vermutlich nie wieder versuchen. Wer könnte ihm verdenken, dass er beim Geruch von Grillkohle den Schwanz einzieht und zu winseln beginnt? In seinem Fall ist eine Grillphobie eine ziemlich clevere Überlebensstrategie.

Zum Glück hat es erhebliche Vorteile, dass wir Menschen und keine Rehe oder Hunde sind: Wir kennen den Unterschied zwischen Giftefeu und Radicchio und können Kochhandschuhe anziehen, bevor wir etwas Heißes anfassen. Bedauerlicherweise verfügen wir trotzdem über dasselbe primitive Gehirn, das Rehen und Hunden so gute Dienste leistet. Miesepetra ist sein Sprachrohr. Wenn es nach ihr ginge, würden Sie sich jeden Abend zu Hause in Ihrem Zimmer einsperren, keinerlei Risiken wagen und der Liebe aus dem Weg gehen. Dann wären Sie wenigstens sicher! Deshalb wird Ihnen Miesepetra genau in dem Augenblick, in dem Sie denken:»Ich mag diesen Kerl wirklich gern«, zuflüstern:»Woher weißt du, dass du ihm trauen kannst? Er wird dich betrügen, das tun sie immer. Außerdem bist du sowieso nicht hübsch genug, um ihn zu halten.«

Nach einem Trauma neigt unsere innere Stimme zum klassischen Profil depressiver Gedanken oder, wie Dr. Aaron T. Beck, der Vater der Kognitiven Verhaltenstherapie es bezeichnete, zur Tendenz, die Dinge **persönlich zu nehmen, zu verallgemeinern und zu katastrophisieren.**[10]

Diese typischen Denkfehler werden als»kognitive Triade der Depression« bezeichnet.[11]

Hier ein Beispiel:

Alan und Steve nahmen bei dem Versuch, ein eigenes Geschäft aufzumachen, ein gewaltiges Risiko auf sich. Sie kündigten und investierten einen beachtlichen Batzen ihrer gesamten Ersparnisse. Als nur zwei Straßen vom geplanten Standort entfernt ein Konkurrent eröffnete, sagte Alan wütend:»Das war eine blöde Idee, und es war dumm von mir zu glauben, ich könnte je mehr aus meinem Leben machen.« Er nahm den Misserfolg *persönlich* (aus dem Geschäft wurde nichts, weil er zu dumm ist). Er *verallgemeinerte* (seine Dummheit ließ nicht nur dieses Vorhaben scheitern; sie wirkt sich auch auf alle anderen Lebensbereiche aus und unterminiert alles, was er anpackt). Und er *katastrophisierte* (weil das Vorhaben platzte, wird er sein Leben lang an einen Job gefesselt bleiben, den er hasst).

Sein Partner Steve sah das anders: »Der Erfolg unseres Konkurrenten beweist, dass sowohl die Idee als auch der Standort gut waren. Wir waren nur nicht schnell genug. Sehen wir uns nach einem anderen Ort für unser Geschäft um.« Steve wusste, dass es keine Verschwörung, keinen größeren Zusammenhang und keinen Grund für Selbstkritik gab. Er und Alan waren äußeren Umständen zum Opfer gefallen. Alan fühlt sich nach dieser Sache als gebranntes Kind und will aufgeben, während Steves Selbstwertgefühl unversehrt geblieben ist. Sein Traum ist intakt, und er kann sich immer noch für seinen neuen Berufsweg begeistern.

Leider besteht das Notfallprogramm Überlebender ausgerechnet aus dieser Triade des Persönlichnehmens, des Verallgemeinerns und des Katastrophisierens – die uns zweifelsfrei anzeigt, wann unsere innere Stimme uns in die Irre führt. Extreme Vorstellungen wie: »Ich werde niemals heiraten«, oder: »Ich bin ein Pechvogel! Mir passieren ständig solche Sachen«, sorgen dafür, dass wir weiter wie Opfer und nicht wie resiliente Überlebende denken.

Martin Seligman wird als Begründer der Positiven Psychologie gefeiert. Er und seine Kollegen gingen hinsichtlich des Dreigestirns »Persönlichnehmen, Verallgemeinern, Katastrophisieren« noch einen Schritt weiter. Sie sahen im Optimismus keine Charaktereigenschaft, sondern die Tendenz, schlimme Ereignisse *nicht* persönlich zu nehmen, sie *nicht* für unvergänglich zu halten und sie *nicht* als allumfassend zu betrachten. Steve ist selbstverständlich ein Optimist. Was ist so toll daran, wie Steve zu sein? Nun, ein sogenannter »optimistischer Erklärungsstil«[12] wird grundsätzlich mit positiven Dingen in Verbindung gebracht: mit besseren Leistungen im Sport, beim Studium und in der Arbeit, größerer Zufriedenheit in Beziehungen, erfolgreicheren Bewältigungsstrategien, besserer Gesundheit und natürlich einer geringeren Depressionsanfälligkeit. Darüber hinaus ist es interessant zu wissen, dass ein starker Zusammenhang zwischen Pessimismus, wie Seligman ihn definiert, und den Symptomen einer posttraumatischen Belastungsstörung besteht.

Wenn wir anfangen zu grübeln und uns immer wieder dieselben Gedanken im Stil der oben genannten Triade durch den Kopf gehen, geraten wir ins »Trudeln«, wie ich es nenne. In diesem Abschnitt werden Sie lernen, sich Ihre Gedanken über die Welt und Ihren Platz darin bewusst zu machen. Sie sollten unbedingt auf diese Denkmuster achten. Wenn das nächste Mal etwas nicht nach Plan verläuft und Sie merken, dass Sie ins Trudeln geraten und sich elend fühlen, halten Sie sofort inne. Fragen Sie sich, ob es einen Grund gab, weshalb es nicht geklappt hat, ob Sie etwas daraus lernen können oder ob dieses Wissen Ihnen helfen wird, es beim nächsten Mal anders zu machen. Machen Sie sich klar, dass dieser Misserfolg eine einmalige Angelegenheit ist. Lassen Sie nicht zu, dass er wie ein Pilz alle Bereiche Ihres Selbstwertgefühls, Ihres gegenwärtigen Lebens und Ihrer Hoffnungen für die Zukunft befällt.

Wenn Ihnen dann bewusst wird, dass Sie leicht ins Trudeln geraten und wie sinnlos das ist, werden Sie möglicherweise einfach den Entschluss fassen, damit aufzuhören. In ihren nachdenklich stimmenden Memoiren *Die Jahre der Veränderung* schildert Abigail Thomas ihr Leben, nachdem ihr Mann ein Schädelhirntrauma erlitt. Sie verließ New York City, um näher an der Einrichtung für betreutes Wohnen zu sein, in der ihr Mann untergebracht war, und kaufte einen Wagen. Gleich auf einer ihrer ersten Fahrten, als sie Mülleimer kaufen wollte, setzte Abigail den Wagen rückwärts an einen Baum und die Heckscheibe ging zu Bruch.

Abigail gibt zu, im Leben meist darauf gewartet zu haben, »dass der große, starke Mann auftauchte und alles in Ordnung brachte«. Ihr erster Impuls sei es, sich einfach geschlagen zu geben. Sie gesteht, vor dem Unfall ihres Mannes so lange gejammert zu haben, bis er sich um alles kümmerte. Aber statt ins Trudeln zu geraten – »Warum muss das ausgerechnet mir passieren? Jetzt bin ich ganz allein« – oder die Sache persönlich zu nehmen, sie zu verallgemeinern oder zu katastrophisieren, erklärt sie: »Aber er war nicht hier. Mir blieb nur die nackte Tatsache: Ich hatte mein Auto gegen einen Baum gefahren, und das zu akzeptieren schien weniger Energie zu erfordern.« Abigail hatte verhindert, dass sie ins Trudeln geriet.

Statt in Selbstmitleid zu ertrinken, ruft sie ihre Tochter, den Autohändler, die Autoglasfirma und die Versicherung an. »[…] zu meinem Entzücken stellte ich fest, dass ich in der Lage war, per Telefon die Reparatur in Auftrag zu geben, und zwei Wochen später hatte ich mein Auto wieder, fast so gut wie neu. Dass ich das geschafft hatte, war erregend.«

So lassen Sie das Permatrauma hinter sich

Glauben Sie nur nicht, Miesepetras alberner Name wolle andeuten, dies sei ein banaler Schritt. Wir entscheiden tagtäglich, ob unser Glas halb voll oder halb leer ist. Leider wissen wir oft nicht, wie stark unsere Wahrnehmung unser Empfinden beeinflusst. Meinen Patienten erkläre ich dies an folgendem Beispiel: Es gibt kaum etwas, das mir stärker widerstrebt, als meine Geschworenenpflicht zu tun. Man wartet, wartet und wartet. Sitzt herum. Muss anstehen. Geht in ein anderes Zimmer. Sitzt dort herum und wartet weiter. Man geht nach Hause und geht am nächsten Tag wieder hin, an dem es dann genauso weitergeht. Meiner Ansicht nach rechtfertigt dies nicht, dass ich Patienten absagen und einen Babysitter engagieren muss.

Eine meiner Freundinnen sieht das ganz anders. Wenn sie aufgefordert wird, ihrer Geschworenenpflicht nachzukommen, erfüllt sie das mit Stolz und sie hat das befriedigende Gefühl, ihre Bürgerpflicht zu tun. Sie genießt jede einzelne Minute. Es ist ihr eine Ehre zu dienen. Wenn sie mit unzähligen ihrer Mitbürger in diesem riesigen Raum sitzt, fühlt sie sich als ein wichtiger Teil des beeindruckendsten, fortgeschrittensten und demokratischsten Rechtssystems der Welt.

Keine von uns hat Recht – oder vielleicht auch wir beide. Eines aber kann ich mit Gewissheit sagen: In diesen drei Tagen amüsiert sich meine Freundin, für die das Glas halb voll ist, sehr viel besser als ich. Ich gehe müde und gereizt nach Hause, sie fühlt sich energiegeladen und bereichert. Beim nächsten Mal werde ich mich nach Kräften bemühen, diese Einstellung zu übernehmen. Einstweilen soll sie mir jedoch helfen, das folgende Argument zu illustrieren: Sie entscheiden, worauf Sie Ihre Aufmerksamkeit richten, und Ihre Wahl hat einen massiven Einfluss auf Ihre Lebensqualität. Für Miesepetra ist das Glas immer halb leer. Wir haben nur eine Möglichkeit, nach einem Schicksalsschlag mit unserem Leben weiterzumachen: Wir müssen diese grässliche Stimme identifizieren und zum Schweigen bringen, um ihren Einfluss auf uns zu stoppen. Sonst bestimmt *sie*, was wir denken – und wie wir leben.

Die Personen oder Ereignisse, die unser Trauma ursprünglich *verursacht* haben, sind nicht dafür verantwortlich, dass es *bestehen bleibt*. Das ist Miesepetras Verdienst. Da sie Ihrem Kopf entspringt, erhält Ihre eigene innere Stimme den Zustand des Permatraumas aufrecht.

Mir ist klar, dass diese Aussage im ersten Augenblick ziemlich hart klingen muss. Im Grunde verleiht sie uns aber große Macht: Wenn wir etwas tun, können wir es auch abstellen. Es lässt sich nicht leugnen, dass Ihnen etwas Schlimmes zugestoßen ist. Doch nun wird es allmählich Zeit, dass wir uns ansehen, auf welche Weise wir dieser inneren Stimme gestatten, den Schorf von unseren Wunden zu kratzen und sie so am Heilen zu hindern. Wir sollten uns vergegenwärtigen, was geschieht, wenn wir uns von Miesepetra dazu drängen lassen, auf alte Bewältigungsstrategien zurückzugreifen; auf Strategien, die zwar in Kriegszeiten funktionieren, in einer friedlichen Welt aber versagen. Und es wird Zeit, dass wir für uns herausfinden, wie wir sie in ihre Schranken verweisen können.

Wir sind darauf programmiert zu glauben, Miesepetra würde uns den Rücken decken, und können ihrem Sirenengesang deshalb nur schwer *widerstehen*. Da kann es ein wertvolles therapeutisches Hilfsmittel sein, wenn wir sie uns als hässliches kleines Monster vorstellen, das uns etwas ins Ohr flüstert, und nicht als die weise Stimme der Lebenserfahrung. Ihr Rat mag gut gemeint sein, aber er ist fehlgeleitet. Rügen Sie sie, wenn sie es Ihnen schwer macht, die Vergangenheit hinter sich zu lassen. Tadeln Sie ihren Versuch, Sie des Lebens zu berauben, das auf Sie wartet. Tun Sie alles Nötige, um dieser Spielverderberin den Wind aus den Segeln zu nehmen und sie mit Nichtachtung zu strafen.

Diese Methode kombiniert zwei Techniken aus der Kognitiven Verhaltenstherapie: Gedankenstopp und Umdeutung. Sie ist eine Möglichkeit, Miesepetra zum Schweigen zu bringen und gleichzeitig zu beobachten, wie formbar unsere Fehlkognitionen sind. Überlegen Sie dabei vor allem, weshalb Sie das schlechte Ergebnis, über das Sie nachgrübeln, *nicht* persönlich nehmen sollten, weshalb die Angelegenheit *nicht* allumfassend und *nicht* von Dauer ist. Suchen Sie nach Gründen, weshalb ein anderer schuld daran sein könnte. Nehmen Sie sich zusammen, wenn Sie sich bei dem Gedanken ertappen, dass sich an Ihrer Situation nie mehr etwas ändern wird, oder wenn Sie das Ereignis dazu heranziehen, sich eine düstere Zukunft zu prophezeien.

Sobald wir wissen, wie groß der entstandene Schaden – das verinnerlichte Trauma – ist, werden wir deutlich sehen, dass vor allem unsere Kognitionen, unser Weltbild und unser Selbstwertgefühl gelitten haben. Alle diese Wunden haben ihren Ursprung in unserem Denken. Doch wenn Sie die Verantwortung dafür übernehmen, welche Gedanken Sie in Ihrem Kopf haben möchten, werden Sie möglicherweise erfreut feststellen, dass um Sie herum ein Paralleluniversum existiert – in dem es sich sehr viel angenehmer leben lässt, als Miesepetra Sie glauben machen möchte.

| 4 |

Miesepetras Komplizen

Scham und Schuldzuweisungen

DIE NEGATIVE INNERE STIMME, die ich Miesepetra nenne, agiert nicht im luftleeren Raum. Auch die Gesellschaft schüttet reichlich Öl in die Flammen.

»Du warst ziemlich betrunken. Vielleicht hast du unbewusst die falschen Signale ausgesendet.«
»Das ist jetzt ein halbes Jahr her. Meinst du nicht, es wird allmählich Zeit, dass du die Sache hinter dir lässt?«
»Wie kommst du auf die Idee, man würde dich wegen deiner Rasse diskriminieren? Sieh dir doch nur einmal an, wie oft Angehörige von Minderheiten große Erfolge erzielen!«

Botschaften, die unsere Erfahrung in Zweifel ziehen, können von unseren Freunden, unserer Familie, unseren Ärzten, den Medien und dem Rechtssystem kommen. Sie geben uns das Gefühl, es habe nie ein Trauma gegeben, wir würden lügen oder den Vorfall oder seine Folgen aufbauschen. Derartige

Aussagen messen unserem Trauma ein bestimmtes Gewicht zu. Sie teilen uns mit, wie wir zu trauern haben, welche Reaktionen und Gefühle während des Genesungsprozesses angemessen sind und wie lange dieser dauern darf. Die genannten Beispiele zeigen deutlich, wie zersetzend diese Botschaften oft sind. Sie geben uns zu verstehen, wir könnten der eigenen Wahrnehmung nicht trauen oder würden das Erlebte nicht schnell genug verarbeiten. Sie schreiben uns vor, das Gegenteil von dem zu wollen, was wir tatsächlich wünschen oder brauchen, damit es uns besser geht. Oft erklären sie das, was geschehen ist, für nichtig und werten die daraus folgenden Gefühle ab.

In ihrem Buch *Wie kann ich es nur überwinden? Ein Handbuch für Trauma-Überlebende*[13] gliedert Aphrodite Matsakis dieses Phänomen, das sie als *Sekundärverletzung* bezeichnet, in mehrere Kategorien. Der von ihr geprägte Terminus hat sich inzwischen weitgehend durchgesetzt. Ich selbst spreche von »Scham und Schuldzuweisungen«. Meiner Erfahrung nach kann das, was wir uns zum Thema Schuld, Scham und erlittene Verluste anhören müssen, ebenso viel Schaden anrichten wie das Trauma selbst – wenn nicht sogar mehr.

Das Heimtückische an diesen gesellschaftlichen Botschaften ist, dass wir ihnen nicht ganz entkommen können. Sie kommen aus dem Nichts, wie Papierkügelchen aus einem Blasrohr. Auch ein gut gemeinter, ermutigender Kommentar kann uns treffen. Vor kurzem las ich zum Beispiel in der Zeitung den Artikel über eine Frau, die als Heldin gefeiert wurde. Obwohl sie bei einem Massaker schwer verletzt worden war, hatte sie die Geistesgegenwart besessen, sich tot zu stellen, um anschließend um Hilfe zu rufen. In dem Bericht wurde ihr Bruder mit den Worten zitiert: »Sie ist immer noch etwas von der Rolle, aber ich bin mir sicher, dass sie sich wieder erholen wird.«

Noch etwas von der Rolle? Diese arme Frau hatte vor gerade einmal *drei Tagen* die schlimmsten, traumatisierendsten fünfzehn Minuten ihres Lebens durchgemacht. Ihre körperlichen und emotionalen Wunden waren noch frisch. Natürlich war sie von der Rolle! Ich hoffe wie alle anderen Bürger dieses Landes, dass sie sich irgendwann »wieder erholen wird«. Aber dieses Beispiel zeigt, dass eine Bemerkung wie die ihres Bruders einem Menschen das Gefühl geben kann, er sollte möglichst bald über die Sache hinwegkommen.

Da wir uns nicht gänzlich vor Scham und Schuldzuweisungen schützen können, müssen wir unbedingt lernen, derartige Botschaften zu erkennen, und feststellen, auf welche Weise wir sie in unser Selbstbild integrieren. Denn wenn wir diese Negativaussagen über uns verinnerlichen, gießen wir damit Öl in Miesepetras Flammen. Ihr Geschwätz macht das, was uns angetan wurde, nur noch schlimmer und hält das Trauma am Leben. Sie können das, was Ihr Bruder der Zeitung erzählt, nicht ändern, aber Sie können dafür sorgen, dass es keinen Einfluss auf das hat, was Sie sich selbst erzählen.

Die folgende Diskussion der Frage, auf welche Weise die Gesellschaft das Feuer schürt und damit ungewollt das verinnerlichte Trauma verstärkt, ist beileibe nicht vollständig. Ich wage jedoch zu behaupten, dass Sie mindestens eine dieser sozialen Botschaften über Ihr Trauma aufgeschnappt und in Ihren inneren Monolog eingebaut haben:

Nr. 1:
»Es ist gar nicht passiert.«

Die Leute sagen: Vielleicht erinnern Sie sich nicht an das, was geschehen ist. Vielleicht haben Sie die Sache missverstanden. Sie hören: Vielleicht ist es gar nicht passiert. Und wenn es nicht passiert ist, sind Sie verrückt, lügen oder wollen nur Aufmerksamkeit erheischen.

Derartige Kommentare werden als »diskreditierend« bezeichnet. Sie sind besonders schlimm, da sie Zweifel an der eigenen Wahrnehmung wecken. Jeder von uns benutzt die Menschen in seinem Umfeld als Realitätscheck. Deshalb verunsichert es uns zutiefst, wenn ihre Reaktion uns an unseren Erinnerungen und Eindrücken zweifeln lässt.

Wie können Sie eine Sache verarbeiten, sie heilen, davon berichten oder damit abschließen, wenn man Ihnen das Gefühl gibt, sie sei möglicherweise gar nicht passiert? Meist kostet es sehr viel Mut, überhaupt über das Erlebte zu sprechen. Stößt man damit auf Skepsis oder Unglauben, können diese Zweifel Gefühle von Scham, Isolation und Einsamkeit verursachen.

Viele Überlebende integrieren diese Empfindungen in ihre Einschätzung dessen, was ihnen zugestoßen ist. Sie gehen dabei zuweilen bis zum Äußersten. Debra zum Beispiel hatte sich so an die Zweifel ihrer Mutter an ihrem traumatischen Erlebnis gewöhnt, dass sie es irgendwann nicht mehr erwähnte. Als sie mir Jahre später davon erzählte, reagierte ich mit Entsetzen und Mitgefühl. *Aber Debra dachte, ich wolle sie verspotten.*

Als ihr endlich jemand zuhörte und ihr glaubte, unterschied sich das so sehr von allem, was sie bisher erlebt hatte, dass sie es kaum für möglich hielt. Sie hatte sich einen abschätzigen Umgang mit sich selbst angewöhnt. Sie sprach eine Weile, fuhr dann mit der Hand durch die Luft und sagte: »Ach, das ist nicht so schlimm.« »Das ist so lange her.« Oder: »Sicher wollen Sie das gar nicht hören.«

Gelegentlich kann es sogar vorkommen, dass wir uns indirekt diskreditiert fühlen. Wir hören einen schlüpfrigen Witz oder eine abfällige Bemerkung über das, was ein anderer durchgemacht hat, oder über Opfer im Allgemeinen, und sind tief getroffen. Noch mehr Salz in unsere Wunden – dabei hat der Streuer noch nicht einmal auf uns gezielt! Eine meiner Patientinnen machte eine schwere Zeit durch, als ein bekannter Politiker von einer Angestellten der fortwährenden sexuellen Belästigung bezichtigt wurde. Experten behaupteten, die Frau wolle nur Aufmerksamkeit erheischen. Man zog ihre Aussage in Zweifel und grub eine alte Geschichte aus, zum Beweis ihrer losen Moral. (Selbstverständlich erwähnte niemand, dass der Politiker für seine Frauengeschichten bekannt war.) Das ganze Spektakel teilte meiner Patientin laut und deutlich mit: »Niemand wird dir glauben. Alle werden denken, dass du selbst schuld daran seiest.«

Angst, Stress und starke Gefühle lösen eine körperliche Reaktion aus, die sich verheerend auf unser Gedächtnis auswirkt und diskreditierende Bemerkungen noch verwirrender macht. Wenn wir unter Stress stehen, schütten wir Adrenalin und Cortisol aus, die unseren Körper überfluten. Aus diesem Grund kann der Vorfall in unserer Erinnerung unklar oder verwirrend erscheinen. Überlebende sagen oft, die Erinnerung an das traumatische Erlebnis sei wie ein Traum oder ein Film, »als ob ich mich außerhalb meines Körpers befände und alles in Zeitlupe ablaufen würde«. Diese veränderte Wahrnehmung leistet unserem Zweifel Vorschub, wir könnten uns möglicherweise *tatsächlich* nicht richtig erinnern.

Nach einem Trauma kommt es typischerweise zu einer Verflachung der Gefühle. Aus diesem Grund oder weil es unangenehm ist, darüber zu sprechen, kann die Schilderung traumatischer Ereignisse gelegentlich vage oder kindlich klingen. Wir finden dieses Phänomen auch in den Memoiren der Schauspielerin und Traumaüberlebenden Rosie O'Donnell. In ihrem Buch *Celebrity Detox* berichtet sie unter anderem von Missbrauch in ihrer Kindheit. Normalerweise nimmt Rosie kein Blatt vor den Mund, aber in ihrer Schilderung des Vorfalls wird sie so abstrakt, dass ich mir anfangs nicht sicher war, ob sie tatsächlich sagte, was sie zu sagen schien. Wenn es anderen vorkommt, als wollten Sie ausweichen, etwas verschweigen oder würden in Ihrem Ausdruck plötzlich kindlich oder vage, kann das Zweifel am Wahrheitsgehalt Ihrer Geschichte wecken. Rosie erging es nicht anders. Nachdem ihr Buch erschienen war, meldeten sich im Internet zahlreiche Skeptiker zu Wort, um darüber zu spekulieren, was ihrer Ansicht nach geschehen war oder nicht.

Wir dürfen keinesfalls vergessen, dass chemische Substanzen im Gehirn für diese veränderte Wahrnehmung verantwortlich sind. Sie bedeutet nicht, dass Ihre Geschichte erfunden wäre. Das, was Sie erlebt haben, war weder ein Traum noch ein Film oder ein Aussetzer. Können Sie sich vorstellen, was Rosie bei dieser Flut aus Zweifeln und Anschuldigungen empfunden haben muss? Wir haben es hier mit einer typischen Sekundärverletzung zu tun, die das verinnerlichte Trauma noch weiter verstärkt!

Nr. 2:
»Du machst aus einer Mücke
einen Elefanten.«

Gelegentlich deuten Menschen – mehr oder weniger vorsichtig – an, Sie würden überreagieren. Dies ist oft eine Frage des Geschlechts. In unserer Kultur werden Jungen auf mancherlei Weise aufgefordert, härter zu werden. Kein Wunder, dass sich Männer in einem ganz normalen Trauerprozess oft vorhalten, sie seien schwach oder würden überreagieren. Der Vorwurf des Überreagierens trifft natürlich nicht nur Männer. Auch die Überlebenden von Traumata im weiteren Sinn werden großzügig mit beleidigenden und abschätzigen Bemerkungen dieser Art bedacht. Trudy hatte einen interessanten Zusammenhang zwischen ihren Problemen mit Intimität und Nähe und ihren kalten, emotional unzugänglichen Eltern entdeckt und wollte mit einer Freundin aus Kindertagen darüber sprechen. Die aber gab ihr mit einer flapsigen Bemerkung zu verstehen, sie solle aufhören, sich zu beschweren: »Also bitte! Es ist ja nicht so, als ob sie dich geschlagen hätten. Du hattest immer ein Dach über dem Kopf und etwas zu essen. In diesem Land gibt es viele Kinder, die liebend gern mit dir getauscht hätten.« Diese Aussage beschämte Trudy und gab ihr das Gefühl, nicht nur ein Auto mit Beule, sondern auch noch wehleidig zu sein.

Trudy sollte sich für ihre starke Reaktion weder rechtfertigen noch entschuldigen müssen – ebenso wenig wie Sie. Ihr Ziel ist es, ein Mensch mit unversehrtem Mitgefühl, lebendiger Wut und einem genauen Gespür dafür zu sein, wenn etwas empörend und unrecht ist. Nur, weil Ihre Freundin zynisch und hart ist, müssen Sie ihre Einstellung noch lange nicht übernehmen.

Nr. 3:
»Du schaffst das nicht.«

Zuweilen redet die Gesellschaft uns ein, schwächer zu sein, als wir wirklich sind. Während von Männern meist Härte erwartet wird, schärft man Frauen ein, sie seien zerbrechlich. Überall – ob im Märchen oder in romantischen Komödien – begegnen wir Bildern von Jungfrauen in Not, die auf den Ritter ohne Furcht und Tadel warten. Bereits in ihrer Jugend sind junge Frauen hinlänglich mit der sogenannten romantischen Vorstellung vom emotional gequälten Mädchen vertraut, das in der Krise steckt, und dem starken, gutaussehenden und einfühlsamen Jungen, der plötzlich auftaucht und sie trotz allem liebt. Wir sehen nicht oft, dass Frauen sich selbst retten oder heilen.

Wenn Ihr ganzes Umfeld Ihnen einredet, Sie hätten einen Knacks, weil eine schwere Zeit hinter Ihnen liegt, wie können Sie widersprechen? Wie finden Sie Zugang zu Ihrer Wut, Ihren Forderungen – zu Emotionen, die Ihnen ein Gefühl von Stärke und Kontrolle vermitteln könnten –, wenn alle Welt von Ihnen erwartet, dass Sie zusammenbrechen?

Es ist schwer, sich nicht als Opfer zu fühlen, wenn man von jedermann mit Samthandschuhen angefasst wird. Eine meiner Klientinnen träumte sogar davon, in eine andere Stadt zu ziehen, um nicht mehr ertragen zu müssen, wie sich sofort betretenes Schweigen breitmachte, sobald sie einen Raum betrat. Manchmal bräuchten wir Urlaub vom Selbst, aber die Reaktionen der anderen diktieren unser Verhalten und beschränken uns auf das, was als sozial angemessen empfunden wird.

Nr. 4:
»Von so etwas erholt
man sich nicht mehr.«

Vielleicht fragen Sie sich, ob es Dinge gibt, von denen man sich *nie mehr* erholt. Ich sage nein. Allerdings bin auch ich dieser Ansicht gewesen, bis ich Menschen kennenlernte, die alle erdenklichen Traumata überlebt hatten: Krieg, den Verlust eines Kindes, den Verlust einer ganzen Familie. Ich treffe Menschen, die von ihrer traumatischen Erfahrung dauerhafte, lebensverändernde Funktionsverluste wie Blindheit und Lähmungen davongetragen haben. Ich begegne und behandle Menschen, die weit Unmenschlicheres überlebt haben, als sich die meisten von uns überhaupt vorstellen können. In allen Traumakategorien gibt es Menschen, die *nicht* darüber hinwegkommen. Aber es gibt eben auch solche, denen es sehr wohl gelingt. Diese Überlebenden ignorieren die Behauptung, sie könnten nach einem Trauma wie dem ihren kein vollständiges, erfüllendes Leben mehr führen.

Natürlich gibt es Witwen, die ihr Leben lang schwarz tragen. Viele von uns empfinden es als Verrat an der Erinnerung dessen, was wir erlebt haben, wenn wir nach einer traumatisierenden Erfahrung einfach mit unserem Leben weitermachen. Mit unserem Leid gedenken wir der Dinge, die wir verloren haben. Wir fürchten, wenn wir aufhören würden, aktiv zu trauern, würden wir jene Menschen verraten oder im Stich lassen, die nicht überlebt haben, oder würden den Vorfall gar verleugnen. Aber wem sollte es nützen, wenn ein Überlebender sein ganzes restliches Leben in ein lebendiges Denkmal verwandelt? Es gibt andere Möglichkeiten, das Andenken eines Menschen zu ehren und seinen Geist lebendig zu halten, um die Liebe für ihn weiter zu spüren und zum Ausdruck zu bringen.

Wenn wir fest entschlossen sind, ein rundum authentisches und vollständiges Leben zu führen, müssen wir uns bewusst machen, auf welche Weise wir uns dagegen sträuben, glücklich zu sein. Viele von uns tappen in die Falle, ein Leben lang darauf zu warten, dass andere Notiz von einem Geheimnis oder einem beschämenden Trauma nehmen oder uns seine Existenz bestätigen. Wir hoffen, dass endlich jemand sieht, wie sehr wir leiden. Aber wir können das, was wir so lange geheim gehalten haben, auch anderweitig sichtbar machen.

Überzeugungen wie diese halten einen Zustand chronischen Leidens aufrecht. Die Vorstellung, wieder heil und glücklich zu sein, stürzt uns in einen tiefen Konflikt. Warum ich dies in einem Kapitel über die Botschaften unserer Gesellschaft zum Thema Scham, Schuld und erlittene Schäden erwähne? Weil diese Gedanken das verinnerlichte Trauma, also die Folgen einer traumatisierenden Erfahrung, weiter verstärken. Dabei haben wir gerade in diesem Bereich langfristig die Möglichkeit, eine Wahl zu treffen.

Natürlich will ich Ihnen weder Ihre Trauer nehmen noch abwerten, was Ihnen zugestoßen ist. Ich sage lediglich, dass Sie die Wahl haben, wie Sie mit Ihrem Leben weitermachen möchten. Manchmal bringt uns die Trauer dazu zu handeln. Manchmal bringt sie uns dazu zu feiern. Manchmal hilft sie uns zu erkennen, wie wertvoll und ergreifend schön das Leben ist. Und manchmal ist sie wie ein Krebsgeschwür, das uns aller guten Dinge im Leben beraubt.

Nr. 5: »Du bist selbst schuld.«

Eines ist bei allen Traumata gleich: Sie halten uns ein Bild vor Augen, das wir nicht sehen möchten – ein Bild unserer Ohnmacht. Ist im Universum wirklich alles nur Zufall und sind wir dem Schicksal tatsächlich so hilflos ausgeliefert, dass diese schrecklichen Dinge einfach *passieren?*

Der Mensch zieht es vor, einen ursächlichen Zusammenhang zwischen seinem Handeln und den Konsequenzen daraus herzustellen. Deshalb kommt es auch zu Bemerkungen, die Ihnen direkt oder indirekt die Schuld zuweisen.

Und die sind durchaus nicht immer gesellschaftlichen Ursprungs, oft bewerfen wir uns *selbst* mit Schmutz. Fast alle Traumaüberlebenden sind der Ansicht, sie hätten das Trauma *irgendwie verhindern können.* »Hätte ich ihr nur nicht meine Finanzen anvertraut…« »Hätte ich mich nur nicht zu diesem Ausflug überreden lassen…« »Hätte ich nur besser aufgepasst…« Wir haben es hier mit geringfügig abweichenden Varianten derselben Gedankenspirale zu tun.

Wir sind viel zu schnell bereit, uns schuldig zu sprechen und eine lebenslange Strafe zu verhängen, um die Illusion von Macht über eine Situation zu erlangen, in der wir keine Kontrolle hatten. Die Verantwortung, die aus der Überzeugung entsteht, wir könnten Schlimmes verhindern, ist erdrückend. Diese Vorstellung sorgt dafür, dass wir uns schrecklich fühlen, sie verdreht die Tatsachen und verhindert, dass wir mit unserem Leben weitermachen.

So schwer es auch sein mag, dies zuzugeben: Es gibt Momente im Leben, in denen wir hilflos sind. Manchmal geht etwas furchtbar schief. Manchmal gewinnt der Verrückte. Viele Menschen wollen das nicht wahrhaben – Traumaüberlebende aber müssen das akzeptieren.

Sie dürfen nicht von Schuldgefühlen geplagt an einer Wahnvorstellung festhalten, die Ihnen die Illusion von Kontrolle gibt, oder sich für die beängstigende Überzeugung entscheiden, es könne jederzeit etwas Schreckliches geschehen, denn unsere Erkenntnisfähigkeit bietet uns einen Mittelweg, eine dritte Möglichkeit an: Wir können uns eingestehen, dass es kurze Momente der Ohnmacht in unserem Leben geben wird, und gleichzeitig wissen, dass dies die meiste Zeit über nicht der Fall ist.

Was ist mit Menschen, die sich tatsächlich etwas vorzuwerfen haben? Meine Patientin Michelle traf wie so viele Teenager eine dumme Entscheidung. Sie dachte sich etwas Gefährliches aus, weil sie glaubte, es würde Spaß machen. Dabei kamen drei ihrer Freunde ums Leben. Ihre Scham und ihre Schuldgefühle lähmen sie und hindern sie daran, ihr Leben zu leben – und manch einer würde sagen, *sie habe allen Grund*, sich schuldig zu fühlen.

Ich weiß, wie schlecht es Michelle geht, und ich weiß auch, dass selbst ein Mensch wie sie es verdient, irgendwann mit seinem Leben weiterzumachen. Sie hat den Unfall verursacht und hätte ihn verhindern können, wenn sie eine andere Entscheidung getroffen hätte. Aber sie ist nicht die Mörderin, für die sie sich hält.

Nr. 6:
»Es gibt einen ›richtigen‹ Weg,
mit Schicksalsschlägen umzugehen –
und du machst es falsch.«

Aussagen darüber, welche Emotionen unmittelbar nach einem Trauma angemessen seien, sind für die Betroffenen oft ungewollt verletzend. Meist werden sie sogar in bester Absicht getroffen. Die Menschen sehen, wie Sie leiden, und möchten helfen. Leider sind ihre Reaktionsmöglichkeiten und damit auch ihre Vorstellungen, wie Sie reagieren sollten, begrenzt.

Viele Frauen sehnen sich nach einem sexuellen Übergriff zum Beispiel nach Intimität, doch ihre Partner haben Angst, die Initiative zu ergreifen. Jeder weiß, wie man bei einem Begräbnis sein tief empfundenes Beileid zum Ausdruck bringt, aber nur die wenigsten wissen, wie man reagiert, wenn der trauernde Witwer die Situation mit Galgenhumor zu bewältigen versucht. Die Menschen können sich einfach nicht vorstellen, dass nach dem, was Ihnen zugestoßen ist, Sex oder Humor hilfreich sein könnten.

Wenn weibliche Opfer wütend werden, gibt ihr Umfeld ihnen meiner Erfahrung nach oft zu verstehen, sie würden »falsch« reagieren. Viele meiner Patientinnen wurden von ihren Anwälten sogar angewiesen, vor Gericht *keine* Wut zu zeigen. Offenbar können Geschworene nur schwer verstehen, dass eine Frau sowohl Opfer als auch fuchsteufelswild darüber sein kann.

Wir sind soziale Geschöpfe und daher für die Reaktionen der Menschen in unserem Umfeld empfänglich. Mag sein, dass eine zerbrechliche und verletzliche Überlebende mehr

Mitgefühl und Unterstützung erhält als eine Frau, die wütend ist und Forderungen stellt. Es gibt also durchaus einen Anreiz dafür, Abstand von Emotionen zu nehmen, die uns das verlorene Gefühl von Macht und Kontrolle zumindest teilweise wiedergeben könnten.

Um die Sache noch komplizierter zu machen, bringt unsere Kultur Menschen mit großer Selbstbeherrschung besondere Hochachtung entgegen. Alle bewundern den seltenen Trauernden, der auf der Beerdigung wunderbar gefasst die Grabrede hält. Doch wenn wir unseren Gefühlen nicht einmal auf einer Beerdigung freien Lauf lassen können, wann dürfen wir dann weinen?

Wer bestimmt, wann (und ob überhaupt) es angemessen ist, dass wir uns wieder gut fühlen? Was die Trauerzeit betrifft, scheint ihre Dauer recht willkürlich bemessen. Im Judentum beginnt die Schiv'a, die feierliche Trauerwoche, mit dem Tod des Angehörigen und dauert sieben Tage. Im Islam hält die hinterbliebene Ehefrau die als *Iddah* bezeichnete Trauerzeit von vier Monaten und zehn Tagen ein. An den europäischen Höfen trugen Witwen im 19. Jahrhundert zwei Jahre lang schwarz und durften erst nach zwölf Monaten in die Gesellschaft zurückkehren.

Die Angst zu hören: »Du machst das falsch«, kann die von Traumaüberlebenden häufig empfundene Isolation noch verstärken. Einer meiner Patienten weigerte sich, zum großen alljährlichen Fest seiner Familie zu gehen, weil er Angst hatte, verurteilt zu werden, wenn er sich amüsierte. Ihm graute vor endlosen Beileidsbezeugungen – hätte er doch einfach unter einem Baum sitzen und ein Bier trinken mögen. Als er nicht hinging, nahmen natürlich alle an, er sei *wirklich* traurig: Die Vermutungen der anderen, wie »fertig« er sei, übertrafen seinen wirklichen Zustand noch. Nicht, dass er nicht getrauert hätte, aber der Druck ist groß, auf eine bestimmte Art und Weise zu trauern.

Wenn Sie sich von der Gesellschaft Hinweise erwarten, was Sie fühlen und was Sie tun dürfen, werden Sie den widersprüchlichen Aussagen möglicherweise hilflos gegenüberstehen. Einerseits dürfen wir unsere Gefühle ebenso wenig offenbaren wie unseren Kontostand oder unsere Unterwäsche; sind sie andererseits aber zu gut verborgen, müssen wir uns anhören: »Lass es raus! Du kannst nicht immer alles in dich hineinfressen!« Man kann es einfach nicht richtig machen.

<h2 style="text-align:center">Nr. 7:
»Es wird Zeit, dass du die ganze Angelegenheit hinter dir lässt.«</h2>

Sehr häufig berichten mir Überlebende von der Scham, die sie beschleicht, wenn ihr Umfeld ihnen zu verstehen gibt, dass die Uhr tickt, falls sie wieder »ins normale Leben zurückfinden« möchten. Nachdem Elizabeth Edwards, die Frau eines US-Senators, ihren Sohn bei einem Autounfall verloren hatte, sagte sie: »Hätte ich statt meines Sohnes ein Bein verloren, würde man mich nicht fragen, ob ich es schon ›überwunden‹ hätte. Man würde mich fragen, wie ich damit zurechtkäme, ohne das Bein laufen zu lernen.«

Unser Schmerz ist anderen unangenehm. Sie wünschen sich, wir hätten kein Trauma erlitten; sie wünschen sich, wir würden nicht mehr leiden. Das ist normal. Leider führen diese Gefühle oft zu mehr und manchmal auch weniger vorsichtigen Anspielungen, dass wir uns allmählich zusammennehmen, unseren Mann stehen, uns aufrappeln und uns wieder ins Leben hinauswagen sollten. Wenn Ihre Krankenversicherung nur zwanzig Sitzungen beim Therapeuten bezahlt, spricht dies eine deutliche Sprache: Man erwartet von Ihnen, dass Sie sich innerhalb dieser Zeit wieder erholen. Der Täter wurde belangt und wird die nächsten zwanzig Jahre lang auf Staatskosten wohnen. Sie sollten die Sache eigentlich als abgeschlossen betrachten. Ihre Freunde freuen sich für Sie. Sie selbst aber haben nur das Gefühl, dass die Ihnen zugestandene Trauerzeit vorüber ist und Sie nun so tun müssen, als sei alles wieder in Ordnung.

Wenn Sie sich anmerken lassen, dass es Ihnen schlecht geht, sagt man Ihnen: »Ich mache mir Sorgen um dich.« Wenn Sie Normalität heucheln, hören Sie: »Du siehst großartig aus! Wie schön für dich!« In Ihrem schwierigen emotionalen Zustand empfinden Sie sowohl die Besorgnis als auch das Kompliment als Druck. Offenbar ist es noch nicht schlimm genug, dass es uns nicht gut geht – nun müssen wir uns auch deswegen noch schlecht fühlen! Wenn die Traumauhr tickt, schämen wir uns für unsere Schwäche. Es tut uns leid, dass wir unsere Freunde mit unserer Trauer langweilen; wir fühlen uns schuldig, wenn wir sehen, was wir unserer Familie mit unserer Reaktion antun.

Nr. 8:
»Zum Glück ist es nicht
schlimmer gekommen.«

Einer der Feuerwehrmänner, die ich nach den Anschlägen vom 11. September 2001 behandelte, sprach viel davon, wie sehr die Menschen ihn unterstützt hätten. Wenn sie allerdings sagten, er habe großes Glück gehabt, noch am Leben zu sein, empfand er Wut, Schuldgefühle, Angst und Entfremdung. Die Äußerungen klangen arglos, und er wusste, dass sie aufmunternd gemeint waren. Erst später wurde ihm klar, wie sehr sie an seinen Wunden rührten.

Die wiederholte Erinnerung daran, dass er dankbar sein solle, schien dem Umstand zu widersprechen, dass er trauerte; dass er immer noch unter Schock stand, weil er nur knapp dem Tod hatte entrinnen können; und dass er zwar nicht sein Leben, aber viele andere Dinge verloren hatte und zu einem völlig anderen Menschen geworden war.

Nr. 9:
»Traumata sind der Ausnahmefall.«

Es passieren ständig schlimme Dinge. Niemand lebt ein ganzes Leben, ohne einen geliebten Menschen zu verlieren, ohne betrogen zu werden oder ohne eine gesundheitliche Krise durchzumachen. Bei Reality-TV-Sendungen frage ich mich immer, weshalb sich die Produzenten mit so viel Mühe künstliche Krisen mit unechter Dramatik ausdenken. Das echte Leben bietet genug davon, auch ohne dass jemand eingreifen müsste.

In anderen Kulturen wird anscheinend realistischer mit

schlimmen Ereignissen umgegangen, weshalb sie meist auch über gute Eindämmungsrituale verfügen. Es steckt viel Weisheit in Traditionen, in denen die Menschen nach einer traumatischen Erfahrung Raum für ihre Trauer haben und Hilfe bekommen, diese auf gesunde Weise auszuleben. Als ich in Zimbabwe arbeitete, wurde ich Zeugin eines beeindruckenden Begräbnisrituals. Ein Schauspieler bekommt von den Angehörigen Requisiten aus dem Leben des Verstorbenen, um eine Hommage an ihn, die wichtigen Stationen seines Lebens und seine besonderen Leistungen zusammenzustellen. Das Ergebnis wird in einer feierlichen Aufführung gezeigt, der sogar die Kinder beiwohnen dürfen. Diese Tradition befreit die Familie von der emotionalen Last, die Trauerrede selbst halten zu müssen. Vor allem aber ermutigt sie die Angehörigen zu überlegen, wie sie das Leben des Verstorbenen feiern und ihre Liebe zu ihm zum Ausdruck bringen können, statt von Verlust und Trauer überwältigt zu werden.

Unsere Kultur beharrt darauf, dass Traumata selten seien. Eine solche Einstellung kann Gedanken heraufbeschwören wie: »Warum ausgerechnet ich?«, oder uns das Gefühl geben, wir seien verflucht oder vom Pech verfolgt. Dies schürt das bereits erwähnte pessimistische Denken. (Denken Sie daran: Optimisten nehmen eine Sache nicht persönlich; sie gehen nicht davon aus, dass sie von Dauer ist oder alle Lebensbereiche betrifft.) Wenn uns klar wird, dass fast jeder Mensch irgendwann einmal mit einem Trauma in Berührung kommt, befreit uns das von einem großen Teil unserer Scham und unserer Schuldgefühle.

Wir müssen diese Urteile aufspüren, damit wir sie uns ansehen und herausfinden können, wie sie auf uns wirken. So sorgen wir dafür, dass wir uns nicht mehr als Mängelexemplar betrachten, und machen einen wichtigen ersten Schritt, um das Permatrauma zu überwinden.

In der perfekten Welt hätten alle Menschen in Ihrem Umfeld so reagiert, dass Sie sich nach Ihrer traumatisierenden Erfahrung stark, unterstützt und beschützt gefühlt hätten. Sie wären empört und mitfühlend gewesen. Sie hätten Ihnen etwas zu Essen gebracht und Sie weinen oder auf Dinge einschlagen lassen, wenn es Ihnen geholfen hätte. Sie hätten Ihnen zugehört, hätten Ihnen geglaubt und Gerechtigkeit für Sie gefordert.

Haben die Menschen in Ihrem Leben das Trauma beim Namen genannt oder haben sie sich ausweichender Euphemismen bedient und dadurch eine Atmosphäre der Scham geschaffen? Haben sie Ihnen zu verstehen gegeben, dass sie Ihre Ehrlichkeit und Ihre Trauer verkraften können, oder haben Sie den Eindruck gewonnen, Sie müssten sie vor der wahren Wucht dessen beschützen, was Sie gerade durchmachen? Haben Ihre Freunde und Ihre Familie Notiz vom Jahrestag des Vorfalls genommen und Ihnen zu verstehen gegeben, dass es in Ordnung ist, wenn Sie das aus der Bahn wirft, oder mussten Sie so tun, als sei es ein Tag wie jeder andere? Hat das, was Ihnen zugestoßen ist, jemanden aus Ihrem Umfeld wütend gemacht? Ist jemand zu Ihrer Verteidigung geeilt? Hat jemand eine Stiftung gegründet, um zu helfen?

Zum Nachdenken:
Welche Botschaften haben Sie bekommen?

Ich bitte meine Patienten oft, sich ganz genau vorzustellen, wie es gewesen wäre, wenn alle Menschen in ihrem Leben genau so reagiert hätten, wie sie das in der schweren Zeit nach dem traumatisierenden Erlebnis gebraucht hätten. Bitte beachten Sie, dass es bei dieser Übung nicht darum geht, detailliert festzuhalten, wo Ihr soziales Netz versagt hat, sondern sie soll Ihnen die Möglichkeit geben herauszufinden, wie Sie sich gefühlt hätten, wenn alles optimal gelaufen wäre.

Füllen Sie die Lücken:

»Es wäre schön gewesen, wenn die Leute nach meinem Trauma _____. Es hätte mir geholfen, mich _____ zu fühlen.«

Machen Sie diese einfache Übung so oft es geht. Finden Sie heraus, wie Familie und Freunde, Polizei und Gericht, Medien, Nachrichten und Kirche das verinnerlichte Trauma hätten minimieren können.

> Wir haben keinen Einfluss darauf, wie andere das, was uns zugestoßen ist, sehen, *aber wir können entscheiden, wie wir selbst darüber denken möchten.*

Die meisten von uns hatten nicht das Glück, solch vorbildliche heilende und stärkende Erfahrungen zu machen; aber wir können zumindest dafür sorgen, dass wir diese zerstörerischen Botschaften nicht auch noch unbewusst wiederholen.

| 5 |
Auf schwere Zeiten eingestellt

Wenn Sie die Welt
mit traumatisierten Augen sehen

ERINNERN SIE SICH NOCH AN UNSER GESPRÄCH über das primitive Tier in uns, das uns mit groben Verallgemeinerungen über das Leben helfen will, aus unseren Fehlern zu lernen? In diesem Kapitel werden wir uns ansehen, ob und wie sich Ihr Weltbild nach Ihrem Martyrium verändert hat. Es ist vollkommen normal, dass wir uns nach einem schrecklichen Erlebnis in höchster Alarmbereitschaft befinden und ständig nach Anzeichen dafür suchen, dass es sich wiederholen könnte. Vom Standpunkt der natürlichen Auslese aus ist es sinnvoll, auf schwere Zeiten vorbereitet zu sein. Eine Antilope, die ständig nach Angreifern Ausschau hält, hat tatsächlich größere Überlebenschancen als ihre weniger vorsichtigen Artgenossen. Aber was bedeutet es für uns Menschen, wenn wir – ohne uns dessen bewusst zu sein – Regeln in Form vermeintlicher »Fakten« aufstellen, um eine erneute Traumatisierung vorhersagen und ihr zuvorkommen zu können?

Wir halten diese weitgehend unbewussten Regeln für ausgesprochen clever. Darauf angesprochen, verteidigen die meisten Menschen sie sogar und behaupten, damit besser fürs Leben gerüstet zu sein. In Wahrheit aber sind sie uns kein Schutz, sie können sogar unsere Genesung verhindern. Diese selbstauferlegten Einschränkungen beschneiden unser Leben, machen es eng und langweilig und können sogar Gefühle von Depression und Hoffnungslosigkeit verursachen.

Letzten Endes *erhalten sie das erlebte Trauma aufrecht.* Sie helfen Ihnen nicht, mit Ihrem Leben weiterzumachen, sondern sorgen dafür, dass das Trauma in Ihrem Kopf nach wie vor lebendig bleibt. Aus diesem Grund bezeichne ich sie als **traumaerhaltende Annahmen.** Ohne sich dessen bewusst zu sein, sammeln Sie jeden Tag tüchtig Beweise, um diese Annahmen zu stützen. Ich nenne diesen Vorgang **ernten.**

Das Vertrackte daran ist, dass die Leute nicht um die Existenz ihrer traumaerhaltenden Annahmen wissen; sie wissen nicht, dass sie daran glauben; und sie wissen erst recht nicht, dass sie auf ihrem Weg durchs Leben auf vielfältige Weise versuchen, deren Gültigkeit zu beweisen.

Meine Patientin Alison war von ihrem Mann hintergangen worden. Sie behauptet, sich von ganzem Herzen einen neuen Partner zu wünschen. Sie ist ein paar Mal ausgegangen, hat sich in Schale geworfen und sich angeregt unterhalten. Sie glaubt, offen für einen neuen Partner zu sein. Alison weiß nichts von ihrer traumaerhaltenden Annahme, alle Männer seien Betrüger und ihres Vertrauens nicht würdig. Sie glaubt, den Männern eine faire Chance zu geben. Aber ist es tatsächlich fair, wenn jeder, mit dem Sie ausgehen, zunächst Ihre schlimmsten Befürchtungen entkräften muss? John war nervös – sicher hatte er etwas zu verbergen. Bob sprach zu viel von seiner Ex – vermutlich liebte er sie immer noch. Und Sean, der arme Tropf, entschuldigte sich während des Essens, um einen Anruf entgegenzunehmen.

Alison hat nie bewusst entschieden, keinem Mann mehr zu vertrauen, doch wenn sie sich mit jemandem trifft, erntet sie unbewusst Indizien für ihre traumaerhaltende Annahme, alle Männer seien so untreu wie ihr Ex. Wo sie auch hinsieht, findet sie Beweise dafür, und die Überzeugung schlägt immer tiefere Wurzeln.

EINIGE DER ÜBLICHEN TRAUMAERHALTENDEN ANNAHMEN

Sie werden einmal schlecht behandelt und gehen mit der Einstellung durchs Leben: Ich bin nicht gut genug, um geliebt zu werden.

Sie werden einmal betrogen und gehen mit der Einstellung durchs Leben: Irgendwann wird man von jedem enttäuscht.

Sie verlieren Ihre Arbeit und gehen mit der Einstellung durchs Leben: Es hat keinen Sinn, ehrgeizig zu sein. Es zahlt sich nicht aus.

Sie erleben Missbrauch in der Beziehung und gehen mit der Einstellung durchs Leben: Wenn ich mich klein und unsichtbar mache, wird nichts Schlimmes passieren.

Ihr Mann betrügt Sie, und Sie gehen mit der Einstellung durchs Leben: Männer achten nur aufs Äußere.

Ihre Frau betrügt Sie, und Sie gehen mit der Einstellung durchs Leben: Frauen geht es nur ums Geld.

Sie erleben eine Naturkatastrophe und gehen mit

der Einstellung durchs Leben: Wir sind niemals sicher, man muss stets auf der Hut sein.

Sie werden geprellt und gehen mit der Einstellung durchs Leben: Jeder ist sich selbst der Nächste, man kann niemandem trauen. Es ist sicherer, andere auf Abstand zu halten.

Sie nehmen eine Hypothek auf, die Sie nicht bedienen können, verlieren Ihr Haus und gehen mit der Einstellung durchs Leben: Ich bin nicht klug genug, um selbst zu entscheiden.

Die genannten traumaerhaltenden Annahmen sind nur Beispiele. Ein bestimmtes Trauma muss nicht zwangsläufig dieselben Überzeugungen nach sich ziehen. Traumaerhaltende Annahmen aller Art können weitreichende Folgen für Ihr Leben haben. Barbara war einem Trickbetrug zum Opfer gefallen und hatte dabei beinahe ihr ganzes Vermögen verloren. Sie hat Schuldgefühle und schämt sich, aber sie ist wild entschlossen, sich nie wieder täuschen zu lassen. Sie ist sogar ziemlich stolz darauf, wie ausgebufft, pfiffig und aufmerksam sie inzwischen ist.

Sie lebt in der traumaerhaltenden Annahme, alle Welt wolle sie übers Ohr hauen, und glauben Sie mir, sie findet reichlich Beweise dafür – vom Apotheker, der ihr zwei Tabletten zu wenig gegeben hat, bis hin zu den Schneeballsystemen in den Nachrichten, bei denen es um Milliarden von Dollar geht.

Eigentlich sollte Barbara darin Bestätigung finden, aber sie fühlt sich nur elend. Zu Beginn der Therapie sagte sie, sie sei deprimiert, einsam, habe Eheprobleme und sei sich der Beziehung zu ihren Kindern nicht sicher. Sie klagte: »Ich habe so viel durchgemacht, und jetzt kommt es mir vor, als würden sich alle von mir abwenden.« Barbara erkannte nicht, dass ihre vermeintlich schlauen traumaerhaltenden Annahmen eine Mauer der Paranoia um sie herum errichtet hatten. Sie war hart geworden und urteilte dementsprechend.

Da es sich hier um das Beispiel einer Fremden handelt, können Sie vielleicht etwas deutlicher erkennen, wie sich traumaerhaltende Annahmen auswirken. Sie können zunächst feststellen, dass das ständige Ernten das Permatrauma aufrechterhält. Jedes Mal, wenn sich unsere traumaerhaltenden Annahmen »bewahrheiten«, legen wir ein weiteres Scheit auf das Feuer des Permatraumas. Das Ernten bewies Barbara, dass der Betrug kein Einzelfall war, sondern dass so etwas tagtäglich vorkommt. Die von ihr gesammelten Beweise schürten das ständige Gefühl, übervorteilt zu werden, das dadurch permanent an ihr nagte.

Das Ernten macht aus einer traumaerhaltenden Annahme eine Weltanschauung.

Kein Wunder, dass Barbara ständig erschöpft und gereizt war. Wie konnte sie sich auch entspannen, wenn sie ständig auf der Hut sein musste, um nur ja nicht betrogen zu werden? Kein Wunder auch, dass sie den Eindruck hatte, sich nur sehr langsam zu erholen, wenn sie bei jeder von Misstrauen geprägten Begegnung einen Aspekt ihres Traumas durchlebte.

Jeder noch so unbedeutende zwischenmenschliche Kontakt war von Argwohn und Skepsis gefärbt. Möchten Sie mit jemandem befreundet sein, der darüber Buch führt, wer wie viel für wen tut? Mit jemandem, der Sie ständig verdächtigt, ihn übervorteilen zu wollen?

Wenn wir Beweise für die Richtigkeit unserer traumaerhaltenden Annahmen ernten, werden sie zu selbsterfüllenden Prophezeiungen. Barbaras Freunde und Kollegen wussten, dass sie jede freundliche Geste einer genauesten Prüfung unterziehen würde, deshalb machten sie sich auch nicht mehr die Mühe, ihr morgens eine Tasse Kaffee zu bringen. Die Nachbarn boten nicht mehr an, die Blumen zu gießen, wenn sie fort war. Die Menschen in ihrem Leben hatten das Gefühl, nicht mehr an sie heranzukommen, und suchten sich andere Freunde. Sie selbst blieb einsam und mit dem Gefühl zurück, unverstanden zu sein. Barbaras traumaerhaltende Annahmen verhinderten nicht nur Begegnungen, die ihr ein gutes Gefühl hätten vermitteln können, sie führten auch dazu, dass sie eine Welt erschuf, in der es *tatsächlich* den Anschein hatte, als sei sich jeder selbst der Nächste.

Traumaerhaltende Annahmen sorgen dafür, dass wir die Welt durch die, wie ich sage, Traumabrille betrachten. Sie sorgen dafür, dass wir weiter in einer hässlichen Welt des Misstrauens und der Angst leben, in der sich die Menschen von ihrer schlimmsten Seite zeigen. Sie sorgen dafür, dass wir jedem geschenkten Gaul ins Maul schauen, und verhindern damit viele schöne Erfahrungen bereits im Vorfeld. Vielleicht war der Kollege von Barbaras Mann, der in ihre neue Geschäftsidee investieren wollte, tatsächlich ein anständiger Kerl. Vielleicht wollte die Freundin, die anbot, ihr Kind zum Karneval mitzunehmen, tatsächlich nichts weiter als ihre Freundschaft. Barbara war getäuscht worden, aber das

Ernten machte sie noch sehr viel ärmer. Keiner betrog sie so sehr wie sie sich selbst.

»Aber meine traumaerhaltenden Annahmen sind wirklich wahr!«

Vielleicht fühlen Sie sich an dieser Stelle zu dem Einwurf genötigt: »Aber meine traumaerhaltenden Annahmen sind wirklich wahr!« Vermutlich werden Sie mir erzählen wollen, die Regeln, die Sie nach Ihrem Trauma aufgestellt haben, würden Sie schützen und seien tatsächlich stichhaltig. Sicher sind Sie auch bereit, Ihre Überzeugungen mit allen Indizien zu belegen, die Sie je geerntet haben.

Sie irren sich nicht. Vermutlich gibt es da draußen tatsächlich miese und untreue Kerle zuhauf. Und Betrüger. Und Hurrikane. Und Flugzeugabstürze. Eines der Probleme mit unseren traumaerhaltenden Annahmen ist, dass sie sehr überzeugend sein können. Im Grunde sind sie weder richtig noch falsch, schließlich ist ein halb volles Glas auch halb leer. Jeffrey hat nicht vollkommen Unrecht, wenn er behauptet, dass es gefährlich sei, nachts Auto zu fahren. Allerdings ist diese Aussage auch nicht grundsätzlich richtig, denn viele Menschen setzen sich auch nach Einbruch der Dunkelheit noch ans Steuer, ohne dass ihnen etwas passiert. Diese Regel gibt Jeffrey zwar ein Gefühl von Kontrolle, aber es ist eine Illusion: Leider werden auch tagsüber viele Menschen in Unfälle verwickelt.

Meine Absicht ist es nicht, hier Argumente für die Gültigkeit Ihrer traumaerhaltenden Annahmen anzuführen. Ich bitte meine Patienten sogar dringend, dies zu *unterlassen*. Was ich lediglich verdeutlichen möchte, ist: Wenn Sie nach

Beispielen für die Gültigkeit Ihrer Annahmen suchen, können Sie ebenso gut Ausschau nach Hinweisen halten, die sie widerlegen. Es spielt keine Rolle, wie viele Indizien Sie dafür anhäufen, ich kann Ihnen versprechen, dass Sie ebenso viele gegenteilige Hinweise finden werden. Auf jeden Betrüger kommen unzählige vertrauenswürdige Männer und Frauen. Auf jeden Flugzeugabsturz kommen unendlich viele reibungslose Flüge.

Ich werde nicht von Ihnen verlangen, Ihre traumaerhaltenden Annahmen aufzugeben, Sie sollen sich lediglich bewusst machen, wie sie aussehen, wie sie Ihr Leben beeinflussen und auf welche Weise sie Ihre Erfahrung der Welt verfälschen. Man könnte auch so sagen: Wenn Sie einen ungewöhnlichen Tennisaufschlag hätten und eine Stunde bei mir nähmen, wäre ich verpflichtet, Sie darauf aufmerksam zu machen, dass die Art, wie Sie aufschlagen, eine Belastung für Ihren Ellbogen ist und es auch anders geht. Doch letztlich läge die Entscheidung bei Ihnen: Vielleicht werden Sie auch weiterhin so aufschlagen, wie Sie es gewohnt sind. Ich fände es allerdings schrecklich, wenn Sie Ihr Leben lang ahnungslos blieben, dass Ihr Aufschlag die Schmerzen in Ihrem Ellbogen verursacht.

Wie Sie sich erinnern werden, leidet Alison noch immer unter der Untreue ihres Ex-Mannes. Sie hat die traumaerhaltende Annahme, alle Männer seien Betrüger. Sie redet sich ein, dem Richtigen würde es schon gelingen, sie für sich zu gewinnen. Wenn sie allerdings mit Männern ausgeht, gibt sie ihnen das Gefühl, ständig ihre Unschuld beweisen zu müssen; sie müssen eine andere nur ansehen, und schon sind sie aus dem Rennen. Alison ist argwöhnisch, misstrauisch, vorwurfsvoll und ablehnend – kein Wunder, dass kaum ein Verehrer um eine zweite Verabredung bittet.

Anfangs wollte mir Alison die Gültigkeit ihrer trauma-erhaltenden Annahmen »beweisen«. Sie hatte viele Belege dafür gesammelt, dass man Männern einfach nicht vertrauen könne. Ich erklärte ihr: »Wenn Sie weiter nach Hinweisen suchen, werden Sie auch weiterhin fündig werden. Aber Sie zahlen einen hohen Preis dafür, denn es kostet Sie die zweite Verabredung.«

> Wenn es Ihnen gelingt, die Gültigkeit Ihrer trauma-erhaltenden Annahmen zu beweisen, müssen Sie im besten Fall in der hässlichen Welt leben, die Sie dadurch erschaffen.

Wenn Ihnen klar wird, welche Folgen das erfolgreiche Ernten hat, werden Sie die unvermeidlichen Konsequenzen wahrscheinlich nicht tragen wollen.

Probieren Sie mal was Neues: Ernten Sie Gutes

Vor zehn Jahre erkrankte Bonnies Kind an Hirnhautentzündung. Obwohl es sich vollständig davon erholte, hatte der Vorfall sie verständlicherweise zutiefst erschüttert. Nun kämpft sie wie besessen gegen Keime aller Art und kann nicht verstehen, weshalb alle anderen die Gefahr von Infektionen ignorieren. Sie hat sich – wenn auch unbewusst – dafür *entschieden,* in erster Linie Indizien für die traumaerhaltende Annahme zu ernten, dass Menschen im Allgemeinen und Kinder im Besonderen ein schwaches Immunsystem hätten.

Sie hat keine Schwierigkeiten, Beweise dafür zu finden: Die Zeitungen sind voll von Geschichten über Schweinegrippe, Vogelgrippe, Rinderwahnsinn und unvorstellbar schreckliche biologische Kampfstoffe. Andererseits ist Bonnie tagtäglich von gesunden Kindern umgeben, die sich prächtig entwickeln, obwohl sie in der U-Bahn in der Nase bohren und in der Schulkantine warme Milch trinken. Für beide Überzeugungen – dass Kinder krankheitsanfällig oder dass sie robust seien – gibt es zahllose Belege. Da Bonnie nur das Schlechte sieht, verstärkt sie regelmäßig ein Weltbild, das ihr großen Schmerz zufügt.

> Eine traumaerhaltende Annahme kann nur bestehen bleiben, wenn wir Beweise dafür ernten.

Ich verlange an dieser Stelle natürlich keine feste Zusage, dass Sie Ihr gesamtes Glaubenssystem einer Generalüberholung unterziehen. Aber da Sie dieses Buch gekauft und sich entschieden haben, es zu lesen, können Sie auch diese Theorie eine Weile auf die Probe stellen und erst danach eine Entscheidung fällen, nicht wahr? Die Wahrheit ist: Wir werden immer finden, wonach wir Ausschau halten. Unsere emotionalen Reaktionen sind zwar gewohnheitsbedingt, aber nicht unabänderlich, und wenn wir uns *nicht mehr* als Opfer fühlen möchten, geht das am besten, indem wir die Kontrolle über unser Denken und Fühlen wiedergewinnen. Sie haben die Wahl. Weshalb ernten Sie also keine Indizien, die Ihnen die Welt ein wenig sicherer, wärmer und freundlicher erscheinen lassen, statt solche, die Ihnen das Gefühl geben, ein Opfer zu sein?

Die Wissenschaftlerin Barbara Fredrickson erforscht Funktion und Wirkung positiver und negativer Gefühle sowie ihre Auswirkungen auf unser Weltbild.[14] Sie fand heraus, dass negative, mit Bedrohungen verbundene Gefühle die Bandbreite unserer Reaktionen verringern. Sie bündeln unsere Aufmerksamkeit und ermöglichen uns ein schnelles Handeln (damit wir die Gefahr umgehen können, die sie ausgelöst hat). Positive Emotionen dagegen ermutigen uns, unsere Möglichkeiten auszubauen und darauf aufzubauen (vermutlich, weil sie anzeigen, dass wir in Sicherheit sind).

Fredrickson bezeichnet dies als »Broaden and build«-Theorie, also als Theorie des Aus- und Aufbauens. Negative Gefühle verschaffen uns in der aktuellen Situation Evolutionsvorteile, indem sie verhindern, dass wir ums Leben kommen. Positive Gefühle hingegen verschaffen uns Evolutionsvorteile in der Zukunft, indem sie uns ermutigen, unseren Horizont zu erweitern, Erfahrungen zu sammeln und zu lernen – in der Hoffnung, dass sich das irgendwann einmal auszahlen wird.

Fredrickson geht nicht auf Traumata ein, aber meiner Ansicht nach lässt sich ihre Theorie sehr gut auf Überlebende übertragen. Schließlich legt sie nahe, dass es sich vor dem Aufbruch zu einer Reise der Veränderung empfiehlt, mit angenehmen Gefühlen für geistige Offenheit zu sorgen.

Ich plädiere also nicht nur deshalb für positive Gefühle, weil sie angenehm sind. Im Prinzip vergleiche ich sie mit einer ordentlichen Mütze voll Schlaf vor einem wichtigen Spiel. Sie werden Ihnen helfen, bei Ihren Bemühungen um Veränderungen in Ihrem Leben Ihr Bestes zu geben.

Unsere traumaerhaltenden Annahmen erschweren es uns, wichtige positive Gefühle zu empfinden und uns liebenswert, glücklich, gesegnet, gesund, energiegeladen und lebendig zu fühlen.

Die Herausforderung besteht darin, **Heilmittel** gegen traumaerhaltende Annahmen zu finden und anschließend Beweise dafür zu ernten.

Sie sollen unsere traumaerhaltenden Annahmen nicht widerlegen, sondern uns helfen, wieder Zugang zu den Gefühlen zu finden, die so lange darunter verborgen waren.

Alison zum Beispiel räumte ein, dass jemand, der nicht die traumatisierende Erfahrung gemacht habe, von seinem Partner betrogen worden zu sein, die folgende Aussage durchaus für wahr halten könne: »Die meisten Männer sind *treu.*« Außerdem gab sie zu, vor dem Betrug ihres Ehemanns sogar gedacht zu haben, die Vorstellung der Untreue erschrecke viele Männer ebenso sehr wie sie selbst. Gemeinsam fanden wir ein Heilmittel gegen ihre traumaerhaltende Annahme, nämlich: »Die Männer, die ich kennenlernen werde, werden meist anständig und vertrauenswürdig sein.« Alison willigte ein, diese Einstellung einen Tag lang zu testen.

Sie sah einen Vater, der seine Tochter auf dem Spielplatz nicht aus den Augen ließ, und einen jungen Mann, der für seine schwangere Frau die Einkäufe trug. Sie kam an einem Hausmeister vorbei, der aufhörte, den Gehweg abzuspritzen, als sie sich näherte, damit sie nichts abbekam.

Dann bemerkte Alison in einem Restaurant einen Mann, der seiner Begleiterin wirklich zuhörte. Sie konnte sehen, wie sich die Frau in seinem Interesse und seiner Aufmerksamkeit sonnte. Alison bewunderte die Leichtigkeit, mit der die Frau Blickkontakt herstellte, wie entspannt sie war und wie er sie zum Lachen brachte. Als sie die beiden beobachtete, erinnerte auch sie sich wieder an dieses Gefühl und ihr wurde bewusst, wie lange sie es sich schon verbot. Als sie es zuließ, geschah etwas sehr Wichtiges: Alison erlaubte sich – wenn auch nur für einen kurzen Augenblick –, erneut Verbindung zu den Gefühlen aufzunehmen, die ihre traumaerhaltenden Annahmen unzugänglich gemacht hatten. Ihr Heilmittel hatte gewirkt.

Alison hatte sich in diese Frau hineinversetzt, was sie sich seit ihrem Trauma nicht mehr gestattet hatte. Sie fragte sich: »Wie wäre es wohl, wenn ich mich mit einem Freund oder einem Geliebten wieder entspannen und lachen könnte? Wenn ich ihm zuhören würde, ohne zwischen den Zeilen nach Hinweisen dafür zu suchen, dass er mich betrügen wird?« Mit einem Mal wurde ihr klar, wie sehr sie den emotionalen Zustand des Vertrauens und der Entspannung vermisste, und sie erkannte: Solange sie sich an ihre traumaerhaltenden Annahmen klammerte, würden ihr diese Gefühle verwehrt bleiben.

> Die Heilmittel gegen traumaerhaltende Annahmen verschaffen uns Zugang zu Gefühlen, die wir vor langer Zeit begraben haben, als die nach dem Trauma aufgestellten Regeln allmählich eine hässliche neue Realität erschufen.

Wie wäre es, wenn Sie mit derselben Vehemenz nach Belegen für Ihre Heilmittel Ausschau halten würden, mit der Sie normalerweise Ihre traumaerhaltenden Annahmen zu beweisen versuchen? Wie sähe Bonnies Leben wohl aus, wenn sie ihre Zeit damit verbrächte, all die gesunden, robusten und widerstandsfähigen Kinder zu sehen, die Krankheiten trotzten? Wie würde sich Alison fühlen, wenn sie all die anständigen Männer in ihrem Leben bemerkte? Wie würden sich Barbaras Beziehungen verändern, wenn sie nicht jedem geschenkten Gaul ins Maul schauen und stattdessen Beweise für Großzügigkeit in der Welt ernten würde? Erfolgreiche Überlebende machen das Ernten traumafreier Alternativen zur festen täglichen Gewohnheit.

Hier ein paar Beispiele für Heilmittel gegen einige der traumaerhaltenden Annahmen, die zu Beginn des Kapitels genannt wurden. Außerdem werden wir sehen, wie man Beweise zur Stärkung dieser Alternativanschauungen für Zeiten des Friedens erntet.

Bitte beachten Sie, dass ein Heilmittel nicht nur die Umkehrung einer traumaerhaltenden Annahme ist. Es soll Ihnen helfen, erneut Zugang zu einem Gefühl zu finden, das von den Regeln blockiert wird, die nach dem Trauma entstanden sind.

TEA: Ich bin nicht gut genug, um geliebt zu werden.
Heilmittel: Es spielt keine Rolle, dass ich Fehler habe oder nicht perfekt bin. Dies gilt auch für viele andere Menschen – die dennoch verdienen, geliebt zu werden.
Ernteempfehlung: Finden Sie Beweise für die Gültigkeit dieser Annahme, zum Beispiel das eher unattraktive, händchenhaltende Pärchen, das sich sehr zugetan scheint. Oder die Tatsache, dass Sie Ihren Bruder heiß und innig lieben, obwohl er ein Chaot ist.
DAS DARAUS RESULTIERENDE GEFÜHL: Ich bin liebenswert.

TEA: Irgendwann enttäuscht mich jeder.

Heilmittel: Ich muss nicht alles im Alleingang machen.

Ernteempfehlung: Finden Sie Beweise dafür, dass Menschen einander unterstützen. Registrieren Sie, wenn jemand Ihre Bitte um Hilfe gerührt und geschmeichelt aufnimmt. Nehmen Sie zur Kenntnis, dass in der Zeitung ein – gratis! – Mentorprogramm für Unternehmerinnen angeboten wird. Jemand hat sich die Zeit genommen, es zu finanzieren und zu organisieren, um anderen zu helfen. Wissen Sie noch, wie Sie Ihren Nachbarn um eine unentgeltliche Finanzempfehlung baten und er Ihrer Bitte bereitwillig nachkam? Erinnern Sie sich noch an Ihre Sorge, Sie könnten Ihrer Freundin mit den eigenen Beziehungsproblemen zur Last fallen? Sie hingegen hörte zu und fragte sogar, ob sie auch in der darauffolgenden Woche wieder miteinander Kaffee trinken wollten.

DAS DARAUS RESULTIERENDE GEFÜHL: Ich fühle mich geborgen und unterstützt.

TEA: Wenn ich mich klein und unsichtbar mache, wird nichts Schlimmes passieren.

Heilmittel: Ich kann mich gegen Ungerechtigkeiten wehren, ohne dafür bestraft zu werden.

Ernteempfehlung: Sehen Sie sich an, wie oft Sie in Ihrem Leben bereits erfolgreich für sich eingetreten sind: zum Beispiel gestern Abend, als Sie Ihren Mann baten, das Geschirr zu spülen, weil Sie schon gekocht hatten. Oder als Sie sich in der Arbeit an dem Protest gegen die schlechten Arbeitsbedingungen beteiligten und nicht entlassen wurden.

DAS DARAUS RESULTIERENDE GEFÜHL: Ich habe Macht.

TEA: Ich bin nicht klug genug, um Risiken einzugehen.

Heilmittel: Ich besitze gute analytische Fähigkeiten und treffe sinnvolle Entscheidungen.

Ernteempfehlung: Suchen Sie nach Beispielen für erfolgreich eingegangene Risiken. Denken Sie an das Ferienlager, das Sie ausgewählt haben und das Ihren Kindern so gut gefallen hat. Machen Sie sich bewusst, dass sich Ihre Entscheidung bewährt hat, zu leasen, statt zu kaufen.

DAS DARAUS RESULTIERENDE GEFÜHL: Ich bin kompetent.

TEA: Es hat keinen Sinn, ehrgeizig zu sein. Es zahlt sich nicht aus.

Heilmittel: Viele Menschen merken, wenn jemand seine Arbeit gut macht, und wissen dies zu schätzen.

Ernteempfehlung: Denken Sie daran, wie viele Eltern zusammengelegt haben, um ein Geschenk für den Schülerlotsen zu besorgen, der bei jedem Wetter zur Stelle ist. Es mag schon sein, dass Ihr Chef Ihren Einsatz weder sieht noch belohnt. Dafür haben Sie aber ein Dankesschreiben von einer Kundin bekommen, die dies sehr wohl bemerkt hat. Haben Sie kürzlich in den Nachrichten gesehen, wie viele Zuschauer sich am Rand der Strecke versammelt hatten, um den Teilnehmerinnen und Teilnehmern eines Benefizlaufs gegen Brustkrebs zuzujubeln?

DAS DARAUS RESULTIERENDE GEFÜHL: Das, was ich tue, zählt.

TEA: Jeder ist sich selbst der Nächste. Man kann niemandem trauen. Es ist sicherer, andere auf Abstand zu halten.

Heilmittel: Die Welt ist voller vertrauenswürdiger Menschen, die ihre Versprechen halten.

Ernteempfehlung: Erstellen Sie eine Liste der Menschen in Ihrem Leben, die ihre – großen und kleinen – Versprechen auch halten: der Pfadfinderleiter, der das Geld zurückerstattete, als das Zeitschriftenabonnement nicht zustande kam; die Leihwagenfirma, die Ihnen ohne Aufpreis ein größeres Modell zur Verfügung stellte, weil alle Autos der von Ihnen reservierten Klasse bereits vergeben waren; der Kunde, der auch in den Supermarkt gehen könnte, aber aus Loyalität in Ihrem Familienbetrieb kauft.

DAS DARAUS RESULTIERENDE GEFÜHL: Ich habe Vertrauen.

Es handelt sich hier natürlich weder um eine erschöpfende Aufstellung aller traumaerhaltenden Annahmen, die Überlebende hegen, noch um die einzig verfügbaren Heilmittel. Die Beispiele sollen lediglich den Ablauf verdeutlichen. Vielleicht führen sie Ihnen ja vor Augen, dass man Indizien für jede beliebige Annahme ernten kann, und machen Ihnen klar, was für eine große Erleichterung es ist, nicht mehr ständig in höchster Alarmbereitschaft sein zu müssen. Sie können Beweise für eine freundlichere, gütigere Welt finden – vorausgesetzt, Sie haben den Mut und die Disziplin, danach zu suchen.

Zum Nachdenken: So finden Sie Heilmittel
für traumaerhaltende Annahmen

Wenn man das Konzept der traumaerhaltenden Annahmen allgemein erklärt, wissen viele Menschen sofort, wovon die Rede
ist. Manchmal ist es dann natürlich etwas schwerer, die eigenen
traumaerhaltenden Annahmen aufzuspüren. Bedenken Sie in
einem solchen Fall, dass sie sich oft dort verbergen, wo wir zynisch
und bitter sind. Sie verschanzen sich in den vermeintlichen Lehren,
die wir aus unserem Trauma gezogen haben, in unseren scheinbar pfiffigen und klugen neuen Verhaltensweisen. Da sie uns unserer Seelennahrung berauben, lauern sie auch oft in den Bereichen
unseres Lebens, in denen wir uns deprimiert, abgelehnt oder als
Opfer fühlen.

Nicht ganz selten sind die traumaerhaltenden Annahmen anderer Menschen leichter zu erkennen als die eigenen. Kennen Sie die
TEAs Ihrer engsten Freunde und Verwandten? Sobald Sie sie identifiziert haben, sollten Sie einen genauen Blick darauf werfen, denn
es könnte sein, dass auch Sie nach einigen dieser »Regeln« leben.
Schließlich suchen wir oft die Nähe zu Menschen, die uns in unseren gesunden oder ungesunden Ansichten bestätigen.

Notieren Sie eine Ihrer traumaerhaltenden Annahmen:

_____.

Sobald Sie eine Ihrer traumaerhaltenden Annahmen gefunden
haben, möchte ich Sie bitten, ein Heilmittel dafür ausfindig zu machen. Denken Sie daran: Es geht hier nicht darum, die traumaerhaltende Annahme anzufechten oder zu widerlegen. Es geht schlicht
darum, sich eine alternative Sicht der Welt zu erschließen, die Ihnen
Zugang zu den Gefühlen verschafft, die von der traumaerhaltenden
Annahme blockiert werden.

Notieren Sie das TEA-Heilmittel:

_____.

Suspendieren Sie Miesepetra vom Dienst und machen Sie sich auf die Suche nach Beweisen für die neue Alternative zu Ihrem posttraumatischen Weltbild.

Durchforsten Sie zunächst Ihr Gedächtnis und prüfen Sie die Erfahrungen der letzten Wochen. Gehen Sie anschließend in die Welt hinaus und ernten Sie auch dort Indizien. Motivieren Sie sich mit dem Gedanken, dass Sie nur einen Tag lang durchhalten müssen. Stellen Sie sich vor, Sie bekämen zwanzig Dollar für jeden Beweis. Machen Sie ein Spiel daraus und tun Sie so, als nähmen Sie an einer neuen Reality-Show teil: Sie verteidigen hier nicht die Integrität Ihrer Ansichten, sondern versuchen lediglich, etwas Geld zu verdienen – das Sie nur dann bekommen, wenn Sie erfolgreich Indizien für die Gültigkeit des TEA-Heilmittels ernten.

Notieren Sie einige der von Ihnen geernteten Beweise:

_____, _____,

_____.

Wie viel haben Sie am Ende Tages verdient? Aber vor allem, wie haben Sie sich bei der Suche nach Beweisen für das Gute gefühlt?

Sicher wissen Sie inzwischen, dass ich gern Tatsachenberichte und Autobiografien von Überlebenden lese, die ich bewundere. Leider sind sie oft nach der Formel geschrieben, dass die Betreffenden am Ende eines ganzen Buches voller Kämpfe und Herzschmerz plötzlich eine Erleuchtung haben, ihr Leben wie durch Zauberhand wieder in Ordnung kommt und sie letztlich siegreich sind. Von solchen Büchern fühle ich mich betrogen. Sie überspringen den entscheidenden Schritt, der die Unterschiede im Denken vor und nach der besagten Erleuchtung offenbart.

Wie sich herausstellt, haben diese Unterschiede mit unseren traumaerhaltenden Annahmen zu tun. Genauer gesagt spielt der Augenblick, in dem jemand bereit ist, seine

Ansichten zu prüfen und sein Herz besseren Dingen zu öffnen, eine wichtige Rolle bei der Vergangenheitsbewältigung.

> Erleuchtungserlebnisse, wie sie in den Büchern Überlebender beschrieben werden, lassen sich am besten dadurch provozieren, dass man eine traumaerhaltende Annahme mutig auf die Probe stellt.

Eine meiner Lieblingsanekdoten stammt aus Geralyn Lucas' Buch *Why I Wore Lipstick to My Mastectomy*. Die Autorin war siebenundzwanzig Jahre alt und führte ein Leben wie in der Serie *Sex in the City*, als sie mit einer Brustkrebsdiagnose konfrontiert wurde. Das Buch ist deshalb so wertvoll, weil sie uns darin offen ihren Kampf gegen das Gefühl schildert, ein Opfer zu sein. Sie analysiert ihre Erleuchtungserlebnisse, damit wir sehen können, dass der Unterschied in ihrem Denken vor und nach einer solchen Erfahrung dadurch entsteht, wie sie ihre traumaerhaltenden Annahmen auf die Probe stellt.

Eine dieser Annahmen lautet, dass sie nach der Brustamputation niemand mehr attraktiv finden wird und ihre sexuelle Anziehungskraft ausschließlich auf ihrem Aussehen beruht. Sie formuliert es so: »Niemand interessiert sich für eine Frau ohne Brust.« Unmittelbar vor der Operation beschließt Geralyn, ein letztes Mal aufreizend zurechtgemacht auszugehen, um die Aufmerksamkeit der Männerwelt zu erregen. Damit schlägt sie ihre Klauen in ihre traumaerhaltende Annahme und sucht nach Beweisen dafür, andere würden sich nur wegen ihres Körpers zu ihr hingezogen fühlen.

Sie weiß, dass sie sexy aussieht, als sie mit einer gewissen Befriedigung sieht, wie sich ein Taxi durch den dichten Verkehr schlängelt, um sie mitzunehmen. Der Fahrer flirtet schamlos mit ihr. Seine Aufmerksamkeit schmeichelt ihrem alten Ich, während es gleichzeitig ihr neues verletzt. Überzeugt davon, dass er niemals mit der kahlköpfigen, brustlosen Frau flirten würde, die sie bald sein wird, sieht sie rot. Sie schockiert ihn deshalb mit dem Geständnis, sie würde am nächsten Tag eine Brust verlieren.

Ihr Vorgehen ist einerseits sehr aggressiv, sie will wissen, ob er sich von ihren Worten beeindrucken lässt. Andererseits macht sie sich damit aber auch sehr verletzlich, indem sie sich zu ihrer traumaerhaltenden Annahme bekennt und damit ihre Offenheit für den Gegenbeweis zeigt.

Wie so oft, wenn man den Mut hat, schmerzliche Überzeugungen kritisch zu hinterfragen, geschieht etwas Erstaunliches: Der Taxifahrer fährt rechts ran, die Musik plärrt weiter. Er steigt aus und setzt sich zu Geralyn auf den Rücksitz. Dann nimmt er ihre Hand, küsst sie und erzählt ihr die Geschichte von seinem eigenen Kampf gegen den Krebs, bei dem er einen Hoden verlor. Er sagt, er habe überlebt und auch sie werde überleben. Die beiden sitzen in tränenreicher doch freudiger Zweisamkeit und Dankbarkeit auf dem Rücksitz seines Taxis und wiegen sich im Rhythmus der Musik. Geralyn kommt zu dem Schluss: »Wenn es irgendwie möglich ist, dass ein Mann mit einem Hoden und eine Frau, die bald nur noch eine Brust haben wird, in einer Millionenstadt in einem Taxi tanzen und sie diese geheim gehaltene Wahrheit auf einer siebenminütigen Taxifahrt herausfinden, werde ich diese Tortur irgendwie überstehen.«

Geralyn bewies nicht nur, dass es durchaus Männer gibt,

die sich für mehr als ihre knackigen Jeans und ihr enges Oberteil interessieren, sondern sie stellte auch fest, dass dieser Taxifahrer ausgerechnet die Seelennahrung besaß, die sie brauchte. Eine Seelennahrung, die sie niemals bekommen hätte, wenn sie bei ihrer traumaerhaltenden Annahme geblieben wäre. Für mich ist dies die Quintessenz der Geschichte: Sie können sich aufreizend anziehen, flirten und sich dann in Ihrer Einstellung bestätigt fühlen, dass Männer Schweine sind und sich nur für Ihre Oberweite interessieren. Doch wenn Sie sich zu sehr bemühen, die Gültigkeit dieser traumaerhaltenden Annahme zu beweisen, verpassen Sie vielleicht den Taxifahrer, der seine Seele und seine Hoffnung mit Ihnen teilt.

In jenem Taxi keimte ein TEA-Heilmittel: »Man wird mich wegen meiner Menschlichkeit und meiner Wahrheit schätzen.« Als Geralyn den Kampf gegen den Krebs aufnimmt, muss sie sich entscheiden. Sie kann mit der Einstellung herangehen, dass sie – selbst wenn sie überlebt – ein asexuelles Wesen und in den Augen ihrer Mitmenschen ohne Wert sein wird. Dies ist eine traumaerhaltende Annahme, und natürlich wird es ihr gelingen, Beweise dafür zu ernten. Es gibt aber eine weitere Möglichkeit: Sie kann ein neues Kapitel in ihrem Leben aufschlagen und beginnen, daran zu glauben, dass ihr Wert in etwas sehr viel Tieferem und Tiefgründigerem liegt als ihrer Sexualität. Sollte sie sich dafür entscheiden, Beweise für dieses TEA-Heilmittel zu ernten, wird sie auch diese finden.

Nehmen Sie sich unbedingt einen Augenblick Zeit, um zu überlegen, was für ein emotionales Klima diese beiden Alternativen erzeugen. Vielleicht glauben Sie, derartige Erleuchtungserlebnisse gäbe es nur in den Erzählungen anderer Leute. Ich kann Ihnen nicht versprechen, dass wie durch ein Wunder ein Taxifahrer auftauchen wird, um Ihre neuen Überzeugungen zu bestätigen, doch wenn Sie die Möglichkeit in Betracht ziehen, dass es eine Welt geben kann, die nicht von den nach Ihrem Trauma entstandenen Regeln beherrscht wird, geschieht etwas Magisches.

Die Suche nach TEA-Heilmitteln und entsprechenden Beweisen ist kein Zauber, der Sie für immer verändern wird. Sie ist vielmehr der Einstieg in eine tägliche (und manchmal sogar stündliche) Praxis, mit deren Hilfe Sie schließlich jene Gefühle zurückholen werden, die dafür sorgen, dass Sie sich wieder großartig fühlen.

Überlebende wie Geralyn Lucas, Viktor Frankl und Nelson Mandela entscheiden sehr bewusst, welche Gedanken sie in ihrem Kopf haben möchten. Es spielt keine Rolle, ob ein Mensch ein Trauma im engeren oder weiteren Sinn erlitten hat; diejenigen, die ins Leben zurückfinden, bemühen sich um strenge geistige Disziplin. Sie *verbieten* ihrem Denken, unablässig Beweise dafür zu sammeln, dass sie noch immer in Gefahr seien, dass noch immer ein Risiko bestünde, dass alles verloren sei.

> Resiliente Überlebende sind Menschen, die aktiv Hoffnung und Glück ernten.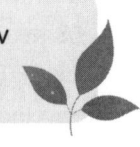

Wenn Sie aus diesem neuen Verständnis heraus leben, werden Sie erkennen, dass Ihre vermeintlich klugen Annahmen Ihren Horizont enger machen, statt ihn zu erweitern; dass sie Ihre Chancen schmälern, statt sie zu erhöhen. In Wirklichkeit ist die Welt wesentlich größer, gibt es darin sehr viel mehr für Sie zu erleben und zu genießen. Geralyn Lucas'

Geschichte zeigt, dass es dort draußen Dinge gibt, die Ihre Heilung unterstützen und Ihre Seele nähren können, statt sie verhungern zu lassen. Doch dazu müssen Sie sich erst einmal dafür öffnen.

| 6 |

Eine ausgewogene emotionale Kost

Junkfood oder Seelennahrung

DIE TRADITIONELLE THERAPIE KONZENTRIERT SICH meist auf ein *Verhalten*, das sich die Patienten nicht mehr gestatten. Sie verfolgt oft nur das Ziel, Sie wieder in den Sattel zu hieven. Falls Sie beim Joggen im Wald überfallen und ausgeraubt wurden, werde ich mich nicht bemühen, Ihnen das Laufen erneut schmackhaft zu machen. Mir liegt nicht so sehr daran, dass Sie die Aktivitäten wiederaufnehmen, die Sie seither scheuen, ich konzentriere mich lieber auf die fehlenden *Gefühle*. Im letzten Kapitel haben wir bereits erklärt, auf welche Weise traumaerhaltende Annahmen den Zugang zu bestimmten Emotionen blockieren. In diesem Kapitel werden wir eine Inventur der Gefühle machen, damit Sie anschließend ganz genau wissen, wovon Sie zu viel und wovon Sie noch lange nicht genug haben.

Wenn Sie sich optimal ernähren möchten, müssen Sie die verschiedensten sekundären Pflanzen- und Nährstoffe aufnehmen, wie sie Ihnen nur eine breite Palette von Nahrungsmitteln bieten kann. Ernährungsberater empfehlen ihren Klienten oft, »die Farben des Regenbogens« zu essen – rote Tomaten, grünen Spargel, violette Auberginen und orangefarbene Süßkartoffeln. Auch im emotionalen Bereich müssen Sie das volle Spektrum Ihrer Gefühle erleben.

Dieses Buch will Ihnen zeigen, wie Sie kontrollieren können, welchen Gedanken und Gefühlen Sie Einlass in Ihren Kopf gewähren. Sie werden lernen müssen, jene Emotionen zu erkennen, von denen Sie bereits mehr als genug haben (das emotionale Junkfood), und Möglichkeiten zu finden, wie Sie mehr von den gesünderen Gefühlen (der emotionalen Seelennahrung) bekommen können. Dazu möchte ich Ihnen zwei Werkzeuge an die Hand geben. Das eine wird Ihnen helfen zu erkennen, wenn Ihre Gedanken automatisch eine negative Richtung einschlagen, das andere wird Ihnen zeigen, was Sie in einem solchen Augenblick brauchen.

Zum Nachdenken: Ihre Gefühlslisten

Legen Sie nun einen roten und einen blauen Stift bereit und lesen Sie die nachfolgend aufgeführten Gefühle durch:

gestresst	sicher	tapfer
verängstigt	hoffnungsvoll	widerstandsfähig
entzückt	zielstrebig	Herr der Lage
gesegnet	beschämt	freundlich
strahlend	fiebrig	neugierig
unterlegen	wertvoll	zurückhaltend
kreativ	geschätzt	mütterlich /
verflucht	panisch	väterlich
geheilt	entspannt	kribbelig

verletzlich	leichtsinnig	verführerisch
albern	einbezogen	gebieterisch
spirituell	selbstbewusst	aufmerksam
begabt	melancholisch	liebenswert
scheu	aufgeregt	einfallsreich
reich	treu	gütig
unbesiegbar	stolz	optimistisch
pompös	gequält	wild
behaglich	sinnlich	inspirierend
eifrig	stark	einfühlsam
bestätigt	aggressiv	ausgebrannt
unwürdig	inspiriert	einflussreich
verfolgt	erkenntnisreich	gutgläubig
sexy	anständig	heißblütig
begeistert	dankbar	empfänglich
lebensmüde	sanftmütig	euphorisch
heiter	nachdenklich	hässlich
behütend	vertrauensvoll	verletzt
vertrauenswürdig	erschöpft	hilfsbedürftig
nachsichtig	befugt	pessimistisch
sanft	schadenfroh	energiegeladen
erpicht	zärtlich	stocksauer
engagiert	still	elend
bedacht /	überwältigt	prachtvoll
nicht impulsiv	nicht liebenswert	unentbehrlich
erzürnt	abgelehnt	paranoid
zerbrechlich	zurückgezogen	wissbegierig
schwindelig	weinerlich	gerecht
voller Bewunde-	ruhig	einträchtig
rung	siegreich	witzig
zufrieden	gedemütigt	diplomatisch
freudig	befreit	demütig

getrieben	angeschlagen	gestärkt
rachsüchtig	anhänglich	fürsorglich
gefasst	hoffnungslos	abenteuerlustig
fit	lebendig	selbständig
sprühend vor	bösartig	geerdet
Leben	verzweifelt	liebevoll
federführend	charmant	würdevoll
überschwänglich	würdig	entschlossen
umwerfend	unterwürfig	

Auf dieser Liste werden Sie zweifellos vertraute Gefühle finden, aber auch solche, die nicht in Ihr emotionales Repertoire gehören. Das eine oder andere Gefühl kannten Sie vielleicht früher einmal, doch seit dem Trauma scheint es »verschwunden« zu sein.

Liste 1:
Die Liste der Permatraumagefühle

Fertigen Sie nun die erste Liste an und verwenden Sie dazu den blauen Stift. Hier geht es um das, was Sie empfinden, wenn Sie durch irgendetwas an Ihr Trauma erinnert werden. Es geht Ihnen gut, der Alltag plätschert vor sich hin, bis Sie – *Bumm!* – mit einem Schlag in die Vergangenheit versetzt werden und in einem ganzen Meer von Gefühlen ertrinken. Die obige Liste enthält auch jene stürmischen Gefühle, die Sie überwältigen, wenn Ihnen unvermutet Ihr Ex-Mann über den Weg läuft oder Sie spätabends beim Fernsehen auf einen Film stoßen, der Sie in einen emotionalen Zustand versetzt, den Sie sich lieber erspart hätten. Vielleicht werden diese Empfindungen wach, wenn Sie ein bestimmtes Lied hören, Ihre Familie besuchen, vom Treffen Ihrer Selbsthilfegruppe nach Hause kommen oder längere Zeit allein mit Ihren Gedanken im Auto sitzen. Oder Sie werden davon überwältigt, wenn Sie vor Ihrem Scheckbuch sitzen und eigentlich Ihre Rechnungen zahlen wollen. Ich spreche hier nicht nur von dem, was Sie unmittelbar nach dem auslösenden Ereignis empfinden, sondern ich meine auch die dunkle Wolke, die stunden- oder tagelang danach über Ihnen schwebt.

Ich bezeichne diese Empfindungen als »Traumagefühle«. Einer meiner Patienten ist Feuerwehrmann und bekannt dafür, dass er kein Blatt vor den Mund nimmt. Er sagt »Sch...gefühle« dazu, was es vielleicht sogar noch besser trifft. Die Wahl der Bezeichnung bleibt Ihnen überlassen. Das Wort »Traumagefühle« werden Sie auf der obigen Liste aber nicht finden, denn ich möchte, dass Sie Ihr Befinden *analysieren* und sich fragen: *Woraus setzen sich meine Traumagefühle zusammen?*

Wenn wir in Depressionen, Hoffnungslosigkeit, Wut oder Angst versinken, vergessen wir nur allzu gern, dass auch andere Gefühle auf dem Speiseplan stehen. Sobald die Erinnerung an das Trauma geweckt wurde, kommt es üblicherweise automatisch und blitzschnell zu einer gedanklichen Kettenreaktion, und wir haben keine Ahnung, was dieses elende Gefühl im Einzelnen verursacht. Oft wissen wir nicht einmal, weshalb wir nach einem traurigen Lied im Radio den ganzen Tag Traumagefühle haben.

Es ist sehr hilfreich, mit einer Liste der Emotionen bewaffnet zu sein, die wir in dieser Situation normalerweise empfinden. Sie ermöglicht uns die sogenannte Metakognition, also die Auseinandersetzung mit dem eigenen Denken. Wenn wir mit dieser Liste vertraut sind, können wir leichter aus der emotionalen Erfahrung heraustreten, die Kontrolle übernehmen und unsere Gefühle verändern.

Überlegen Sie, wann Sie das letzte Mal unvermutet in eine Welt gestürzt wurden, die Ihnen gefährlich und außer Kontrolle erschien. Lassen Sie sich aber nicht in die Erinnerung hineinziehen. Notieren

Sie nun mit dem blauen Stift, welche Gefühle Sie im Anschluss daran quälten, und greifen Sie bei Bedarf auf die Gefühlsliste auf Seite 143 ff. zurück.

Die Blaue Liste ist Ihre Permatraumaliste. Legen Sie sie kurz beiseite, denn Sie müssen noch ein weiteres Verzeichnis anfertigen.

Liste 2:
Die Liste der »verschollenen Gefühle«

Wie ich bereits sagte, fällt mir bei der Arbeit mit Traumaüberlebenden oft auf, dass sie zu trauern scheinen. Sie trauern um ein lang gehegtes Glaubenssystem, das nun offenbar nicht mehr gültig ist; um ein vertrautes Selbstverständnis, das durch die traumatisierende Erfahrung gelitten hat.

Um produktive Maßnahmen ergreifen zu können, bezeichne ich diese Verluste im Sinne der damit verbundenen *emotionalen Befindlichkeiten*. Trish war in der Schule sehr sportlich gewesen und Marathon gelaufen. Dann erkrankte sie an Multipler Sklerose. Sie hatte immer geglaubt, sie bliebe gesund, wenn sie auf ihren Körper achte. Nun kämpft sie nicht nur mit ihrer Diagnose (was allein schon schwer genug wäre), sondern ihr ganzes Weltbild ist erschüttert: Regeln, auf die ihr Verlass zu sein schien, haben sich in Luft aufgelöst. Ich glaube, dass *dies* das eigentliche Trauma ist, nicht die Krankheit. Ohne das ordnende Prinzip ihrer gesunden Lebensregeln, die ihrem Tag und ihrer Identität Struktur verleihen, ist Trish orientierungslos. Sie trauert um den Verlust des selbstbewussten Mädchens, das glaubte, eine natürliche Ernährung und ein hartes Training würden sie vor Krankheiten schützen.

Trish könnte sich leicht in Klagen und Selbstmitleid verlieren. Es wäre verständlich, aber zwecklos. Man kommt nur schwer auf philosophischer Ebene mit einem zufälligen Ereignis wie dem Ausbruch einer lähmenden Krankheit zurecht, obwohl man sein Leben lang den Lachs gewählt hat und schon frühmorgens Laufen gegangen ist. Meiner Erfahrung nach findet man auf diese Weise selten eine befriedigende Antwort. Ich finde es fruchtbarer (und letztlich auch tröstlicher), mir anzusehen, welche *emotionalen Opfer* das Trauma gefordert hat. Auf diese Weise kann man konkret bei den betroffenen Emotionen ansetzen und sich auf die Frage konzentrieren, was man nun tun möchte.

Welche emotionalen Befindlichkeiten hat Trish eingebüßt? Das Gefühl, stark, mächtig, aktiv und leistungsfähig zu sein. Außerdem fehlt das Sicherheit gebende Gefühl, alles unter Kontrolle zu haben. Vermutlich würde sie diese Wörter aus der obigen Liste auswählen.

Welche Wörter beschreiben die emotionalen Opfer, die *Ihr* Trauma gefordert hat? Was gab Ihnen früher das Gefühl, glücklich und quicklebendig zu sein? Woran haben Sie geglaubt (und tun es nun nicht mehr)? Notieren Sie mit dem roten Stift auf einem zweiten Blatt Papier alle Emotionen, zu denen Sie keinen Zugang mehr zu haben meinen oder die außer Reichweite scheinen. Dabei kann es hilfreich sein, Sätze wie: »Ich bin nicht mehr _____«, oder: »Früher war ich _____«, zu bilden. Gehen Sie alle aufgelisteten Gefühle durch und setzen Sie die einzelnen Wörter nacheinander in die Lücken ein. Ich garantiere Ihnen, dass Sie es in Ihrem Herzen spüren werden, wenn Sie auf ein Gefühl stoßen, um das Sie wirklich trauern.

Vielleicht wollen Sie die Liste auch um einige Wörter erweitern. Trish zum Beispiel könnte einen Begriff anfügen, der ein Gefühl der »körperlichen Integrität« beschreibt, also die Vorstellung, dass ihr Körper robust und zuverlässig ist und ihr gute Dienste leistet. Ich wünschte, es gäbe ein Wort dafür, denn dieses Gefühl für den eigenen Körper/das eigene Selbst ist kostbar und nimmt bei Krankheiten, Unfällen und körperlicher Gewalt oft Schaden. Es ist schwer für uns Traumaüberlebende, ein Gefühl wiederzufinden, das wir

nicht einmal benennen können! Falls es also emotionale Befindlichkeiten (wie die genannte oder auch andere) gibt, die Sie nur mit
einem ganzen Satz oder einem Ausdruck beschreiben können, den
Sie selbst geprägt haben und der nur Ihnen etwas sagt, können Sie
diesen gern zur Liste hinzufügen.

Bitte denken Sie daran, dass dies keine Übung in Trauer oder
Selbstmitleid ist. Wir erstellen lediglich eine Liste, die uns als Grundlage für weitere Übungen dienen soll. Gehen Sie die Gefühlsliste
flott durch und widerstehen Sie der Versuchung, sich in Tagträu-
men zu verlieren, nach denen es Ihnen schlecht geht. Legen Sie
anschließend die Liste Ihrer »verschollenen« Emotionen beiseite.

Wir wissen zwei Dinge über die Rote Liste der verschollenen
Emotionen: Erstens haben wir es mit Gefühlen zu tun, die Ihnen
wichtig sind (jedes dieser Worte steht für etwas, das Sie erstrebens-
wert finden, das Sie an sich mochten und schätzten), und zweitens,
dass Sie glauben, sie hätten diese Gefühle verloren.

Dieser Eindruck entsteht, weil Sie wegen der Regeln, die Sie
nach dem Trauma aufgestellt haben, wegen Ihrer traumaerhaltenden Annahmen, einen Bogen darum machen. Trish möchte eine
gute Patientin sein, die Diagnose akzeptieren und den Rat ihres
Arztes befolgen. Deshalb hat sie sich die traumaerhaltende Annahme zu eigen gemacht, dass nun nicht mehr sie selbst, sondern
die Krankheit die Kontrolle über ihren Körper habe. Da überrascht
es nicht, dass sie zum Beispiel den Verlust von Gefühlen wie Stärke
und Kontrolle betrauert. Sie sind unsere emotionale Seelennahrung. Wenn wir sie wegschieben, missachten wir die Bedürfnisse
unseres Herzens und unserer Seele.

Trishs Trauma ist ihre Krankheit, aber der verinnerlichte Aspekt
davon ist, dass sie das Gefühl von Stärke und Effizienz aufgegeben
hat. Sie versucht, sich zu zwingen, die Identität eines kranken Menschen anzunehmen, dessen Arzt weiß, was das Beste für ihn ist, und
bei dem die Krankheit bestimmt, wo es langgeht. Jedes Mal, wenn

sich die kampflustige Marathonläuferin in ihr regt, schlägt Miesepetra sie wieder zu Boden – schließlich war sie naiv und dumm genug zu glauben, eine gesunde Lebensweise würde auch sie selbst
gesund erhalten. Als ich ihr vorschlage, ihre selbstgepressten Säfte
in die neue medizinische Behandlung einzubauen, verspottet sie
meine Anregung mit verächtlich verzogenem Gesicht. Ihre innere
Miesepetra verhöhnt das Mädchen, das diese Dinge einmal für
wichtig hielt.

Wir opfern das, was wir sind, und das, was uns glücklich macht,
und ersetzen es durch Dinge, die uns Sicherheit geben sollen und
die uns Miesepetra als die Wahrheit verkauft. Wie Trish geben wir
Aktivitäten und Glaubenssysteme auf, die uns früher einmal ein
Gefühl von Wohlbefinden und Stolz vermittelten.

Sehen wir uns nun die Aussagen von Menschen an, die emotionale Seelennahrung verschiedener Art vom Speiseplan gestrichen
haben.

»Ich werde keiner Frau mehr vertrauen können.« (Dieser
Mensch hat sein Vertrauen verloren.)

»Was hat es schon für einen Sinn, sich zu engagieren? Man kann
ohnehin nichts ändern.« (Dieser Mensch glaubt, keinen Einfluss
zu haben.)

»Wie soll ich mich nach dem, was ich gesehen habe, je wieder
entspannen?« (Dieser Mensch fühlt sich nicht mehr sicher.)

Meine Patienten sprechen von diesen Gefühlen, als hätten sie endgültig damit abgeschlossen; als seien sie tot und begraben. Doch
der Schlüssel zur Heilung liegt in dem Verständnis, dass sie keineswegs für immer verloren sind. Denn wenn Sie genesen möchten,
müssen Sie lernen, sie wieder zu fühlen. Sie geben Ihnen die Seelennahrung, die Sie brauchen.

> Die verschollenen Emotionen sind nicht für immer verloren, im Gegenteil: Sie sind Ihre Wegweiser auf Ihrer Reise zurück ins Leben.

Diese Einsicht dürfte Ihnen merkwürdig vorkommen. Aber der Grund, weshalb wir mit einem Permatrauma zu kämpfen haben, weshalb die Folgen unseres Traumas die Heilung der erlittenen Wunden verhindern, liegt weniger in dem, was uns zugestoßen ist, als vielmehr darin, dass wir nun ohne unsere Seelennahrung auskommen müssen. Die verschollenen Emotionen haben einem wichtigen Teil Ihrer Persönlichkeit Nahrung gegeben, der nun hungern muss, da Sie sich diese Gefühle vorenthalten.

Jeder von uns hatte Träume, Hoffnungen für die Zukunft, die durch das Trauma zerstört wurden. Deshalb höre ich oft: »Eigentlich wollte ich in diesem Alter längst verheiratet sein und Kinder haben. Aber wie soll das gehen, wenn ich nicht einmal in der Lage bin, mit jemandem auszugehen?« Oder: »Ich liebe diese Wohnung, aber ich kann sie nicht kaufen. Mein Leben liegt auf Eis, bis ich weiß, ob ich den Krebs endgültig besiegt habe.« Wir trauern, weil wir glauben, unsere Träume nun nicht mehr verwirklichen zu können. Wir trauern um den Menschen, der einst dachte, sie könnten Wirklichkeit werden. Und wir leiden an einer Art emotionaler Mangelernährung, die die Folge einer emotionalen Kost mit einem hohen Anteil unangenehmer Gedanken ist.

Inzwischen wird es Ihnen zweifellos besser gelingen, sich nicht mehr in den von diesen Gedanken ausgelösten Gefühlen zu verlieren. Sie lernen, Miesepetras negativer Kritik den Stolz einer Überlebenden entgegenzusetzen und die Regeln, die Sie nach Ihrem Trauma aufgestellt haben, differenzierter zu sehen. Da wird es allmählich Zeit, die verschollenen Emotionen zu betrachten und zu begreifen, dass sie in Ihrem Leben vorkommen können. Sie müssen lediglich darauf bestehen, dass sie noch immer einen Platz an Ihrem Tisch haben.

Die Emotionen auf der Roten Liste sind wie eine Spur aus Brotkrumen, die Ihnen den Weg zurück zu den Gefühlen weisen, die Sie tatsächlich empfinden möchten. Sie sind genau das richtige Gegenmittel, wenn Sie sich überwältigt fühlen und sich von den Emotionen auf Ihrer Permatraumaliste befreien möchten.

Die beiden Listen sind wie Yin und Yang. In der traditionellen Traumatherapie würde man vor allem versuchen, Ihnen zu helfen, *weniger* von den Gefühlen auf der Permatraumaliste zu empfinden – weniger Panik, weniger Hoffnungslosigkeit, weniger Wut – oder sie zumindest ein wenig zu dämpfen. Viele Menschen würden es als großen Erfolg werten, wenn es ihnen gelänge, eine Angst der Stufe sieben auf drei zu reduzieren. Doch das ist meiner Erfahrung nach ein sehr mühsamer Prozess. Natürlich können Sie Entspannungsübungen machen, um sich weniger gestresst zu fühlen, doch was tun Sie, wenn der Auslöser noch immer vorhanden ist – und sei es nur in Ihrem Kopf?

Ich finde es wesentlich einfacher, ein schlechtes Gefühl nicht nur zu dämpfen, sondern es durch eine andere Emotion zu ersetzen. Wenn Sie zum Beispiel Angst haben, ist es besser, sich um ein völlig anderes Gefühl zu bemühen, als lediglich zu versuchen, *weniger* ängstlich zu sein. Deshalb werden Sie Ihre Permatraumagefühle durch die sogenannten verschollenen Emotionen ersetzen.

Die Metapher von der Vase und den Steinen

In meiner Praxis erkläre ich anhand einer Metapher, wie man negative Gefühle durch emotionale Seelennahrung ersetzt. Dies ist die Voraussetzung:

> Stellen Sie sich eine Glasvase vor, die bis zum Rand mit Flüssigkeit gefüllt ist. Sie steht für all die Gefühle, die sich im Laufe eines Tages ansammeln.

Ohne uns dessen bewusst zu sein, denken wir den lieben langen Tag Gedanken, die unsere Vase mit immer mehr Traurigkeit und Stress füllen. Immer dann, wenn Miesepetra Ihnen etwas ins Ohr flüstert, tropft Flüssigkeit hinein, und immer dann, wenn Sie Beweise für eine traumaerhaltende Annahme ernten, tropft noch mehr Flüssigkeit hinein. Da Traumaüberlebende einen gewissen Hang zu Traurigkeit, Pessimismus und Angst haben, können Sie sicher sein, dass Ihre Vase voll ist. Wir haben die – oft unbewusste – Angewohnheit, Gedanken zu denken, bei denen wir uns schlecht fühlen. Aus diesem Grund ist auch die Vase immer randvoll.

> Wenn Sie lernen könnten, weniger traurig, verletzt und pessimistisch zu sein, würde auch weniger Flüssigkeit in die Vase tropfen. Doch dann hätten Sie lediglich ein Gefäß, das nur zu drei Vierteln mit schlechten Gefühlen gefüllt ist.

Ich habe einen besseren Vorschlag.

Wenn Sie einen Stein in die Vase fallen lassen, verdrängt[15] er die seinem Volumen entsprechende Menge an Flüssigkeit, die daraufhin abfließt. Je mehr Steine Sie hineinwerfen, desto geringer wird der Flüssigkeitsanteil. Der Inhalt der Vase steht für das emotionale Junkfood, von dem Sie bereits viel zu viel haben. Die Steine stehen für die Seelennahrung, von der Sie mehr zu sich nehmen sollten.

Diese Steine verkörpern meist die verschollenen Emotionen. Sie stehen für das Gefühl von Macht, das Sie eingebüßt zu haben scheinen; für das Selbstvertrauen, das Ihnen nun fehlt; für eine geistige Großzügigkeit, zu der Sie sich nur schwer aufraffen können. Vielleicht symbolisieren Ihre Steine Begriffe wie »sexy«, »gelassen« oder »dankbar«; vielleicht sind sie mit Worten wie »Stolz«, »Vertrauen« oder »Hoffnung« versehen. Diese Emotionen sind definitionsgemäß nicht mit Ihren Permatraumagefühlen zu vereinbaren: Sie können nicht stolz und beschämt zugleich sein.

> Unser Ziel ist es, Ihre Vase mit Wohlfühlemotionen (Steinen) zu füllen und möglichst viele unangenehme Gefühle (Flüssigkeit) zu verdrängen.

Wir werden herausfinden, wie wir erneut Kontakt zu diesen Wohlfühlemotionen herstellen können. Denn wenn wir sie zurückholen möchten, werden wir dafür schon mehr tun müssen, als uns lediglich einen Stein mit der Aufschrift »Hoffnung« zu besorgen. Mit Übungen und konkreten Maßnahmen werden Sie steinerne Symbole jener Emotionen anfertigen, durch die sich die Negativität besonders gut ersetzen lässt. Jeder Mensch hat andere Steine. Jedem Menschen hilft etwas anderes, um sich besser zu fühlen. Aber sobald Sie eine Handvoll Emotionen mit durchschlagender Wirkung entdeckt haben, können Sie Rituale schaffen, die es Ihnen ermöglichen, »mit diesen Steinen zu arbeiten« und Ihre alten, schmerzlichen Gewohnheiten zu ersetzen – so wie die Steine die Flüssigkeit aus der Vase schwappen lassen.

Bitte beachten Sie, dass diese Methode eine sehr aktive Herangehensweise erfordert. Sie können nicht einfach abwarten, bis etwas Gutes geschieht, sondern Sie müssen sich schon auf die Suche nach Ihren Steinen machen. Sie werden lernen müssen, wie Sie sich eine Dosis dieser Emotionen verschaffen können, und Sie werden versuchen müssen, Zugang dazu zu finden, wenn sich Traumagefühle regen. Es ist eine starke Medizin, Traumagefühlen mit verschollenen Emotionen zu begegnen. Wir werden im Folgenden zur Metapher von der Vase und den Steinen zurückkehren und Ihnen helfen, Rituale zu schaffen, um die unangenehmen Gefühle auszuräumen, die Ihre Tage trüben. Wenn sich Traumagefühle bemerkbar machen und Sie aktiv auf eines dieser Rituale zurückgreifen, bezeichne ich dies als »mit einem Stein arbeiten«.

Greifen Sie nach der emotionalen Karotte, nicht dem Törtchen

Wenn wir uns unsere Helden ansehen, ist die Versuchung groß, sie auf ein Podest zu stellen oder uns selbst aus der Pflicht zu nehmen. Wir stellen uns vor, sie seien im Gegensatz zu uns mit besonderen Gaben geboren, müssten niemals kämpfen, würden niemals Misserfolge erleiden. Damit aber nehmen wir ihnen ihre Menschlichkeit und berauben uns selbst der Chance, aus ihrem Umgang mit Schicksalsschlägen zu lernen.

Verlockend ist auch die Vorstellung, wir könnten *unter bestimmten Voraussetzungen* ebenso sein wie sie – wenn der Richtige käme, wenn wir den richtigen Job fänden, wenn es uns gelänge, uns aus unserer Situation zu befreien. Es wäre so leicht, wenn wir sagen könnten, es müssen sich lediglich die äußeren Umstände ändern, damit wir mit unserem Leben weitermachen können. Aber so funktioniert das nicht.

Ihr Herz erholt sich nicht einfach vom Trauma des Krieges, weil Sie wieder zu Hause sind. Sie fühlen sich nicht plötzlich heil, weil sich die körperlichen Wunden geschlossen haben. Sie lernen nicht wieder zu vertrauen, weil ein Märchenprinz auftaucht. Der Blick auf unsere Helden verrät, dass auch ihnen keine Kraft von außen zu Hilfe eilte, um sie von ihren Problemen zu befreien.

> Ihr Leben kann sich erst verändern, nachdem sich Ihr emotionales Repertoire verändert hat – nicht umgekehrt.

Zu Beginn dieses Kapitels habe ich geschrieben, es dürfte nicht ganz einfach sein, die verschollenen Emotionen wiederzufinden. Ich möchte ausdrücklich darauf hinweisen, dass es nicht darum geht, traumaerhaltende Annahmen auszumustern, um dann blind für alle Gefahren im Minirock durch eine dunkle Gasse laufen und sich »sicher« fühlen zu können. Sicherheit ist *sehr wohl* fühlenswert – aber nicht gerade, wenn in einem Problemviertel eine Schießerei im

Gange ist, sondern an einem Ort, an dem Sie eine Nische dafür geschaffen haben. Verletzlichkeit ist *sehr wohl* fühlenswert – aber nicht gerade, wenn Sie bedroht werden, sondern an einem sicheren, von Ihnen selbst erschaffenen Ort.

Um diese Emotionen wieder in Ihr Leben integrieren zu können, müssen Sie meist erst einen Platz schaffen, an dem Sie sie gefahrlos empfinden können. Dieser ist anfangs oft sehr klein. Vielleicht müssen Sie sich hinter einer Tür mit zehn Bolzenschlössern verschanzen, um sich so weit entspannen zu können, dass Sie eine gewisse Gelassenheit empfinden. Das ist ein guter Anfang. Falls Sie sich nicht einmal in den Armen eines vertrauenswürdigen Menschen sicher fühlen, finden Sie diese Sicherheit vielleicht bei einer Gottheit. Falls Sie sich in Gegenwart Erwachsener nicht sicher fühlen können, wird Ihnen dies *gewiss* möglich sein, wenn Sie ein Baby im Arm halten. Falls Sie dieses Gefühl nicht selbst erzeugen können, kennen Sie bestimmt ein Lied, das es in Ihnen wecken kann.

Diese Emotionen haben Ähnlichkeit mit verkümmerten Muskeln: Zunächst einmal müssen Sie sich daran erinnern, wie man sie überhaupt bewegt, erst dann können Sie mit dem Aufbau beginnen und sich allmählich auch wieder darauf verlassen. Eines kann ich Ihnen allerdings garantieren: Wenn Sie die verlorenen Emotionen allmählich wieder spüren, werden Sie feststellen, dass die einst so dünne Luft wieder genügend Sauerstoff enthält.

Im Laufe der Zeit werden Sie einen größeren Teil der verschollenen Emotionen zurückerobern. Ich prophezeie Ihnen, schon ein kleiner Vorgeschmack wird so köstlich sein, dass Sie auf einmal Lebensentscheidungen treffen werden, die diesen Gefühlen mehr Raum geben.

Wir können den steten Tropfen bekämpfen, der unsere

Tage mit negativen Emotionen füllt. Sobald Sie wissen, welche Gefühle die Negativität verdrängen, werden wir Mittel und Wege finden, Ihnen zuverlässig eine Dosis davon zu verschaffen, indem Sie »mit einem Stein arbeiten«. Viele resiliente Überlebende bedienen sich einer Version dieses Austauschverfahrens, um ins Leben zurückzufinden. Auch Ihre Steine werden Ihnen dabei helfen. Im dritten Teil des Buches werden wir uns dieser Aufgabe widmen.

Die Unfallstelle umfahren

*Machen Sie
einen Bogen um Ihr Trauma*

»ALSO GUT«, SAGEN SIE. »ICH BIN BEREIT, mit meinem
Leben weiterzumachen. Ich habe die Nase voll von Miesepetra. Ich durchschaue meine traumaerhaltenden Annahmen. Ich kenne meine Signatur-Stärken. Ich weiß, welche
Werte mich antreiben. Ich weiß, wann ich Traumagefühle
habe. Und ich weiß, welche emotionale Seelennahrung mir
fehlt. Was ist das also für ein Gefühl, das mir nun noch im
Weg steht?«

Vielleicht stellen Sie fest, dass sich alles ganz wunderbar
anhört, bis Sie versuchen, die Theorien in die Tat umzusetzen. Dann aber schlägt Ihre eingebaute Alarmglocke an
und will Sie warnen, solchen Unfug mitzumachen. In diesem Kapitel werden wir uns mit einigen der Schwierigkeiten
beschäftigen, die verhindern, dass wir uns die verschollenen
Emotionen zurückholen.

Es gibt einen Faktor, der Traumaüberlebenden den Kontakt zu den verschollenen Emotionen erschwert. Im Grunde

bemühen wir uns nämlich, *nicht* zu fühlen. Viele Menschen begeben sich gerade deshalb in Behandlung, weil sie von ihren Emotionen überwältigt werden. Ihr Therapieziel ist unter anderem, die Dinge *nicht mehr* so intensiv zu fühlen. Diese Klienten sagen oft Sätze wie: »Ich muss mehr Sport treiben. Ich will mich nicht immer und ewig wie ein Schwächling fühlen.« »Ich will die Sache mit den Beziehungen einfach vergessen und mich in meine Arbeit stürzen.« »Ich will nur weg von hier und alles hinter mir lassen.« Keiner dieser Patienten will noch *mehr* fühlen.

Machen Sie sich bitte klar, dass ich nicht von Ihnen verlange, noch mehr quälende Gefühle auszuhalten; ich schlage vielmehr vor, die im Überfluss vorhandenen negativen Empfindungen durch Emotionen anderer Art zu ersetzen. Lassen Sie es mich noch einmal anhand des Bildes der mit Flüssigkeit gefüllten Vase erklären: Wir werden uns bemühen, Wohlfühlsteine zu finden, um damit die Schlechtfühlflüssigkeit zu verdrängen, von der bereits zu viel vorhanden ist.

Dies soll Ihnen helfen, die emotionale Kontrolle zu bewahren. Vergessen Sie nicht, dass ich Sie nicht dazu auffordere, die traumatische Erfahrung noch einmal zu durchleben. Wir werden davon absehen, die emotionale Büchse der Pandora zu öffnen, Sie müssen sich also keine Sorgen machen, Sie könnten von den entweichenden Gefühlen überwältigt werden. Selbst wenn das, was Sie durchgemacht haben, die verschollenen Emotionen aus Ihrem Leben vertrieben hat, heißt das noch lange nicht, dass Sie an den Ort des Geschehens zurückkehren müssten, um sich einen Teil davon zurückzuholen.

> Wir werden einen Umweg nehmen, der Sie ebenfalls ans Ziel bringen, Sie aber nicht noch einmal an der Unfallstelle vorbeiführen wird.

Sicher wissen Sie nur allzu gut, was einen Flashback, einen Albtraum oder tagelange Niedergeschlagenheit auslösen kann. Wenn wir hier fertig sind, werden Sie ebenso zuverlässig wissen, was Sie tun müssen, um Frieden, Freude, gerechten Zorn und Vergebung zu empfinden. Diese Gefühle werden jedoch nicht wie durch Zauberhand zurückkommen, Sie müssen sie mit großem Engagement kultivieren und ernten.

Wie in einer traditionellen Therapie werden Sie aufmerksam bleiben und Ihr Verhalten ändern müssen. Vermutlich aber werden Sie es sehr viel angenehmer und lohnender finden, ein ganzes Spektrum von Gefühlen wiederzuentdecken, als vor der traurigen, belastenden und oft schmerzlichen Aufgabe zu stehen, Symptome katalogisieren und die Vergangenheit noch einmal aufrollen zu müssen.

Selbst wenn Ihr Trauma ein konkretes Defizit verursacht hat oder Sie etwas Unersetzliches verloren haben, können Sie einen Stein anfertigen, der es Ihnen ermöglicht, Emotionen zu spüren, die Ihre Seele früher einmal genährt haben. Mag sein, dass ein bestimmter Traum geplatzt ist, aber Sie haben immer noch Zugang zu den Gefühlen, die einmal damit verbunden waren – auch, wenn Sie nun einen anderen Weg einschlagen müssen, um sie zu empfinden.

Wenn wir Ihr emotionales Repertoire mit der Ernährung vergleichen, besteht Ihr Ziel darin, Ausgewogenheit zu finden. Viele Diäten versprechen Gewichtsverluste, wenn Sie ausschließlich Reis oder Grapefruits essen. Aber keine davon ist ein Langzeitprogramm. Im Grunde wissen wir doch alle, dass Abnehmen eine Frage des Maßhaltens ist. Weder Kohlenhydrate noch Fette sind schlecht, wir dürfen nur nicht den ganzen Teller damit vollmachen. Auch Wut und Trauer sind nicht der emotionale Feind, wir dürfen uns nur nicht den ganzen Tag darin ergehen. Ein gelegentlicher Imbiss von Wut oder Trauer wird Ihnen nicht schaden. Wenn Sie allerdings wissen, dass es »nicht bei einem Stück bleiben« wird, sollten Sie die Tüte lieber zulassen, um nicht ins Trudeln zu geraten.

Die vorgestellte Methode soll sich gut anfühlen. Trotzdem ist ein gewisser Vertrauensvorschuss nötig, wenn man sich an einer neuen Art zu denken versuchen möchte. Deshalb mag ich auch den Titel von Barack Obamas Buch *Hoffnung wagen: Gedanken zur Rückbesinnung auf den American Dream* so gern. Er verdeutlicht eine wichtige Wahrheit: Die Suche nach Hoffnung in der Welt ist eine Entscheidung, die sehr viel Mut erfordert. Wir stehen im Laufe unseres Lebens oft vor der Wahl zwischen Zynismus und etwas Besserem. Sollen wir hoffen oder nicht hoffen? Lieben oder nicht lieben? Vertrauen oder nicht vertrauen? Nach Beweisen für das Gute in der Welt suchen oder zulassen, dass unser Blick stets auf das Negative fällt? Wenn Ihnen die Grausamkeit der Welt als Ausrede dient, um die Hoffnung auf Heilung aufzugeben, möchte ich Ihnen die Worte des Schauspielers und Parkinson-Aktivisten Michael J. Fox ans Herz legen: »Was ist grausamer? Zu hoffen oder nicht zu hoffen?«

Wie funktioniert dieser Umweg?

Die Texte von Elizabeth Edwards sind ganz von der Frage durchdrungen, wie man verschollene Emotionen wiederfinden kann, ohne an die Unfallstelle zurückkehren zu müssen. Vielleicht kennen Sie ihre Geschichte bereits. Elizabeth Edwards war mit dem Politiker John Edwards verheiratet. Das Ehepaar verlor den heranwachsenden Sohn Wade durch einen Autounfall. In der Folge erkrankte Elizabeth an metastasierendem Brustkrebs. Ausgerechnet während ihres Kampfes gegen den Krebs musste sie auch noch großes persönliches Leid und öffentliche Demütigung erdulden, da sich herausstellte, dass ihr Mann, der damals einer der Bewerber bei der Vorausscheidung für die Präsidentschaftskandidatur war, eine Affäre mit einer anderen Frau hatte, die ein Kind von ihm erwartete. Not und Elend waren Elizabeth Edwards also nicht fremd. Ihr zweites Buch trägt den Titel *Resilience*.

Edwards gibt zu, sich nach Wades Tod ein Jahr lang in seinem Zimmer verkrochen zu haben. Sobald sie durch ein Lied im Radio oder den Schinken, den er immer gegessen hatte, an ihren Sohn erinnert wurde, ließ sie sich »bereitwillig in die Trauer hineinfallen«, wie sie sagt. Diese Art zu trauern habe ihr das Gefühl gegeben, ihm nahe zu sein.

Für die meisten von uns kommt jedoch irgendwann der Moment, in dem wir genug haben. Wir vermissen unser altes Leben und unser altes Ich. Wir merken, dass unsere Bewältigungsstrategien und unsere Trauer ihren Zweck erfüllt haben und uns nicht mehr helfen können. Edwards erkannte schließlich, dass es bessere Möglichkeiten geben musste, ihrem emotionalen Bedürfnis, sich um andere kümmern zu wollen, Ausdruck zu verleihen, als in einem verlassenen Zimmer mit dem Geist ihres Sohnes zu sprechen.

Sie sagt: »Wenn ein Kind geht, verschwinden die mütterlichen Gefühle nicht einfach.«

In dem Jahr nach Wades Tod trauerte sie nicht nur um den Verlust ihres Sohnes, sie trauerte auch, weil sie nun keine Möglichkeit mehr hatte, mütterliche Gefühle für ihn zu empfinden. Doch wenn sie tagelang in seinem Zimmer saß und seine Kleider streichelte, kehrte sie auf der Suche nach diesen verschollenen Emotionen gewissermaßen an die Unfallstelle zurück. Deshalb richtete sie ein Computerlabor ein, um seiner zu gedenken. Der Kontakt zu den jungen Nutzern ermöglichte es ihr, ihre Muttergefühle zum Ausdruck zu bringen. Wenn sie ihnen einen Suchmaschinentrick beibrachte, den sie von Wade gelernt hatte, hatte sie das Gefühl, die Erinnerung an ihn auf gesunde Weise in ihrem Herzen zu bewahren.

Resilienz funktioniert ähnlich wie das menschliche Immunsystem. Wenn der Körper einem unbekannten Krankheitserreger ausgesetzt ist, geschieht zweierlei: Zunächst produziert er ein Gegenmittel, um den Eindringling abzuwehren, und anschließend erstellt er eine Art Schablone, um bei künftigen Infektionen noch schneller reagieren zu können. (Dieser Prozess bildet die Grundlage des Prinzips der Schutzimpfung. Der Körper wird zum Beispiel mit abgeschwächten Grippeerregern konfrontiert, damit er später größere Mengen davon schnell und heftig abwehren kann.)

Der Tod ihres Sohnes war keine Mikrodosis. Trotzdem lernte Edwards daraus vieles über den Umgang mit Schicksalsschlägen. Als sie später weitere Traumata erlitt, griff sie sofort auf die Bewältigungsstrategien zurück, welche die vergangenen Prüfungen sie gelehrt hatten. Dabei half es ihr vor allem herauszufinden, welche Emotionen verloren gegangen waren und wie sie sich diese Seelennahrung wieder beschaffen konnte. Als ihr Mann eine Affäre hatte und sie sich emotional entwurzelt und ohne seelische Heimat fühlte, analysierte sie ganz genau, welcher Emotion sie beraubt worden war – nämlich des Gefühls, zu Hause sicher und geborgen zu sein. Auf der Suche nach dieser verschollenen Emotion wagte sie eine berufliche Veränderung, die man von einer Anwältin und Aktivistin mit ihrem Hintergrund nicht erwartet hätte: Sie eröffnete ein Möbelgeschäft. Dort konnte sie ein Gefühl von häuslicher Geborgenheit empfinden, ohne sich auf andere verlassen zu müssen, die sie verraten oder enttäuschen konnten.

Edwards zeigt eindrucksvoll, wie wir uns die nötige Seelennahrung holen können, ohne die Unfallstelle passieren zu müssen. Man kann sich auch dann noch geborgen fühlen, wenn man betrogen wurde und diese Geborgenheit nicht mehr in den Armen des untreuen Ehemannes findet. Man kann auch dann noch für andere Menschen sorgen, wenn das eigene Kind gestorben ist. Man kann sich auch dann noch kompetent und sicher fühlen und es genießen, für die eigene Familie zu sorgen, wenn man seine Arbeit verloren hat. Man kann seinen Tagen auch dann eine sinnvolle Struktur verleihen, wenn man nach der Scheidung das Gefühl hat, keinen Mittelpunkt mehr im Leben zu haben.

Zum Ausprobieren:
Ein Rezept für die Heilung

Ich möchte dieses Kapitel und diesen Teil des Buches mit einer kühnen, hoffnungsvollen Geste beschließen. Blättern Sie noch einmal zu der auf Seite 143 ff. aufgeführten Liste der Gefühle zurück. Nehmen Sie den roten Stift zur Hand und markieren Sie alle Empfindungen, die Sie ansprechen. Auch diejenigen, zu denen Sie *nicht einmal vor Ihrem Trauma* Zugang hatten. Seien Sie gierig! Was würden Sie gern empfinden, selbst wenn es Ihnen zum jetzigen Zeitpunkt völlig unmöglich erscheint? Sie werden sich auf die Suche nach bestimmten Gefühlen begeben. Wieso sollten Sie sich bei dieser Gelegenheit nicht gleich um eine größere emotionale Bandbreite bemühen? Nutzen Sie die Chance auf ein neues Leben, das noch vollständiger und erfüllender ist als alles, was Sie sich vor Ihrem Trauma hätten träumen lassen.

Nehmen Sie die Liste Ihrer Signatur-Stärken zur Hand und erinnern Sie sich, welche Sie besonders angesprochen haben. Gehen Sie nun die Liste der Gefühle durch und überlegen Sie, welche Emotionen sich mit Ihren Grundwerten decken. In ihnen steckt eine große Kraft. Setzen Sie die markierten Begriffe auf die Liste der verschollenen Emotionen.

Nun kommt die Überschrift an die Reihe: Streichen Sie das Wörtchen »verschollen« und taufen Sie die »Liste der verschollenen Emotionen« in die »Liste der *heilenden* Emotionen« um.

Die Liste der verschollenen Emotionen ist Ihre Medizin.

Diese Gefühle sind individuell verschieden, und sie sind Ihr Rezept gegen Traumagefühle. Die Liste der heilenden Emotionen wird uns helfen, die richtigen Steine für Sie anzufertigen. Sie sind wie pflanzliche Medizin, wie emotionale Pillen gegen das, was Sie quält. Sie müssen sich bewusst machen, wenn Sie leiden, wenn sich Traumagefühle bemerkbar machen oder wenn Sie ins Trudeln geraten sind. In diesen Momenten müssen Sie sich daran erinnern, dass Sie bereits ein Rezept in der Tasche haben: die Liste der heilenden Emotionen. Aber wie das bei Rezepten eben ist, nützt es Ihnen dort nicht viel, Sie müssen erst in die Apotheke gehen, das Medikament holen und nach Anweisung einnehmen. Sie müssen mit Ihren Steinen arbeiten.

Ebenso, wie Sie darauf zählen können, dass Ihnen eine Schmerztablette bei Kopfschmerzen Linderung bringen wird, werden Ihnen diese Hilfsmittel zuverlässig helfen, jene Hindernisse zu überwinden, die einer Besserung bislang im Wege standen. Sie müssen nun nicht mehr an der Unfallstelle vorbeifahren, denn Sie kennen einen Umweg. Dies wird Sie beruhigen, wenn Sie fürchten, von Ihren Gefühlen überwältigt zu werden. Für die Rückkehr ins Leben braucht man großen Mut, aber ich weiß, dass Sie zu diesem Wagnis bereit sind.

Teil II | Das Tun verändern

| 8 |

Resilienztraining

*Wie Sie in schweren Zeiten
wieder auf die Beine kommen*

IM LAUFE MEINER KARRIERE ALS PSYCHIATERIN war ich in vielen »Schützengräben« tätig. Dabei haben mich meine Patienten mehr über Resilienz gelehrt als alle Lehrbücher oder Dozenten.

In der Ausbildung lernten wir zu akzeptieren, dass wir zwar helfen, aber oft nicht heilen können. Das Heilen, so wurde mir gesagt, sei die Domäne der Chirurgen, nicht der Psychiater. Ich lernte, realistisch zu sein, keine Wunder zu erwarten, mich stattdessen um Schadensbegrenzung und Schadensminimierung zu bemühen und den Menschen zu helfen, ihr Schicksal zu ertragen.

Im Laufe der Zeit gab es jedoch auch Patienten, die alle Genesungserwartungen übertrafen. Sie lehrten mich, dass ich aufgrund meiner Ausbildung vielleicht nicht genug erwartete und meine anfängliche Empörung über schlechte Therapieerfolge vielleicht doch besser und gesünder gewesen war als die später antrainierte Reaktion. Es gab immer

Menschen, denen es allen Widerständen zum Trotz gelang, das Unvorstellbare – oft sogar mit einer gewissen Würde – zu bewältigen.

Wenn ich nicht Psychiaterin gewesen wäre und Einblick in die gedanklichen Prozesse und die enormen Anstrengungen dieser Patienten gehabt hätte, hätte ich wohl vermutet, sie besäßen eine angeborene Fähigkeit oder vielleicht sogar ein bestimmtes Gen, das es ihnen erlaubte, sich von Schicksalsschlägen zu erholen. Sie erinnerten mich an ein Spielzeug aus meiner Kindheit: das Stehaufmännchen. Ganz egal, was man mit diesem verrückten kleinen eierförmigen Ding anstellte – es richtete sich immer wieder auf. In der Werbung dazu hieß es: »Stehaufmännchen wanken, aber sie fallen nicht.«

Bei diesen Patienten befand sich natürlich kein Zusatzgewicht im unteren Teil ihres eierförmigen Ichs. Sie besaßen **Resilienz.** Diese oft erwähnte, aber nie klar definierte Summe von Fähigkeiten ermöglichte es ihnen in Verbindung mit viel harter Arbeit, sich – oft geradezu heldenhaft angesichts der entmutigenden Umstände – wieder aufzurichten. Dieselbe Fähigkeit hilft anderen, Krisen in der Beziehung, der Erziehung oder dem Beruf zu bewältigen, die wieder andere zutiefst erschüttern würden.

Resiliente Menschen kommen auch nach einem Trauma wieder auf die Beine.

Die Resilienzforschung ist verhältnismäßig jung, sie tritt erst seit den letzten zwanzig Jahren in Erscheinung. Ihren Ursprung hat sie in der wissenschaftlichen Untersuchung von

Kindern, die sich trotz erschwerter Bedingungen wunderbar entwickeln. Uns allen kann sie viel darüber verraten, welche Fähigkeiten nötig sind, um nach einem Schicksalsschlag wieder auf die Beine zu kommen.

Ich habe die Eigenschaften und Gewohnheiten resilienter Menschen in fünf Kategorien eingeteilt. Wir werden sie uns in diesem Teil des Buches nacheinander ansehen und überlegen, weshalb sie für Überlebende wichtig sind und wie wir testen können, ob sie auch uns eine Hilfe sein können.

Alle meine erfolgreichen Patienten verfügten über einige dieser Eigenschaften, die es ihnen ermöglichten, sich allen Widerständen zum Trotz zu erholen. Sie betrachteten Misserfolge als Lernerfahrungen und ließen sich nicht so schnell entmutigen. Sie haderten mit ihrer Ohnmacht, statt sie einfach hinzunehmen. Sie legten die Messlatte höher, als andere es für möglich gehalten hätten. Sie glaubten, Einfluss auf ihre Stimmung zu haben und dafür sorgen zu können, dass sie sich besser fühlten. Sie hatten eine gewisse Selbstwirksamkeitserwartung, die ihnen das Gefühl gab, ihre Ziele auch erreichen zu können. Selbst in schwierigen Situationen sahen sie meist das Positive und taten alles, um aus dem emotionalen Schatten heraus- und ins Licht zurückzufinden. Sie waren findig, flexibel und in der Lage, andere um die erforderlichen Mittel und die Unterstützung zu bitten, die sie brauchten. All dies ist typisch für resiliente Menschen. Wenn Sie sich auf diese Überzeugungen stützen, werden Sie ganz anders handeln, als wenn Ihnen diese Grundlage fehlt.

Die gute Nachricht lautet: Auch wenn Sie kein resilienter Mensch sind, können Sie diese Fertigkeiten erwerben, sich darin üben – und besser werden. Gelegentlich genügt schon ein gutes Vorbild, um Ihnen zu zeigen, was Sie anders machen könnten. Ich erinnere mich an eine Zeit, als ich in New

York City in der psychiatrischen Notaufnahme arbeitete. Damals schien es, als würde das Personal immer regelmäßiger von Patienten angegriffen. Fast jede Woche wurde einer der Angestellten bedroht oder erschreckt. Eines Nachmittags befand auch ich mich im Konflikt mit einem Patienten. Er war wütend, weil ich kein Rezept für ein Medikament ausstellen wollte, von dem ich wusste, dass er es missbrauchte. Als er mir die Hand reichte, um »Frieden« zu schließen, griff ich törichterweise danach, und er zerquetschte mir die Finger. Ich konnte zwei Wochen lang nicht schreiben. Meine wie zu einem Fäustling verschnürte rechte Hand erinnerte mich fortwährend an meine schlechte Entscheidung.

Ich spielte die Szene immer wieder im Geiste durch und fragte mich, was ich hätte anders machen können. Mein Vertrauen in meine beruflichen Fähigkeiten und meine Entscheidungskompetenz litt stark unter diesen Grübeleien; sowohl bei der Arbeit als auch zu Hause war ich ängstlich und schreckhaft. Vielleicht, so dachte ich, war ich diesem rauen Arbeitsumfeld einfach nicht gewachsen – nicht zuletzt mein scheinbar schlechtes Urteilsvermögen schien mir ein Beleg dafür zu sein.

Kurz darauf wurde auch meine Freundin Jane, die beste Psychiatrieschwester, die ich kenne, bei der Arbeit schwer verletzt. Ein kleiner Junge befand sich wegen gewalttätigen und aufsässigen Verhaltens in der Notaufnahme und wartete dort schon seit Tagen darauf, dass ein Bett auf der Station frei wurde. Jane wollte ihm die Wartezeit etwas verkürzen und gab ihm Wachsmalkreiden. Als er aber anfing, die Wände damit zu verzieren, ermahnte sie ihn und nahm ihm die Kreiden wieder weg. Daraufhin stürmte der Junge durchs Zimmer und biss sie fest in den Arm. Ich erspare Ihnen die Details, aber es war so schlimm, dass ich dachte, ich würde Jane eine ganze Weile nicht bei der Arbeit sehen. Schon am nächsten Tag aber saß sie wieder da und kümmerte sich trotz ihres riesigen Verbandes um die Patientenakten. »Schau«, sagte sie, »er verliert die Beherrschung, hat Probleme mit Autorität und eine miserable Impulskontrolle. Deswegen ist er hier, nicht wahr? Er braucht Hilfe.«

Ich konnte nicht glauben, dass Jane Mitgefühl mit dem Jungen hatte, der erst am Tag zuvor auf sie losgegangen war. Aber sie hatte Recht. Da saß er in seinem Spiderman-Schlafanzug in einer kalten Zelle auf einer Plastikmatratze und spielte mit einem Game Boy, umgeben von Gurten, mit denen man ihn – je nach Benehmen – festschnallen würde oder auch nicht. Er war nur ein Junge, ein Junge mit einem Problem. Vor allem aber sagte Jane: »So etwas kann in der Psychiatrie schon mal vorkommen. Wer sich davon so sehr erschüttern lässt, dass er einen Monat lang zu Hause bleiben muss, hat hier nichts verloren.« Mit dem für sie charakteristischen Lächeln fügte sie hinzu: »Es tut verdammt weh. Aber es täte auch weh, wenn ich zu Hause sitzen und mir Tierfilme ansehen würde.«

Dieser Vorfall hätte sehr verstörend sein können. Dass es Jane gelungen war, sofort wieder auf die Beine zu kommen und normal zu funktionieren, war ein Beleg für ihre Resilienz. Trotz dieses Ereignisses betrachtete sie die Welt als sicheren Ort, der voll von Mitgefühl ist. Die Angelegenheit hatte weder ihr Selbstwertgefühl erschüttert noch den Eindruck hinterlassen, dass sie für diese Arbeit nicht geeignet sei. Sie hatte weder ihr Mitgefühl eingebüßt, noch war sie dadurch wütend oder zynisch geworden. Deshalb saß sie wieder bei der Arbeit, bekam die Unterstützung, die sie brauchte, und behielt ihre gute Laune.

Janes Resilienz diente mir als Vorbild. Sie zwang mich,

unsere Reaktionen zu vergleichen. Welche Fähigkeiten nutzte sie im Gegensatz zu mir? Welchen Gedanken schenkte sie besondere Beachtung, und wie unterschieden diese sich von denjenigen, in die hineinzusteigern ich mich entschieden hatte?

Was es heißt, resilient zu sein

Wir wissen bereits, dass resiliente Überlebende es vermeiden, ins Trudeln zu geraten und sich in den für Miesepetra typischen Gedanken zu ergehen. Sie geben ihre Werte nicht für traumaerhaltende Annahmen auf, die weder Hand noch Fuß haben. Resiliente Menschen rappeln sich wieder auf und machen mit ihrem Leben weiter. Sie wissen nämlich, dass sie das nötige Handwerkszeug besitzen, um sich wieder beruhigen zu können, und setzen es ein, um ihr Wohlbefinden wiederherzustellen, statt sich weiterhin mies zu fühlen. Resiliente Menschen glauben, dass es für jedes Problem eine Lösung gibt, dass sie einen Weg finden und es ihnen gelingen wird, ihren Plan in die Tat umzusetzen. Sie gehen nicht davon aus, dass sie ohne Probleme durchs Leben kommen werden, doch sie trösten sich mit dem Wissen, dass es ihnen auch früher schon gelungen ist, Hindernisse zu überwinden, und dass sie danach besser für die Zukunft gerüstet waren.

Eine Person, der es an Resilienz mangelt, weiß hingegen nicht, wie sie die Hindernisse im Leben überwinden soll — und ob sie dazu *überhaupt* in der Lage ist. Schon kleine Probleme wühlen sie auf, vor allem, weil sie glaubt, keinen Einfluss auf die Situation zu haben oder sie nicht verändern zu können. Sie grübelt, geht die Ereignisse immer wieder im Geiste durch und fühlt sich dadurch noch schlechter. Sie zögert oder schafft es nicht, die Dinge zu tun, die ihr helfen würden, sich besser zu fühlen. Dabei spielt es keine Rolle, ob es darum geht, sich Zeit für Freunde zu nehmen, die sie zum Lachen bringen, oder sich einer Verpflichtung zu entledigen, damit sie sich entspannen und die eigenen Batterien wieder aufladen kann.

Vor allem aber gilt: Wenig widerstandsfähige Menschen glauben fest, ihre momentane Lage sei in Stein gemeißelt und würde sich niemals ändern. Nach Rückschlägen fühlen sie sich niedergeschlagen und überfordert und werden deshalb oft mutlos, zynisch, abgestumpft, gleichgültig oder hoffnungslos.

Damit wir zu resilienten Menschen heranwachsen können, brauchen wir eine Umgebung, in der man an uns glaubt, das Gute in uns sieht und uns zutraut, unsere Probleme selbst zu lösen. Wir müssen Fehler machen dürfen und auf der Suche nach eigenen Antworten Unterstützung erhalten. Wir brauchen Vorbilder, die uns das emotionale Kunststück zeigen, wie man sich von schlechten Stimmungen befreit. Wir brauchen Menschen, die uns eine positive Einstellung vorleben. Nicht jeder hat dieses Glück. Erfreulicherweise entsteht in der Welt der Erziehung, der Bildung und der Psychologie gerade eine enorme Bewegung mit dem Ziel, Kinder zur Resilienz zu erziehen, damit sie diese Fähigkeit nicht erst als Erwachsene erwerben müssen.

Der Rest von uns kann diese Kunst aber auch lernen. Manchmal brauchen wir dazu ein wenig Hilfe von Vorbildern, die uns die Herangehensweise erfolgreicher Überlebender sowie die zu einer raschen Genesung nötige Lebenskompetenz vormachen.

Ich konnte alles bestätigen, was Jane nach ihrem traumatischen Erlebnis gesagt hatte; auch ich war in die Psychiatrie gegangen, um zu helfen. Tief im Inneren wusste ich, dass ich meine Arbeit gut machte und meist ein ganz hervorragendes Urteilsvermögen besaß. Ich wusste, dass die Menschen, mit denen wir arbeiteten, zuweilen keine Kontrolle über sich hatten – und wir schon gar nicht. Trotzdem ließ ich zu, dass sich Ereignisse, auf die ich ganz offensichtlich keinen Einfluss hatte, auf meine Einstellung zu mir und meine beruflichen Fähigkeiten auswirkten.

Ich fand meine Bewältigungsstrategie in Ordnung, bis ich sie mit Janes Reaktion verglich. Sie weigerte sich schlicht, sich schlecht zu fühlen, und sorgte deshalb dafür, dass sie die geistige Medizin bekam, die sie brauchte. Sie wusste, dass der Beruf der Krankenschwester eine wunderbare Möglichkeit für sie war, mit ihren Signatur-Stärken zu arbeiten. Sie wusste, dass sich diese Tätigkeit mit ihren Werten deckte, dass sie gut darin war und dass sie ihr helfen würde, ihr Selbstwertgefühl zu bewahren und sich nicht als Opfer zu fühlen. Sie stellte sich dem Jungen, der sie verletzt hatte (und erinnerte sich daran, dass er im Grunde nur ein Kind in einem Spiderman-Schlafanzug war). So verhinderte sie, dass gefährliche traumaerhaltende Annahmen in ihrem Kopf Wurzeln schlugen – zum Beispiel die Vorstellung, Patienten seien gefährlich oder sie sei ihrer Arbeit nicht gewachsen.

Janes Vorbild führte mir eine resilientere Methode der Problembewältigung vor Augen, auf die sie ganz automatisch zurückgegriffen hatte. Ich konnte es ihr nachtun, obwohl ich zuerst einen anderen Weg eingeschlagen hatte. Auch ich brauchte die Unterstützung, das Mitgefühl und das Verständnis meiner Kollegen. Auch ich musste mir ins Gedächtnis rufen, weshalb ich meinen Beruf liebte, ich musste mir die Menschen ansehen, die wir behandelten, und mich daran erinnern, dass ich ihnen helfen konnte. Ich musste mich meinen traumaerhaltenden Annahmen stellen und erkennen, dass es sich dabei lediglich um verzerrte Kognitionen handelte. Ich musste mir bewusst machen, dass sie auch nicht wahrer waren als die Heilmittel, die zu ernten ich vergessen hatte, mein Gefühl von Kompetenz und Sicherheit aber sehr viel stärker schädigen konnten.

Probieren Sie mal was Neues

Normalerweise findet die Resilienzforschung kaum Eingang in die Arbeit mit Traumaüberlebenden. Das überrascht mich, denn schließlich ist es eine reine Frage der Widerstandskraft, wie Menschen Schicksalsschläge erleben und sich davon erholen. Man sollte meinen, das Studium der Menschen, die schwere Prüfungen würdevoll bewältigen, würde die Grundlage der gesamten Traumatherapie bilden.

Wodurch unterscheiden sich resiliente Menschen von uns, was machen sie anders? Dieser Teil des Buches trägt den Titel: »Das Handeln verändern«. Ich werde Sie darin bitten, sich in widerstandsfähige Personen hineinzuversetzen und die Welt mit deren Augen zu sehen. Da soziologische Experimente dieser Art relativ häufig sind, sind wir mit Varianten dieses Vorgehens vertraut. Jeder kennt die Geschichte der unerschrockenen Reporterin, die sich die Haare färben lässt, um einen Monat lang zu testen, ob Blondinen tatsächlich mehr Spaß haben. Jeder hat schon einmal gesehen, wie der Moderator einer Nachmittagssendung in einen Fettanzug gesteckt und mit versteckter Kamera gefilmt wurde, um zu demonstrieren, wie es Menschen ergeht, die hundert Pfund mehr auf den Rippen haben.

Ich möchte Ihnen vorschlagen, sich in diesem Abschnitt

des Buches vorübergehend die Eigenschaften resilienter Menschen zu eigen zu machen, um erleben zu können, wie es ist, wenn man der eigenen Vergangenheit machtvoller gegenübertritt. Wie stellt sich die Situation für diese Menschen dar? Wie machen sie sich Mut? Was verleiht ihnen die scheinbare Unbesiegbarkeit, die wir so sehr bewundern?

Wenn wir in die Haut resilienter Menschen schlüpfen, die wir verehren, seien es nun Helden oder Vorbilder, verändert sich unsere Einstellung, unsere psychische Haltung und damit auch unsere Reaktion auf die Krise. Als ich Janes Einstellung versuchsweise übernahm, kam ich emotional besser zurecht und es fiel mir leichter, meine Arbeit zu tun.

Wie ein resilienter Mensch zu denken und zu handeln ist anfangs ziemlich ungewohnt, wenn man normalerweise auf Miesepetra hört. Miesepetra hält nichts von Resilienz – und glaubt erst recht nicht, dass Sie wieder auf die Beine kommen werden. Dennoch möchte ich Sie zu diesem Versuch ermutigen.

| 9 |

Resilienzfaktor Nr. 1, Flexibilität

Ein gut bestückter Werkzeugkasten

Die meisten Bewältigungsmechanismen (und die damit einhergehenden Emotionen) sind *irgendwann* angemessen. Erst, wenn wir immer dieselbe Methode verwenden, entstehen allmählich Probleme in unserem Leben.

Die Sache ist die: Nach dem, was Sie durchgemacht haben, neigen Sie nun dazu, stets dieselbe Bewältigungsstrategie einzusetzen, selbst dann, wenn es einmal nicht die beste Lösung ist. Leider leisten uns Kriegstaktiken in Friedenszeiten keine guten Dienste. Dies ist einer der Faktoren, die das Leben nach dem Trauma so unglaublich schwierig machen. Aber wie könnte es auch anders sein, wenn Sie die Regeln, die Sie in den schlimmsten Momenten Ihres Lebens aufgestellt haben, auf die Schlange im Lebensmittelladen übertragen, in der es nur langsam vorwärtsgeht?

Resiliente Überlebende sind sich darüber im Klaren, dass während des Traumas gewisse Herausforderungen und Aufgaben zu bewältigen waren, heute dagegen andere Fähigkeiten und Verhaltensweisen gefragt sind. Sie haben verstanden, dass das traumatisierende Ereignis vorüber ist, und sie benehmen sich nicht, als befänden sie sich noch mittendrin. Vor allem aber verabschieden sie sich von fruchtlosen Strategien, statt immer wieder dasselbe zu tun und dabei andere Ergebnisse zu erwarten. Wenn eine Methode effektiv ist, wird sich eine resiliente Überlebende ihrer bedienen. Wenn nicht, verfügt sie noch über ein ganzes Arsenal anderer Möglichkeiten.

Angenommen Ihr Freund wirft seinen Möhren-Spirulina-Energiedrink um. Statt die Pampe ordentlich aufzuwischen, nimmt er ein altes T-Shirt und schiebt sie damit nur hin und her. Das Telefon klingelt. Er springt auf und lässt alles einschließlich des T-Shirts auf dem Boden liegen – vermutlich, damit Sie es wegmachen. Zwei Tage später sieht es immer noch so aus.

Nun haben Sie die Wahl zwischen einer ganzen Reihe von Reaktionen: Sie können mit Ihrem Freund flirten, Ihren Charme spielen lassen und ihn dazu bringen, den orangegrünen Matsch im Tausch gegen ein paar Küsse zu beseitigen. Dies ist ein wunderbarer Trick und eine äußerst effektive Möglichkeit, wie er zum einen das Gesicht wahren kann und Sie ihn zum anderen dazu bringen können, die Sache selbst in die Hand zu nehmen. Sie können ihm auch wütend vorhalten, wie rücksichtslos er sei, und darauf bestehen, dass er seine elende Sauerei gefälligst in Ordnung bringt. Erzählt er Ihnen andererseits beim Nachhausekommen, er habe gerade seinen Job verloren, könnten Sie es durchaus für »richtig« halten, die Angelegenheit zumindest vorläufig auf sich beruhen zu lassen.

Am besten bewältigen wir Schwierigkeiten, wenn uns eine große Bandbreite von Gefühlen und Reaktionsmöglichkeiten zur Verfügung steht. Das bedeutet, dass wir die Dinge manchmal mit Humor nehmen und manchmal unseren gerechten Zorn zum Ausdruck bringen. Und es bedeutet, dass wir manchmal innere Größe zeigen und stillschweigend das Chaos eines anderen beseitigen, weil er einen sehr viel schlechteren Tag hat als wir.

> Resiliente Überlebende haben Zugang zu einer großen Bandbreite von Emotionen und können deshalb angemessen reagieren.

Wie bewältigen Sie Probleme?

Wenn Sie wissen, wie Sie *normalerweise* reagieren, ist das ein guter Ansatzpunkt für Überlegungen, wie Sie etwas anders machen können.

Ich habe festgestellt, dass es im Allgemeinen vier emotionale Grundreaktionstypen gibt. Wie Sie sehen werden, habe ich sie nach den Tieren benannt, an die sie mich erinnern. (Die Vorstellung, Bewältigungsmechanismen ließen sich in vier Grundkategorien einteilen, stammt nicht von mir, viele Psychiater und Psychologen arbeiten mit vergleichbaren Modellen. In ihrem Buch *Willkommen in der Krise: Ihre Chance für ein neues Leben* stützt sich Laura Day auf vier ganz ähnliche Persönlichkeitstypen. Falls Sie Interesse an diesem Konzept haben, empfehle ich Ihnen das Buch zur Lektüre.)

Es kommt eher selten vor, dass jemand hundertprozentig in die eine oder die andere Kategorie gehört. Unter Umständen entsprechen Sie beruflich mehr dem einen und privat eher einem anderen Typ. Mich interessiert, wie Sie bei Belastung oder Stress reagieren – wenn sich Traumagefühle regen.

Zum Nachdenken:
Auf welches Gefühl greifen Sie zurück,
wenn ein Problem zu bewältigen ist?

Erinnern Sie sich an einen Vorfall, der sich in der letzten Woche oder den letzten vierzehn Tagen ereignet und eine starke emotionale Reaktion in Ihnen ausgelöst hat. Wählen Sie eine eher belanglose Situation. Es sollte sich um einen Vorfall handeln, über den Sie sich zwar aufgeregt haben, der andererseits aber keine tiefsitzenden Traumagefühle in Ihnen geweckt hat. Ich denke da an Situationen, in denen Sie zum Beispiel im Straßenverkehr von einem anderen Fahrer ausgebremst wurden, Ihr Ehepartner Ihnen ins Wort fiel, Sie in einer geschäftlichen Besprechung missverstanden wurden oder feststellen mussten, dass man Sie für eine ehrenamtliche Arbeit eingeteilt hat, obwohl Sie keine Zeit haben. Die Sache sollte Ihnen ein wenig unter die Haut gegangen sein, so dass Sie selbst, wenn sie sich bereits um 9 Uhr morgens ereignet hat, abends um 22 Uhr noch immer mit Ihrem Ehepartner darüber sprechen oder am nächsten Tag Ihrer besten Freundin davon erzählen wollten.

Wenn Sie etwas nicht loslassen können, liegt die Vermutung nahe, dass Sie mit Ihrer Reaktion nicht zufrieden waren. Die Vorstellung, wie Sie es anders hätten machen können, liefert Ihnen wertvolle Informationen. Nehmen Sie beide Varianten zur Kenntnis: wie Sie reagiert haben und *wie Sie gern reagiert hätten*.

Notieren Sie sowohl den Vorfall selbst als auch die Reaktion, die Sie gern gezeigt hätten.

Behalten Sie diese Informationen bei der Lektüre der vier emotionalen Typen im Hinterkopf. Die Kategorien enthalten keinerlei Wertung, jede dieser Bewältigungsstrategien ist in bestimmten Situationen angemessen. Es gibt Momente, in denen man sich ein Beispiel an Rocky nehmen sollte, und solche, in denen man eben zum Schokoriegel greift. Letztendlich besteht das Ziel darin, mal die eine und mal die andere Strategie anzuwenden – je nachdem, was gerade am besten passt.

Falls Sie sich beim Lesen in einem der Beispiele wiedererkennen, markieren Sie den entsprechenden Abschnitt mit einem Sternchen. Wenn eine Strategie Sie an einen Menschen aus Ihrem Bekanntenkreis (Ihren Partner, Ihre Mutter, eine Freundin, einen ehemaligen Chef oder eine Exfreundin) erinnert, notieren Sie den entsprechenden Namen am Rand. Es wird Ihnen später helfen, leibhaftige Vorbilder für die einzelnen Bewältigungsstrategien zu haben.

Die Typen
Die Maus
Sobald irgendetwas die Erinnerung an das Trauma weckt, ziehen Sie sich in Ihre Gedankenwelt zurück. Leider ist dies kein angenehmer Ort. Nehmen wir an, ein riesengroßer Kerl kommt den Gehweg entlanggelaufen und stößt mit Ihnen zusammen. Ihre Einkaufstüten landen auf dem Boden. Sie heben die Sachen schweigend auf und eilen verletzt und verängstigt nach Hause. Einer aufgewühlten Maus dürften Formulierungen wie »erschöpft«, »überfordert«, »hoffnungslos«, »ohnmächtig«, »will gerettet werden« oder »will davonlaufen« bekannt vorkommen.

Mäuse neigen zum Grübeln und geraten schnell ins Trudeln. Ein Ereignis wie dieser Zusammenstoß auf dem Gehweg kann Ihnen den ganzen Nachmittag verderben. Wenn Sie eine Maus sind, finden Sie es wichtig, Ihre Gefühle zu verarbeiten und zum Ausdruck zu bringen, und haben sich vielleicht schon einmal mit der Kunst oder dem Schreiben beschäftigt. Man findet Sie häufig in

Selbsthilfegruppen mit Menschen, die Ähnliches durchgemacht haben. Wenn Sie deren Geschichten hören, fühlen Sie sich nicht mehr allein. Sie sind sich Ihrer Gefühle bewusst, lassen sich aber auch manchmal davon überwältigen oder bestimmen.

Was wir von der Maus lernen können: Mäuse sind zu einer erstaunlichen emotionalen Tiefe fähig. Sie haben keine Schwierigkeiten, viel zu fühlen. Sie sind vielschichtig und stark sinnorientiert. Die große Schönheit der Welt kann Sie ebenso anrühren wie deren Traurigkeit. Sie haben sehr viel Talent für Intimität und zwischenmenschliche Kontakte, und Sie fürchten weder die eigenen Gefühle noch die der anderen Menschen.

Wie es ist, mit einer Maus zu leben: Es kann sehr anstrengend sein, mit jemandem zusammenzuleben, der so melancholisch und zerbrechlich ist wie die Maus. Die Menschen in Ihrem Leben lieben Sie und möchten, dass Sie glücklich sind. Sie werden sich deshalb aufopfernd um Sie kümmern und darüber ihr eigenes Glück vernachlässigen. Sie finden es möglicherweise unpassend, in Ihrer Gegenwart unbekümmert, albern oder fröhlich zu sein, weshalb es nicht selten vorkommt, dass Ihr soziales Umfeld überfordert und ausgebrannt ist. Mäuse mögen zwar die Meister der emotionalen Leidensfähigkeit sein, was Ablenkung oder Eindämmung angeht, sind sie ihren Kindern allerdings kein gutes Vorbild – schließlich haben sie damit auch im eigenen Leben nur selten Erfolg.

Die Herausforderung für die Maus: Im Gegensatz zu anderen Bewältigungstypen, die wir noch kennenlernen werden, laufen Sie vor negativen oder belastenden Gefühlen nicht davon. Sie würden allerdings davon profitieren zu lernen, wie Sie sie eindämmen und sich bremsen können, wenn Sie negativen oder zerstörerischen Gedanken nachhängen. Für die Maus gilt: Sie muss aufhören zu grübeln. Ein guter Anfang wäre es, sich eine Beschäftigung außer Haus zu suchen.

Bei Ihnen ist Wut ein Zeichen dafür, dass Sie Fortschritte machen. Auf der Liste Ihrer verschollenen Gefühle befinden sich viele traditionelle Wohlfühlemotionen. Eventuell fällt es Ihnen sogar schwer, überhaupt positive Gefühle zu empfinden und zu bewahren – statt der höchst negativen Empfindungen, zu denen Sie üblicherweise neigen. Sie werden mit ganzen Bergen von Wohlfühlsteinen arbeiten müssen, um die angenehmen Gefühle wiederfinden und genießen zu können. Dies gelingt Ihnen häufig dadurch, dass Sie Belege für Schönheit und Freude ernten.

Da Sie so viel Zeit mit Denken verbringen, tut es Ihnen gut, zur Abwechslung einmal *zu handeln*. Gehen Sie woandershin, gehen Sie nach draußen, suchen Sie die Gesellschaft anderer Menschen. Dies entspricht keineswegs Ihrer natürlichen Neigung, aber Sie brauchen eine Pause vom Ich. Nutzen Sie Ihr Talent für zwischenmenschliche Beziehungen, um sich die nötige Unterstützung zu holen. Aber vergessen Sie dabei nicht, dass zu viele »schwere Gefühle« die Menschen um Sie herum schwächen können.

Der Stier

Nichts macht Sie wütender, als zu sehen, wenn Unschuldige zu Opfern werden. Ihrem Selbstverständnis nach fühlen Sie sich in der Rolle des Verteidigers und Beschützers. In Ihrer Welt gibt es nur richtig oder falsch, und Sie wissen, wie die Dinge laufen *sollten*. Auch die Konsequenzen sehen Sie eher schwarz-weiß. Ihre Bewältigungsstrategie lässt sich am besten mit dem Wörtchen »Wut« beschreiben. Sie gehen schnell in die Luft, sind oft übellaunig oder gereizt.

Selbst kleine Kränkungen tragen Sie anderen nach und ergehen sich gern in Rachefantasien: Gott helfe dem Kerl, der *Sie* auf dem Gehweg anrempelt. Es ist ein gutes Gefühl, jemanden anzubrüllen oder zu fluchen, wenn er Ihnen einen Vorwand dazu liefert. Sie sind streitlustig und müssen sich beherrschen, um nicht zuzuschlagen, wenn jemand Sie verärgert.

Die Menschen sind eine Enttäuschung für Sie und werden Ihren Erwartungen oft nicht gerecht. Ihre scharfe Zunge kann andere verletzen, aber Sie wissen, dass tief in Ihnen ein gutes Herz schlägt. Leider haben Sie den Eindruck, Ihren weichen Kern nur sehr wenigen Menschen zeigen zu können.

Was wir vom Stier lernen können: Sie sind eine Kämpfernatur und verfügen über ein scheinbar unendliches Maß an Beharrlichkeit und Hartnäckigkeit. Sie geben niemals nach. Die vermeintlichen Konsequenzen können Sie nicht davon abhalten, für sich einzustehen. Sie haben leidenschaftliche Ansichten, und das hilft Ihnen, tatsächlich etwas zu unternehmen. Sie sind zum Handeln geboren, nicht zum Denken und Fühlen wie die Maus. Ihre Intensität verleiht Ihnen ein Gefühl von Sicherheit, und so gibt es auch nicht viele Menschen, die Sie bedrohlich finden. Aus diesem Grund schrecken Sie auch nicht vor einem Konflikt zurück, wenn er angemessen ist und Sie für sich oder andere kämpfen müssen.

Wie es ist, mit einem Stier zu leben: Wer Sie gut kennt, wird das Gute in Ihnen sehen – und trotzdem auf Zehenspitzen um Sie herumschleichen. Ihre harte Schale vermittelt auch anderen den Eindruck, die eigene Sanftmütigkeit nicht zeigen zu dürfen. Obwohl Sie sehr viel Mitgefühl mit anderen haben können, werden sie Ihnen ihre Geheimnisse nicht anvertrauen. Sie sind aufbrausend und werden vielleicht feststellen müssen, dass die Menschen in Ihrem Leben gemeinsame Sache machen, um etwas zu beschönigen oder zu verheimlichen, damit Sie nicht in die Luft gehen. Als Stier kann man sehr einsam sein.

Es bereitet Ihnen große Freude, anderen zu helfen, aber Sie wollen immer alles selbst regeln, was den Menschen in Ihrem Leben (vor allem Ihren Kindern) den Eindruck vermittelt, sie könnten ihre Probleme nicht alleine lösen.

Die Herausforderung für den Stier: Die Liste Ihrer verschollenen Emotionen enthält Gefühle wie Verletzlichkeit, Sicherheit und

Zärtlichkeit. Einem Stier fällt es schwer, anderen zu vertrauen – und *nicht* wütend oder abweisend zu reagieren, wenn er sich schlecht oder respektlos behandelt fühlt. Irgendetwas hat Ihnen früher das Gefühl gegeben, machtlos zu sein, Sie fühlten sich schutzlos oder wurden verletzt. Wenn Sie mit einem Wutausbruch negative Gefühle abbauen, verschaffen Sie sich zwar vielleicht vorübergehend Befriedigung, doch leider verprellen Sie andere auch damit und verscherzen sich deren Unterstützung.

Es kommt nicht selten vor, dass sich Stiere ein ungesundes Ventil suchen und Striplokale frequentieren oder kostspielige Dinge kaufen, die sie sich eigentlich nicht leisten können. Dies gibt ihnen das Gefühl, wieder ganz auf der Höhe zu sein.

Sie müssen den bitteren Zynismus, die Vorwürfe, die Wut und die Enttäuschung wegstecken und Mittel und Wege finden, auch andere Gefühle zum Ausdruck zu bringen – vor allem solche, mit denen Sie sich schwertun: Freude, Traurigkeit, Verletzlichkeit. Nehmen Sie sich die Zeit um nachzudenken, ohne zu handeln, und um die Dinge intensiver zu erleben. (Das heißt, *etwas anderes* zu erleben als Wut und Entrüstung.) Denken Sie daran: Selbst wenn es einmal eine Zeit in Ihrem Leben gab, in der Sie ohnmächtig waren – die Gegenwart sieht anders aus.

Arbeiten Sie mit Steinen, die Ihnen helfen, Sicherheit und Offenheit zu empfinden und Ihre sanfte, verletzliche Seite wiederzuentdecken – auch wenn Sie dazu allein sein müssen. Halten Sie Ausschau nach Gelegenheiten, bei denen Sie anderen das Kommando überlassen oder ihnen gestatten können, sich zur Abwechslung einmal für *Sie* einzusetzen. Wahrscheinlich werden Sie Beweise dafür ernten müssen, dass Sie auf der Welt sicher sind. Sie werden ein Ventil für Ihre Traurigkeit finden müssen, um nicht davon überwältigt zu werden; einen Ort, an dem Sie intensive Gefühle empfinden, aber auch erkennen können, dass Sie trotzdem der Boss in Ihrem Leben sind.

Die Biene

Schwierigkeiten begegnen Sie mit reger Betriebsamkeit. Immer fleißig, lautet Ihr Motto. Sie sind eine Macherin, voller Elan und Lebensfreude, kraftvoll und bewusst. Nun ja, bewusst sind Sie sich vor allem der Dinge, die abgewickelt werden oder erledigt werden müssen. Wenn es darum geht zu wissen, was unmittelbar unter der emotionalen Oberfläche vor sich geht, sind Sie eher ahnungslos.

Sie schaffen an einem Tag mehr als die meisten Menschen in einem Monat. Bienen sind häufig äußerst kompetent. Wenn allerdings jemand versucht, eine Biene zu trösten, indem er ermutigende Worte spricht, das Ruder an sich reißt oder ihre Probleme löst, reagiert sie darauf oft verärgert: Sie glaubt nämlich, die anderen könnten die Komplexität der Situation einfach nicht so gut verstehen wie sie selbst. Eine Biene gerät oft wegen Details in Aufruhr (die sie meist selbst herausgearbeitet hat) und verliert darüber die Gesamtsituation aus den Augen. Deshalb kann und will sie nicht delegieren.

Die Menschen mögen Sie und suchen Ihre Gesellschaft, weil Sie witzig sind und aufregende Dinge auf die Beine stellen. Leider kennen Sie nur ein Tempo: Vollgas! Wenn es ruhig wird, überstürzen sich Ihre Gedanken. Sie haben Schlafprobleme, und manchmal fällt Ihnen sogar das Stillsitzen schwer. Schon beim Gedanken an einen Meditationskurs gehen Sie die Wände hoch. Sollten Sie dennoch einmal gezwungen sein, längere Zeit still zu sitzen, weil Sie etwa allein im Auto unterwegs sind, kommen Ihnen oft die Tränen oder Sie werden von Angstgefühlen überwältigt.

All diese Betriebsamkeit dient der Ablenkung. Aber wovon? Sie glauben, wenn Sie nicht ständig auf der Hut seien, könnte alles zusammenbrechen. Listen, Tabellen und Reisepläne verhindern, dass Panik aufkommt – denn das passiert, sobald Sie sich planlos oder passiv fühlen. Wenn Sie auf dem Gehweg angerempelt werden,

haben Sie keine Zeit zum Überlegen, sondern nur eine Aufgaben-
liste im Kopf: Die auf dem Gehweg verstreuten Sachen müssen auf-
gehoben und wieder in die Handtasche einsortiert werden; die zer-
rissene Hose gehört umgehend zum Schneider gebracht.

Die ständige Betriebsamkeit dient Ihnen als Puffer gegen Trauer
und Hoffnungslosigkeit, sie sorgt aber auch dafür, dass Sie im
Grunde gar nichts fühlen. Über all Ihrem *Tun* verlernen Sie zu *sein*.
Sie springen von einer Aufgabe zur nächsten, statt sich erst einmal
zu beruhigen.

Was wir von der Biene lernen können: Die Biene verharrt nicht
in einem emotionalen Zustand. Sie grübelt nicht, sondern sorgt
dafür, dass etwas geschieht. Bienen sind Meister der Ablenkung,
setzen ihre Talente klug ein und hinterlassen ein großes Erbe. Sie
versetzen Berge, erlassen Gesetze und verändern etwas. Sie streben
nach Gerechtigkeit. Ihre Fähigkeiten können – maßvoll eingesetzt –
allen Menschen als Eindämmungsstrategie dienen, die sich leicht
von ihren Gefühlen überwältigen lassen.

Wie es ist, mit einer Biene zu leben: Bei all der Betriebsamkeit,
die Sie sich abverlangen, kann bei den Menschen in Ihrem Leben
der Eindruck entstehen, Sie hätten niemals Zeit für sie oder seien
zu sehr mit anderen Dingen beschäftigt, um sich um sie zu kümmern. (Sie werden nicht erleben, dass eine männliche Biene mit
dem Sohn einen ruhigen, gemütlichen Angelausflug unternimmt.)
Am Ende glauben sie vielleicht sogar, dass sie Ihre Aufmerksamkeit
nicht fesseln konnten, niemals gut genug waren und sich »immer
alles nur um dich drehte«.

Mit Ihrer Selbständigkeit berauben Sie die Menschen in Ihrer
Umgebung der Möglichkeit, für Sie zu sorgen und Signatur-Stärken
wie Mitgefühl zum Ausdruck zu bringen.

Die Herausforderung für die Biene: Da es der Biene so schwerfällt, vollkommen ruhig zu werden, empfehle ich beschauliche
Tätigkeiten, die trotzdem eine gewisse Aufmerksamkeit erfordern –

zum Beispiel das Stricken. Nicht, weil ich auf einen dicken Schal spekulieren würde, sondern weil Sie dann gezwungen sind, sich hinzusetzen und konzentriert zu entspannen. Die in vielen Trauma-workshops empfohlenen Entspannungsübungen sind meist nichts für ängstliche und besorgte Menschen. Sie geraten in Panik, listen im Geiste Aufgaben auf oder verfallen in Katastrophendenken. Um diesen Teufelskreis zu durchbrechen, müssen Sie die überschüssige Energie zumindest teilweise abbauen und sich ein wenig verausgaben. Dabei können Sport oder auch Sex eine Hilfe sein. In beiden Fällen handelt es sich um sinnliche Erfahrungen, in denen man ganz und gar aufgehen und sich verlieren kann.

Letzten Endes besteht die Herausforderung für Sie darin, Gefühle wie Angst, Sorge und Hilflosigkeit zuzulassen und zu verstehen, dass sie zum Leben gehören und an und für sich weder gefährlich noch ungesund sind. Wenn man die Dinge etwas langsamer angeht, werden die Empfindungen stärker. Das kann für Sie erschreckend sein. Versuchen Sie, sich bewusst zu machen, dass dies zwar beängstigend, aber nicht tödlich ist. Und sollten Sie sich tatsächlich einmal überfordert fühlen, können Sie jederzeit wieder auf Ihr Talent zur Selbstablenkung zurückgreifen, um sich aus dieser Stimmung zu befreien.

Die Biene hat auf der Liste der verschollenen Emotionen Gefühle wie heitere Gelassenheit, Sicherheit, Dankbarkeit und Frieden. Aber auch jene wunderbare Unbekümmertheit, die sich einstellt, wenn man auf Skiern ins Tal düst oder mit dem Rad den Berg hinunterbraust. Chaos ohne Angst und Geschwindigkeit ohne Risiko können für die Biene erhellend sein, da sie oft bremst und im Zickzack fliegt, um sich zu beweisen, dass sie immer noch alles unter Kontrolle hat.

Für die Biene kann es hilfreich sein, wenn sie anderen gestattet, etwas für sie zu tun, ohne sich einzumischen oder das Ruder an sich zu reißen. Sie sollte stattdessen versuchen, das Gefühl von

Dankbarkeit zu genießen, das sich einstellt, wenn sich jemand um sie kümmert. Eine Fußmassage, bei der die Biene einem Menschen die Kontrolle überlässt, dem sie vertraut, könnte zum Beispiel eine wunderbare Sache sein. Ihr Trauma hat sie nämlich gelehrt, sowohl körperliche als auch geistige Stille zu fürchten.

Indem Sie Ihr emotionales Repertoire erweitern, stärken Sie auch Ihre zwischenmenschlichen Bindungen. Andere werden sich stets zu Ihnen hingezogen fühlen, denn Sie sind amüsant und wo Sie sind, ist immer etwas los. Die Biene muss sich allerdings bewusst machen, was sich hinter ihrem fleißigen Gebrumm verbirgt. Unter Umständen muss sie Beweise dafür ernten, dass jenseits der Geschäftigkeit eine heitere, sichere und sinnvolle Welt liegt.

Der Wolf

Wenn alles zusammenbricht, bleiben Sie als Wolf ruhig, gelassen und Herr der Lage. Sie verlieren nur selten die Beherrschung und kämen nicht im Traum auf die Idee, spontan in Tränen auszubrechen. Das, was Sie durchlebt haben, hat Ihnen ein dickes Fell und eine gewisse Unerschütterlichkeit beschert. Das Leben geht weiter, nicht wahr? Vor allem aber hat Ihr Trauma Sie gelehrt, dass Sie sich nur auf sich selbst verlassen können.

Wie die Biene ist auch der Wolf ein Workaholic. Sie nehmen sich nicht viel Zeit, um auch mal Spaß zu haben oder sich zu entspannen. Ihre Hobbys – soweit vorhanden – betreiben Sie mit dem Elan und der Disziplin eines Olympioniken. Sie denken nicht oft an Ihr Trauma und sprechen nur selten darüber. Allerdings schlafen Sie auch nicht besonders gut, denn irgendwann drängen all diese Gefühle an die Oberfläche.

Was wir vom Wolf lernen können: Sie sind zuverlässig und beständig. Ein einsamer Wolf kommt immer zurecht, und dieses Wissen schenkt Ihnen großes Vertrauen in Ihre Kompetenz. Wenn Sie bei einem Zusammenstoß auf dem Gehweg zu Boden gehen, werden Sie kurz darauf in dem Gespräch mit dem Freund, zu dem Sie unterwegs waren, kein Wort darüber verlieren. Sie denken einfach nicht mehr daran, weil die Sache für Sie erledigt ist. Um ehrlich zu sein, ist es eher unwahrscheinlich, dass ein Wolf dieses Buch liest – es sei denn, er hat es geschenkt bekommen. Wölfe begeben sich nur selten in Therapie; ihre Gefühle belasten sie nicht, denn sie geben ihnen einfach nicht nach.

Wie es ist, mit einem Wolf zu leben: Anders als bei der Maus färben die Stimmungen anderer Menschen oder ihre traurigen Umstände *nicht* auf Sie ab. Sie eignen sich deshalb hervorragend für Aufgaben, an denen andere scheitern würden, zum Beispiel für die Arbeit als Rettungsassistent. Leider kann gerade dieser Wesenszug den Wolf auch isolieren.

Sie empfinden zwar durchaus Mitgefühl mit anderen, im Allgemeinen sind Sie jedoch der Ansicht, dass sie ihren Gefühlen zu viel Bedeutung beimessen. Vielleicht vermitteln Sie unbewusst die Botschaft: »Reiß dich zusammen«, und verharmlosen damit den Schmerz und die Entwicklungsprozesse der Menschen in Ihrem Leben. Es ist zwar sehr praktisch, wenn Sie sich jederzeit im Griff haben, Sie distanzieren sich damit aber auch von anderen, die Ihnen helfen oder Ihnen ihre Unterstützung anbieten könnten. Auf diese Weise berauben Sie sich selbst der menschlichen Nähe und andere der Gelegenheit, Ihnen zu helfen.

Selbst, wenn Sie körperlich präsent sind, wirken Sie immer ein wenig abwesend. Da kann es vorkommen, dass sich Ihr Partner einsam fühlt und Ihre Kinder Sie vermissen. Andere schätzen Sie als verlässlich, möglicherweise aber auch als zerstreut, gleichgültig oder gefühllos ein. Unter Umständen glauben die Menschen in Ihrem Leben, ihre Vertrauenswürdigkeit ständig unter Beweis stellen zu müssen, und entbehren deshalb das Gefühl bedingungsloser Liebe oder wirklicher Verbundenheit.

Die Herausforderungen für den Wolf: Auf der Liste Ihrer verschollenen Emotionen stehen Vertrauen, eine gesunde gegenseitige Abhängigkeit und allerhand vage, sentimentale Gefühle. Da Sie sowohl gute als auch schlechte Emotionen abwehren, schütten Sie das Kind mit dem Bade aus.

Für Sie besteht die Herausforderung schlicht darin *zu fühlen*. Sobald Gefühle aufkommen, stürzen Sie sich reflexartig in Ihre Arbeit oder andere zwanghafte Beschäftigungen, um dem Auslöser dieser unbehaglichen Empfindungen zu entfliehen. (Sie fürchten vor allem Ihre Wut, Ihre Traurigkeit und ein Gefühl von Abhängigkeit.) Der Wolf muss Rituale schaffen, die es ihm ermöglichen, in einer sicheren Umgebung tief zu empfinden. Vielleicht haben Sie insgeheim eine Schwäche für traurige Filme oder Country Music. Eine Maus sollte derartige Auslöser besser *meiden*, doch für Sie gilt genau das Gegenteil! Suchen Sie Kontakt zu Leuten, die Gefühle in Ihnen wecken, die jenseits Ihres normalen emotionalen Spektrums liegen. Achten Sie dabei nicht nur auf Ihre Sympathie für diese Menschen, sondern auch darauf, dass diese fähig sind, intensiv zu fühlen und dennoch zu funktionieren. Die größte Herausforderung für Sie aber ist, daran zu glauben, dass Sie in der Gegenwart anderer sicher sind, dass sie Interesse an Ihnen haben und Ihre Gefühle sowie Ihr wahres Ich als Geschenk empfinden. Wenn Sie mit Steinen wie mutiger Authentizität und Vertrauen arbeiten, werden Sie feststellen, dass die anderen netter sind, als Sie dachten. Der Wolf muss Hinweise darauf ernten, dass es in Ordnung ist, Gefühle zu haben.

Keine dieser Bewältigungsstrategien ist grundlegend »richtig« oder »falsch«, sie alle haben ihre Berechtigung. Allerdings stellt jede nur *eine* Möglichkeit dar, die Dinge anzupacken, und alle haben Vor- und Nachteile. Einem Stier muss niemand sagen, dass er für sich einstehen muss, wie das bei der Maus der Fall ist. Andererseits muss niemand die Maus auffordern, andere um ihre Hilfe und ihre Gesellschaft zu bitten, wie das bei ihrem Gegenstück – dem einsamen Wolf – nötig sein könnte. Es ist *tatsächlich* eine wunderbare Strategie, wenn Sie sich wie die Biene ablenken, sobald Sie in Melancholie zu versinken drohen, doch es gibt eben auch Momente, in denen es für die Biene besser wäre, still dazusitzen und ihre Gefühle zuzulassen, wie es die Maus automatisch tut.

Zum Ausprobieren: Was würde _____ tun?

Beschreiben Sie so genau wie möglich, wann Sie Ihrer Ansicht nach in welche Kategorie fallen, und achten Sie dabei besonders darauf, wie Sie normalerweise reagieren, wenn Sie von Traumagefühlen heimgesucht werden. Denken Sie dazu noch einmal an den Vorfall aus der letzten Übung und vergegenwärtigen Sie sich, wie Sie damals reagiert haben. Jetzt stellen Sie sich vor, was geschehen wäre, wenn Sie sich für eine *andere* Bewältigungsstrategie entschieden hätten. Gehen Sie alle Möglichkeiten durch. Was hätte ein Wolf, eine Biene, eine Maus getan?

Überlegen Sie, welche Folgen eine andere Bewältigungsstrategie gehabt hätte und wie Sie sich dabei *gefühlt* hätten.

Ich werde Ihnen ein Beispiel geben, wie dies aussehen könnte – nur dass *Sie selbst* das Raster ausfüllen werden. Ich habe mir erlaubt, die Tabelle exemplarisch mit den Angaben einer Maus zu vervollständigen, die auf dem Gehweg angerempelt wurde (*die Antworten sind kursiv gesetzt*). Füllen Sie die Spalten mit den Daten, die Ihrem Typ und Ihrer Reaktion auf den Vorfall entsprechen, für den Sie sich auf Seite 184 entschieden haben.

VORFALL: *Ich wurde auf dem Gehweg angerempelt*

Typ	Typische Reaktion	Empfundene Emotionen
Ich bin eine <u>Maus</u> und meine typische Reaktion wäre:	*Ich würde meine Freunde anrufen und ihnen alles haarklein erzählen*	*unterstützt, ausdrucksstark, bestätigt*
In dieser Situation würde ein <u>Stier</u>:	*Herumbrüllen*	*im Recht, sicher, stark, mächtig*
In dieser Situation würde eine <u>Biene</u>:	*Sich beschäftigen, sich ablenken, etwas anpacken und etwas erreichen*	*entschlossen, unentbehrlich, geschätzt*
In dieser Situation würde ein <u>Wolf</u>:	*Die Angelegenheit einfach vergessen und nicht zulassen, dass sie seinen Tag beeinflusst*	*Herr der Lage, geerdet, gefasst*

Wenn Sie eine Maus sind, können Sie natürlich nicht noch mehr von den Emotionen brauchen, die Sie sowieso schon mühelos empfinden. Aber möglicherweise enthalten die anderen Spalten Hinweise auf Dinge, die Ihnen guttäten? Nehmen Sie noch einmal die Liste Ihrer heilenden Emotionen zur Hand und prüfen Sie, ob und welche Gefühle Ihnen zugänglich gewesen wären, wenn Sie sich für eine der anderen Strategien entschieden hätten. Würde es Ihnen gelingen, eine der verschollenen Emotionen wiederzufinden, wenn Sie sich anders verhalten würden? Können Sie die Bewältigungsstrategien eines anderen Typs testen, um auf diese Weise auch die Emotionen wiederzufinden, die ihn antreiben?

In ihrer Autobiografie *Celebrity Detox* zeigt US-Fernsehstar Rosie O'Donnell sehr schön, wie andere Bewältigungsstrategien uns Zugang zu heilenden Emotionen verschaffen und bei der Lösung von Problemen helfen können, wenn die bewährte Methode in die Sackgasse geführt hat.

Als Kind überlebte Rosie gleich zwei Traumata: sexuellen Missbrauch und den Tod der Mutter. Weder im einen noch im anderen Fall konnte sie ihre Gefühle zum Ausdruck bringen und Unterstützung dafür erfahren. Das ungeschriebene Gesetz lautete vielmehr zu schweigen und zu verdrängen. Kein Wunder, dass Rosie als Erwachsene eine Mischung aus zähem Stier, fleißiger Biene und einsamem Wolf ist.

Wenn Sie Rosie kennen, wissen Sie auch, dass eine ihrer Heldinnen die Sängerin Barbra Streisand ist. Ihre Musik verbindet Rosie mit einer ihrer Signatur-Stärken, ihrem Sinn für Schönheit. Rosies poetische Schilderungen, wie sehr Streisands Musik sie verzückt, machen deutlich, dass sie beim Zuhören eine beinahe spirituelle Transzendenz erfährt. Rosie hat als Kind gelernt, ihre verletzlichen Gefühle tief in ihrem Inneren zu verschließen. Da ist es verständlich, dass Barbra Streisands leidenschaftlicher Vortrag sie mit Ehrfurcht erfüllt. Die Sängerin verkörpert all das, womit Rosie Probleme hat, sie ist eine Maus und damit das Gegenstück zu Rosies Biene, Stier und Wolf.

Immer wieder beschreibt Rosie, wie sie Streisands Musik bewusst einsetzt, wenn negative Gefühle ihr den Tag zu verderben drohen. An einer Stelle schildert sie eine Auseinandersetzung mit den Produzenten der US-Talkshow *The View*. Sie möchte das Format der Sendung ändern, um auch Themen aufgreifen zu können, die sich stärker mit ihren Werten decken. Aber sie geht wie ein Stier auf ihre Gesprächspartner los und erreicht gar nichts.

Daraufhin fragt sie sich wortwörtlich: »Was hätte Barbra Streisand getan?« Dank ihres Wissens über ihr Mäuse-Vorbild kann sie die Frage auch selbst beantworten: »Sie hätte die Situation genommen, wie sie war, und hätte mal hier, mal dort eine kleine Änderung vorgenommen, ein bisschen gedreht und gefeilt, und irgendwann wäre alles anders gewesen.« Wenn Rosie mit ihrer Stier-Strategie scheitert, nimmt sie sich ein Beispiel an der Geduld, der Überzeugungskraft und der Beharrlichkeit ihrer Heldin und versucht es eben auf anderem Wege.

Wie Sie sehen werden, verändert sich mit Ihrer Strategie auch Ihre Reaktion. So können Sie erneut Zugang zu verschollenen Emotionen finden. Dies ist auch der Grund, weshalb so viele Reality-Shows über Menschen in der Krise mit einer symbolischen Geste der Betroffenen enden und zum Beispiel zeigen, wie das ehemalige »Opfer« Boxhandschuhe überstreift und auf einen Sandsack einschlägt. Niemand wird ernsthaft glauben, dass die Frau das Studio geheilt verlässt. Was also soll das Ganze? Nun, wenn sie eine Maus ist, kann ihr der Testlauf mit alternativen Reaktionsmöglichkeiten – in diesem Fall dem Repertoire des Stiers – helfen, ihre Wut und ihre Kraft wiederzufinden, um zu spüren, dass sie weder hilflos noch ohnmächtig ist. Wenn die zornige Jugendliche schließlich unter Tränen einer Entziehungskur zustimmt, sehen wir einen Stier, der zur Maus wird. Sie zügelt ihre Wut und kann deshalb spüren, wie viel Angst ihre Familie um sie hat und wie viel Leid sie ihnen zufügt, was ihr wiederum neue Reaktionsmöglichkeiten eröffnet.

Sendungen dieser Art können – nicht nur auf die Teilnehmer, sondern auch auf uns Zuschauer – eine starke Wirkung ausüben, weil sie uns vor Augen führen, wie wichtig es ist, auch andere Bewältigungsstrategien kennenzulernen.

Wenn Sie eine andere Bewältigungsstrategie testen, ist das, als würden Sie eine Rettungsaktion für sich inszenieren.

Zum Ausprobieren:
Bedienen Sie sich der Werkzeuge Ihrer Helden

Unsere Helden – und alle anderen Menschen, die wir bewundern – können uns helfen, alternative Möglichkeiten im Umgang mit Herausforderungen und deren Bewältigung zu erkunden.

Stellen Sie sich vor, einer Ihrer Helden käme Ihnen in einer Krise zu Hilfe. Eine meiner Patientinnen steckte in finanziellen Schwierigkeiten. Sie war deprimiert, niedergeschlagen und ihr Selbstvertrauen war zerstört. Die schiere Menge an Papierkram und Rechnungen überwältigte sie. In ihrer Rettungsfantasie fegte plötzlich Finanzexpertin Suze Orman zu ihr ins Haus und nahm die Dinge in die Hand. Sie breitete alle Kontoauszüge und Mahnungen auf dem Esstisch aus, fand das Problem und stellte einen realistischen Zahlungsplan auf.

Jeder Mensch hat andere Rettungsfantasien (und andere Helden). Sehen Sie sich ganz genau an, mit wem Sie die Rolle des Retters besetzen, wofür dieser Mensch steht und was er für Sie tut. Wie unterscheidet sich seine Bewältigungsmethode von der Ihren? Meine finanziell angeschlagene Patientin fühlte sich gefangen und benahm sich wie eine Maus. Suze Orman dagegen ist eine Biene par excellence: Jemand, der in der Lage ist, seine Gefühle beiseitezuschieben, die Ärmel hochzukrempeln und die Dinge anzugehen. Das war auch das richtige Rezept für meine Patientin: Um sich selbst zu retten, musste sie in die Trickkiste der Biene greifen. Auf welche heilenden Emotionen kann man zurückgreifen, wenn man wie eine Biene handelt? Auf ein Gefühl von Kompetenz. Und ein Gefühl von Kontrolle.

Wenn Sie das nächste Mal über den Ausgang einer Auseinandersetzung oder einer Krise nachgrübeln, fragen Sie sich, ob Ihre Bewältigungsstrategie Sie in einer Ihrer traumaerhaltenden Annahmen bestärkt. Gäbe es Möglichkeiten, Ihr emotionales Repertoire zu erweitern und Ihre emotionale Kost mit etwas grünem Blattgemüse aufzuwerten? Wären Sie dem Retter aus Ihrer Vorstellung ähnlicher, wenn Sie sich mehr wie ein Stier, eine Biene oder eine Maus verhielten?

Sie werden vermutlich merken, dass Sie sehr viel Kraft daraus schöpfen, wenn Sie sich einmal ganz anders verhalten, um sich zu beweisen, dass Sie sich nicht von einem Verhalten behindern lassen, das Ihnen keine guten Dienste leistet. Jedes Mal, wenn Sie als Stier eine Kränkung so gelassen hinnehmen wie ein Wolf oder als Biene einen Augenblick in Ihren Gefühlen schwelgen wie eine Maus, beweisen Sie sich selbst: Sie können auch anders. Sie können sich verändern und wachsen – und Sie tun dies gerade, vor Ihren eigenen Augen.

Sie brauchen etwas Übung, wenn Sie andere Bewältigungsstrategien testen möchten, und müssen bereit sein, Ihre Zweifel vorübergehend auszublenden.

Jeder Typ wird mit anderen Widerständen konfrontiert, wenn er untypisch reagieren soll. Mäuse müssen einen Mangel an Energie und das Gefühl überwinden, dass es nicht funktionieren wird, wenn sie eine andere Strategie ausprobieren. Sie müssen sich des Eindrucks erwehren, sie würden die eigene emotionale Erfahrung abwerten oder entehren, wenn sie auch andere Gefühle zulassen und ermutigen.

Bienen müssen gegen die Überzeugung ankämpfen, dass eine Sache nicht schnell genug und nicht korrekt erledigt wird, wenn sie nicht wie gehabt reagieren. Sie müssen lernen, Angst und Chaos zu ertragen, und sie müssen akzeptieren, dass nicht sofort etwas Schreckliches passieren wird, nur weil sie einmal nicht auf der Hut sind.

Stiere müssen sich davon abhalten zu reagieren. Wenn sie passiv bleiben und eine vermeintliche Kränkung einfach abprallen lassen, kann es allerdings passieren, dass sie sich verletzlich oder schwach fühlen.

Wölfe müssen sich ins Gedächtnis rufen, dass Gefühle keine Tatsachen sind und sie weder umbringen noch in den Wahnsinn treiben werden. Mag sein, dass Sie früher von Menschen enttäuscht wurden, die Sie vernachlässigt haben, oder dass man Sie mit schwierigen Gefühlen alleine ließ. Doch das bedeutet noch lange nicht, dass es auf der Welt niemanden gäbe, der für Sie da ist oder Sie liebt – mit all Ihren kleinen emotionalen Schwächen.

Ihre Bewältigungsstrategie hatte den Zweck, bestimmte Gefühle zu maskieren, die natürlich nicht einfach verschwinden, wenn Sie eine andere Methode ausprobieren. Sie sollten sich daher wenigstens einen Augenblick Zeit nehmen, um zu verstehen, weshalb Ihnen diese Emotionen so zuwider sind. Möglicherweise werden Sie dabei feststellen, dass hinter Ihrem Widerstand dagegen, auch andere Reaktionsmuster zu testen, eine traumaerhaltende Annahme steckt.

Fürchten Sie, rettungslos in Ihren Emotionen zu versinken, wenn Sie kurz darin eintauchen? Glauben Sie, nur Waschlappen ließen sich herumschubsen? Meinen Sie, leichte Beute zu sein, wenn Sie sich einmal nicht in Acht nähmen? Fürchten Sie, das Erlittene zu schmälern, wenn Sie nicht als Opfer durch die Welt gingen?

Was passiert, wenn Sie sich durchsetzen, für sich einstehen oder wütend werden? Empfinden Sie ein solches Benehmen als unattraktiv, fühlen Sie sich außer Kontrolle oder ist Ihnen dies zu nah am Verhalten eines Menschen, der Sie verletzt hat?

Wenn Sie besser verstehen, weshalb Sie sich scheuen, eine neue Strategie zu testen, nehmen Sie sich einen Augenblick Zeit. Überlegen Sie, ob aus diesem Widerstand nicht Ihr Trauma spricht oder ob Ihr Wertesystem Sie nicht vielleicht daran hindert, die Kraft der Wut zu nutzen. Bestimmen Ihr kulturelles Erbe oder Ihr Geschlecht, wie Sie sich verhalten *sollen?* Gesellschaftliche Werte können uns einschränken und lähmen. Dabei haben wir all diese Gefühle, damit wir sie empfinden und uns zu Nutze machen.

Zum Ausprobieren:
So retten Sie sich im echten Leben

Stellen Sie sich vor, Sie hätten die Hauptrolle in einem Film bekommen. Die Figur, die Sie verkörpern sollen, bedient sich völlig anderer Bewältigungsstrategien als Sie selbst. Wenn Sie eine Biene sind, müssen Sie einen Wolf spielen; wenn Sie sich normalerweise eher wie eine Maus benehmen, müssen Sie wie ein Stier auftreten.

Verlassen Sie das Haus und bewegen Sie sich Ihrer neuen Rolle gemäß durch die Welt. Gehen Sie irgendwohin – kaufen Sie Lebensmittel, gehen Sie ins Fitnessstudio oder begeben Sie sich an einen anderen öffentlichen Ort. Bleiben Sie unter allen Umständen in Ihrer Rolle. Was dieses Experiment angeht, ist es, als würden die Kameras laufen.

Folglich dürfen Sie in allen Bereichen des Alltags nur die Bewältigungsstrategien auf Menschen und Ereignisse anwenden, auf die auch Ihre Figur zurückgreifen würde. Angenommen, Sie müssten einen Tag lang einen Stier verkörpern. Fragen Sie sich beim Griff nach der Zeitung: »Was würde ein Stier von dieser Überschrift halten?« Denken Sie an ein aktuelles gesundheitliches Problem und fragen Sie sich: »Wie würde ein Stier reagieren?«

Sinn und Zweck dieses Experiments ist es nicht, dass Sie eins auf die Nase bekommen oder lernen, die extremsten und unsozialsten Aspekte der anderen Bewältigungstypen zu übernehmen. Das Ziel besteht vielmehr darin, Ihnen Zugang zum Repertoire an Gefühlen und Verhaltensweisen eines Menschen zu verschaffen, der das Leben auf ganz andere (aber durchaus statthafte) Weise bewältigt, als Sie es gewohnt sind.

Gelegentlich kann es vorkommen, dass Sie nicht wissen, wie Ihre Figur reagieren würde. Dann ist es hilfreich, wenn Sie die Stiere, Mäuse, Wölfe und Bienen in Ihrem Leben identifiziert haben, egal, ob es sich dabei um Helden, Freunde, Angehörige oder Bekannte handelt. Es wird Ihnen eine Hilfe sein, wenn Sie bei der Frage:»Was würde ein/e Biene/Stier/Maus/Wolf tun?«, das Bild einer konkreten Person vor Augen haben.

Sprechen Sie mit diesen Menschen, wenn Sie möchten. Fragen Sie, was ihnen durch den Kopf ging, als sie den Taxifahrer zur Rede stellten, der ihnen zu wenig Wechselgeld gegeben hatte, um Einblick in ihre Motive und ihre innere Welt zu bekommen. Hatten sie Angst, als sie den Taxifahrer konfrontierten? Wenn ja, was gab ihnen die Kraft, es trotzdem zu tun? Hatten sie das Gefühl, dies sei ihr gutes Recht, oder waren sie einfach nur wütend? Wurden sie von ihrem Gerechtigkeitssinn getrieben oder wollten sie nur unbedingt ihre fünf Dollar zurück? Sie können sich auch einen Film ansehen, in dem sich jemand wie ein typischer Stier verhält, um sich in die entsprechende Stimmung zu bringen.

Den Menschen, an dem Sie sich orientieren, müssen Sie auch nicht uneingeschränkt bewundern. Mag sein, dass Ihr Exfreund nicht nur ein Stier, sondern auch ein Idiot war. Trotzdem können Sie von seinem Vorbild profitieren, wenn Ihr Wagen beim Abholen aus der Werkstatt immer noch dasselbe Geräusch macht, weswegen Sie ihn hingebracht haben.

Wenn ich die Regisseurin dieses fiktiven Spielfilms wäre, würde ich eine ganze Reihe von Aufnahmen machen. Ich würde von Ihnen verlangen, dieselbe Szene mehrmals zu spielen und dabei immer wieder einen anderen Charakter zu verkörpern. Vermutlich werden Sie sich im Rahmen dieser Übung allerdings an verschiedenen Tagen mit den einzelnen Figuren auseinandersetzen. Wichtig ist, dass Sie die Geschichte Ihres Lebens nicht nur selbst schreiben, sondern auch entscheiden dürfen, wie Sie Ihre Rolle spielen möchten.

Es kann eine echte Offenbarung sein, sich einmal ganz anders zu verhalten. Sie können dieses Wissen bewahren und immer dann einsetzen, wenn Sie emotional eine neue Richtung einschlagen möchten. Und jedes Mal, wenn Sie das tun, retten Sie sich selbst. Probieren Sie es aus – es könnte sein, dass Sie dabei über bahnbrechende Erkenntnisse stolpern!

10

Resilienzfaktor Nr. 2, Eigenverantwortung

Monsterfüttern verboten

WIR ENTSCHEIDEN TAG FÜR TAG, welchen Einflüssen wir uns aussetzen möchten. Die Musik, die wir hören, die Menschen, mit denen wir uns umgeben, all dies formt unsere Weltanschauung. Trotzdem nehmen wir uns nur selten die Zeit, die emotionalen Auswirkungen der Dinge abzuschätzen, denen wir Zutritt zu unserem Leben gewähren.

Ich habe festgestellt, dass meine Patienten oft Entscheidungen treffen, die ausgerechnet jene Gefühle noch stärker verankern, von denen sie eigentlich Abstand nehmen sollten. Gerade die eher melancholisch veranlagten Typen berichten, sie hätten sich das ganze Wochenende lang Schmachtfetzen angesehen, während sich die Choleriker Wrestlingsendungen zu Gemüte führen. Mit diesen Entscheidungen geben sie ihren traumaerhaltenden Annahmen Nahrung und stärken ihre typischen Bewältigungsstrategien. Ich bezeichne dies als »**Monsterfüttern**«. Ich werde Sie daher bitten, in Erwägung zu ziehen, die Einflüsse auf Ihr Leben zu filtern.

Verletzen Sie die Dinge, denen Sie Einlass in Ihr Leben geben? Bringen Sie sich mit dem, was Sie tun, noch weiter aus dem Gleichgewicht? Oder kommen Sie damit Ihrem höchsten Ziel näher, nämlich mehr von den Emotionen zu empfinden, denen Sie bislang den Zutritt verwehrt haben?

Wir haben bereits darüber gesprochen, wie Sie Ihre bösartige und wenig hilfreiche innere Stimme sowie kulturelle Botschaften abstellen können, die den verinnerlichten Aspekt Ihres Traumas verstärken. Ich werde Ihnen nun ein weiteres dreiköpfiges Monster vorstellen, das es zu erschlagen gilt: giftige Medienbotschaften, eine giftige Arbeit und giftige Menschen. In diesem Kapitel werden wir uns Ihre Tätigkeiten, Ihre Hobbys, Ihre Freizeitgestaltung und Ihre Freunde ansehen und uns fragen: Steuern Sie angesichts dessen, was wir über Ihre Bewältigungsstrategien wissen, mit Ihren Entscheidungen in die richtige oder in die falsche Richtung? Erhöhen Sie damit das bereits im Überfluss in Ihrer emotionalen Kost vorhandene Junkfood oder die Seelennahrung, von der Sie mehr zu sich nehmen sollten?

Haben Sie die richtige Richtung eingeschlagen?

Resiliente Menschen sind weder zögerlich noch impulsiv, sondern handeln wohlüberlegt. Das ist eine vornehme Art zu sagen, dass sie sich nicht von ihrem Trauma beeinflussen lassen. Ihr Ziel ist es, Ihre Entscheidungen bewusst zu fällen. Wenn die Begegnung mit einem Menschen, einer Sache oder einem Ort Ihre Vase mit Flüssigkeit füllt, statt jene

Steine hinzuzufügen, die für Ihr Gleichgewicht nötig sind, müssen Sie innehalten und prüfen, ob Sie sich auch in die richtige Richtung bewegen. Es braucht etwas Übung, bis Sie gelernt haben, kurz nachzudenken, bevor Sie handeln. Damit können Sie allerdings verhindern, dass Sie an völlig verkehrten Orten nach Heilung suchen.

Rache beispielsweise ist eine übliche Stier-Reaktion auf ein Trauma. Ein typischer Stier wird erst ruhen, wenn irgendjemand für das bezahlt hat, was ihm zugestoßen ist. Leider hält eine solche Einstellung ein giftiges Gebräu aus Wut und Gefahr am Brodeln. Ein ähnliches Dilemma entsteht, wenn jemand erst dann bereit ist, mit einer Sache abzuschließen, nachdem er den Eindruck hat, ihm sei vor Gericht Gerechtigkeit widerfahren. Falls Sie darauf bauen, dass Ihnen ein so unsicheres System wie die Strafjustiz helfen wird, einem wahrscheinlich völlig sinnlosen Ereignis einen Sinn zu geben, wird dies Ihre Rückkehr ins Leben erheblich verzögern und komplizieren. Wahrhaft resiliente Überlebende werden überlegen, ob das Gefühl der Gerechtigkeit oder der Rache sie für den Umstand entschädigen kann, dass sich die negativen Gefühle in die Länge ziehen.

Das, was Sie tun, und die Dinge, denen Sie auch weiterhin Einfluss auf Ihr Leben einräumen, können das verinnerlichte Trauma verschärfen. Wir hören nicht gern, dass wir unter Umständen selbst dazu beitragen, dass unsere Wunden nicht verheilen. Die gute Nachricht lautet, dass wir die Kontrolle über die Dinge haben, die wir in diesem Zusammenhang denken und tun.

Übernehmen Sie Verantwortung!

Joey lief nur noch in einem teuren schwarzen Sweatshirt herum, das mit einem Muster aus Schlagringen, Pistolen und Geländewagen der Marke Hummer bedruckt war. Ich fragte ihn, ob er schon einmal mit einem Schlagring bedroht oder angegriffen worden sei. Er verneinte. Ich fragte, ob er selbst Schlagringe besäße. Er verneinte erneut. Ich wollte wissen, ob er schon einmal mit einem Hummer gefahren sei? Nein. Ob man ihn schon einmal mit einer Schusswaffe bedroht habe? Nein. Er fügte jedoch hinzu, dass auf viele seiner Bekannten schon einmal geschossen worden sei. Ich fragte, ob das gut sei? Nein. »Dann verrate mir doch bitte, was du mit dieser Jacke sagen willst«, sagte ich.

»Sie kommt bei Mädchen gut an«, antwortete er.

»Das gilt vielleicht für den Hummer«, sagte ich, »aber was sollte ein Mädchen an einem Schlagring toll finden?«

Schließlich gab Joey zu, dass er seine Jacke mochte, weil er darin wie ein harter Kerl aussah und sie die Jungs in seiner Nachbarschaft warnte: »Legt euch bloß nicht mit mir an.« Er lag auch mit der anderen Vermutung richtig: Die Mädchen bemerkten sein Sweatshirt tatsächlich und reagierten darauf. Aber ein Mädchen, das sich zu einem Jungen in einem Sweatshirt hingezogen fühlt, das wie eine Louis-Vuitton-Tasche mit einem Waffendruck vollgepflastert ist, war nicht die Richtige für Joey. Denn eigentlich versuchte er verzweifelt, sich gegen den steten Sog der Gewalt zu wehren, in den bereits zu viele seiner Freunde und Angehörige geraten waren. »Zuerst kommt das falsche Mädchen, dann musst du ihre Erwartungen erfüllen«, erklärte ich ihm, »und am Ende hast du das falsche Leben.«

Ich führe im Laufe der Zeit immer wieder ähnliche Gespräche mit Patienten. (Wir Psychologen werden dafür bezahlt, derartige Widersprüche aufzudecken – und deswegen auch am häufigsten wieder gefeuert.) Ich verweise nicht aus mangelndem Mitgefühl darauf, wenn das Handeln eines Menschen in direktem Widerspruch zu seinen erklärten Zielen steht. Wenn überhaupt, ist das Gegenteil der Fall: Es ist schwer mitanzusehen, wie sich jemand selbst verletzt, ohne sich dessen bewusst zu sein. Resiliente Menschen übernehmen die Verantwortung für ihr Denken und Handeln. Sie sagen nicht das eine und tun das andere – und sollte dies dennoch einmal der Fall sein, decken sie solche Widersprüche selbst auf.

> **Ihre Worte müssen sich mit Ihren Taten decken.**

Resiliente Überlebende meinen weder, über den Regeln zu stehen, noch glauben sie, dass sie wegen dem, was ihnen zugestoßen ist, besondere Rücksicht fordern könnten. Ihr Schicksal dient ihnen nicht als Ausrede dafür, dass sie keine Arbeit und keine Beziehung haben und nichts dafür tun, ihre Lebensziele zu verwirklichen.

Ihre Entscheidungen beeinflussen den verinnerlichten Aspekt Ihres Traumas

Wie wirken sich giftige Botschaften, giftige Menschen und giftige Nachrichten auf Ihre traumaerhaltenden Annahmen aus? Leider braucht es nur Kleinigkeiten, um uns zu »beweisen«, dass die Welt gefährlich ist, die Menschen nicht vertrauenswürdig sind und hinter jeder Ecke Gewalt und Schmerz lauern. Wir ernten *ständig*.

Nehmen wir zum Beispiel die Fernsehnachrichten. Viele von uns sind so sehr daran gewöhnt, immer hinzusehen, dass sie diese Gewohnheit gar nicht mehr hinterfragen. Dabei sind gerade die amerikanischen Fernsehnachrichten so angelegt, dass sie viele traumaerhaltende Annahmen stützen. In Ihrem Brötchen befinden sich tödliche Keime, an Ihrer öffentlichen Schule unterrichtet ein Perverser, in Ihrem Pendlerzug sitzt ein Terrorist, in Ihrem nächsten Urlaub erwartet Sie ein Tsunami. Nachrichten, die unsere Ängste bedienen, bestätigen die schlimmsten Befürchtungen und Vermutungen Traumaüberlebender über die Welt.

Diese Reize entziehen sich ganz und gar Ihrer Kontrolle – es sei denn, Sie greifen zur Fernbedienung und schalten das Fernsehgerät aus. Woher können Sie wissen, welch schreckliche Geschichten Sie erwarten? Während Sie sich bei der Pediküre entspannen, schielen Sie mit dem einen Auge auf den Fernseher und mit dem anderen auf Ihr Klatschmagazin. Mit einem Mal brechen die Bilder einer Beerdigung über Sie herein, Sie sehen den winzigen Sarg eines Kindes, das von seinem Stiefvater totgeprügelt worden ist. Haben Sie um diese Information gebeten? Haben Sie sich danach gesehnt? Gab es eine Warnung oder einen Hinweis, der verhindert hätte, dass Sie den ganzen restlichen Tag von unerwünschten Erinnerungen überschwemmt werden?

Sie sagen: »Aber ich muss doch auf dem Laufenden bleiben.« In Ordnung. Gut. Doch dann muss ich die Gegenfrage stellen: Wie oft wurden Sie schon vor Epidemien gewarnt, die nicht das Geringste mit Ihnen zu tun hatten? Wie oft wurden Stürme vorhergesagt, die sich am Ende als schwache Böen entpuppten? Was bringt es Ihnen zu wissen, dass fünftausend Kilometer von Ihnen entfernt in einem Vorort ein kleines Mädchen vermisst wird? Wenn Sie keine konkrete Hilfe leisten können und das Wissen um ihr Verschwinden Sie nicht dabei unterstützt, Ihr eigenes Kind zu schützen, wieso erlauben Sie dieser belastenden Meldung dann, Sie in Ihrer Ansicht zu bestätigen, die Welt sei ein beängstigender und feindseliger Ort?

Hier ist die Metapher von der Vase und den Steinen eine große Hilfe. Sie fordert uns auf, uns bewusst zu machen, ob die tagtäglich von uns getroffenen Entscheidungen den Anteil der Flüssigkeit (der gewohnheitsmäßig einströmenden negativen Gefühle) oder der Steine (der gesunden, ausgleichenden Wohlfühlemotionen, von denen die meisten Leser dieses Buches mehr brauchen können) erhöhen. Wenn wir uns diese Frage stellen und uns gleichzeitig das Bild der mit Flüssigkeit gefüllten Vase vor Augen halten, bestärkt uns dies darin, die Verantwortung für unsere Entscheidungen zu übernehmen. Wie viel Angst, Sorge, Müdigkeit oder Traurigkeit bringt eine bestimmte Meldung in Ihren Tag? Denn – seien wir doch mal ehrlich – es ist nahezu unmöglich, die Nachrichten zu verfolgen, ohne dabei ungewollt eine gewaltige Portion Kummer und Elend abzubekommen.

Zum Ausprobieren:
Keine Nachrichten sind gute Nachrichten

Gelegentlich bitte ich meine nachrichtensüchtigen Patienten, die folgende Übung zu machen.

Im Warnsystem des US-Heimatschutzministeriums entspricht Grün der niedrigsten und Rot der höchsten Gefahrenstufe. Ich möchte Sie nun bitten, ein paar Textmarker zur Hand zu nehmen und sich die Fernsehnachrichten anzusehen oder die Zeitung durchzublättern. Behalten Sie dabei Ihre traumaerhaltenden Annahmen im Hinterkopf. Fragen Sie sich: »Wie fühle ich mich, wenn ich diese Meldung lese? Bestätigt sie das Bild einer beängstigenden und gefährlichen Welt?« Markieren Sie alle Nachrichten, die eine Ihrer traumaerhaltenden Annahmen stützen, mit roter Farbe. (Falls Sie sich für die Fernsehnachrichten entschieden haben, machen Sie pro Nachricht einen roten oder grünen Strich.)

Sie werden sehr bald merken, dass Sie so gut wie alle Meldungen rot markieren müssen. Die Nachrichten sind so aufgebaut, dass sie unsere traumaerhaltenden Annahmen bedienen. Gelegentlich werden auch grüne Geschichten eingestreut – Feuerwehrmann rettet Kätzchen! –, aber meist vergrößern die Nachrichten ein grundlegendes Missverständnis: Dass das Wissen um mögliche Gefahren uns schützen könne.

In der Stadt, in der ich wohne, herrscht schon seit Ewigkeiten Alarmstufe orange. Ich bin den Männern und Frauen, die uns beschützen und wissen, was sie aufgrund dieser Gefahrenstufe *anders machen* müssen, unendlich dankbar. Alle anderen stehen jedoch vor der Herausforderung, ihren Alltag zu bewältigen, ohne von Panik übermannt zu werden und ihre Funktionstüchtigkeit einzubüßen. Die roten und grünen Flaggen an den Rettungsschwimmerhäuschen am Strand, die vor gefährlicher Brandung warnen, sind hilfreich. Rote und grüne Terrorwarnstufen sind es weniger.

Die Theorie lautet, ständige Wachsamkeit gegenüber allen möglichen Gefahren würde uns schützen. Doch dies ist ein Trugschluss der Medien und zudem der Grund, weshalb wir unseren traumaerhaltenden Annahmen schützende Wirkung zuschreiben. Am Ende aber schüren die Nachrichten – genau wie unsere TEAs – Ängste und Unsicherheiten, die in krassem Widerspruch zu den Risiken stehen, denen wir tatsächlich tagtäglich ausgesetzt sind.

Sobald Sie erkennen, wie sehr die journalistische Berichterstattung von dem Wunsch verzerrt wird, Ihnen Angst einzujagen, werden Sie wütend werden. Einer meiner Klienten sah den Einsturz der beiden Türme des World Trade Centers mit eigenen Augen. Er schlug vor, eine Sammelklage einzureichen, als ein großer Fernsehsender wiederholt Aufnahmen menschlicher Körper zeigte, die vom Himmel fielen. Jedes Mal, wenn er unversehens mit diesem Bild konfrontiert wurde, während er sich seinen Frühstückskaffee holte, wurden wir in unserer Arbeit um Wochen zurückgeworfen.

Ich wünschte wirklich, es gäbe bessere Möglichkeiten, an objektive Nachrichten zu kommen, ohne dabei der Gefahr manipulativer Panikmache ausgesetzt zu sein. Aber die derzeitige Situation führt uns leider vor Augen, wie anstrengend es sein wird, Beweise für unsere TEA-Heilmittel zu ernten. Die Medien bombardieren uns lieber mit Nachrichten, die unsere traumaerhaltenden Annahmen stützen – und impfen uns weitere ein, an die wir bisher gar nicht gedacht hatten.

Sobald Sie ihnen aber auf die Spur gekommen sind, sind Sie kein passives Opfer mehr und können endlich sagen: »Nein danke! Ich will Nachrichten, die tatsächlich berichtenswert sind.«

Ich frage auch immer, welche Fernsehsendungen die Leute regelmäßig sehen. Laut Nielsen Media Research sieht der Durchschnittsamerikaner über vier Stunden täglich fern. Nach meinen Patienten zu urteilen, entscheiden sich viele von uns für Sendungen, die uns in unseren traumaerhaltenden Annahmen bestärken.

Ich sehe unzählige Menschen, denen von der Justiz Unrecht getan wurde und die trotzdem keinen Krimi verpassen. Gelegentlich geben uns diese Sendungen tatsächlich etwas, das wir im echten Leben nicht bekommen. So kann es sehr befriedigend sein zu sehen, wie der Täter seine gerechte Strafe bekommt – vor allem, wenn es für uns kein derartiges

Ende gab. Aber gelegentlich kommt der Täter in diesen Sendungen auch wegen eines Formfehlers davon, und so etwas stärkt Ihre traumaerhaltende Annahme, dass die Sache niemanden interessiert und es keine Gerechtigkeit gibt.

Wenn man sieht, wie anderen die Gerechtigkeit widerfährt, die einem selbst verwehrt blieb, kann dies weitere Wunden reißen und man kann dann nicht umhin, sich zu fragen: »Was habe ich falsch gemacht? Warum hat es bei mir nicht funktioniert?« Traumaüberlebende können durch solche Sendungen ins Trudeln geraten. Schalten Sie aus!

Die Entscheidungen bezüglich des Fernsehens und der Nachrichten sind nur zwei von vielen, die wir im Laufe des Alltags treffen und die einen gewaltigen Einfluss auf unser Wohlbefinden haben. Wir durchkämmen auch andere Lebensbereiche nach Beweisen entweder für das Gute oder für unsere traumaerhaltenden Annahmen: die Musik, die wir hören; die Bücher, die wir lesen; die Erfahrungen mit den Menschen und Angehörigen, mit denen wir uns umgeben; die Theaterstücke, die wir uns ansehen. Möglicherweise messen Sie der Frage, was Sie sich im Fernsehen ansehen, keine große Bedeutung hinsichtlich Ihres allgemeinen Wohlbefindens bei. Doch da täuschen Sie sich.

Zum Nachdenken:
Welchen Dingen gewähren Sie Zutritt
zu Ihrem Leben?

Manchmal fällt es uns schwer, eine Verbindung zwischen unserem Handeln und den daraus resultierenden Befindlichkeiten herzustellen. Um eine größere allgemeine Übereinstimmung zwischen dem zu erzielen, was wir tun, und dem, was wir eigentlich wollen, möchte ich Ihnen vorschlagen, eine Aufstellung zu machen. In vielen Diätbüchern gibt es eine ähnliche Übung, die dort als Ernährungstagebuch bezeichnet wird. Man notiert alles, was man im Laufe des Tages verzehrt, um daran ablesen zu können, wo die Probleme liegen. Ich möchte Ihnen parallel dazu vorschlagen zu prüfen, wie Sie Ihre Tage verbringen. Bitte beantworten Sie folgende Fragen:

Womit verdienen Sie Ihren Lebensunterhalt?

Womit verbringen Sie üblicherweise Ihre Freizeit? (Befragen Sie Ihren Terminkalender oder Ihr Smartphone, um genaue Informationen zu erhalten.)

Welche Musik hören Sie? (Notieren Sie Ihre Lieblingsbands oder -lieder.)

Zählen Sie Ihre Lieblingssendungen auf!

Welche Computerspiele spielen Sie?

Welche Gattung von Filmen sehen Sie besonders gern?

Welche Sportereignisse verfolgen Sie?

In welche Theaterstücke gehen Sie?

Woher beziehen Sie Ihre Nachrichten über die Welt?

Mit wem verbringen Sie die meiste Zeit? (Menschen, die Sie häufiger als ein- oder zweimal die Woche hören oder sehen.)

Welche Podcasts laden Sie herunter?

Welche Blogs lesen Sie regelmäßig?

Welche Internetseiten besuchen Sie so gut wie jeden Tag?

So finden Sie heraus, was Ihnen schadet

Ich wünschte, ich hätte ein Patentrezept und könnte Ihnen sagen, dass sich Stiere grundsätzlich von brutalen Ego-Shooter-Spielen und Mäuse von Kitschfilmen fernhalten sollten. Allerdings stellen viele meiner Stier-Patienten fest, dass es ihnen leichter fällt, ihre Wut und ihre Aggression *nicht* an den Menschen in ihrer Umgebung auszulassen, wenn sie anderweitig sicher und kontrolliert Dampf ablassen können, und gibt es Mäuse, für die es eine echte Erleichterung ist, zwei Stunden lang hemmungslos zu weinen. Die Sache ist also nicht so einfach.

Es gibt nur eine Möglichkeit festzustellen, was Ihnen schadet: Sie müssen aufmerksam bleiben. Der einzige Maßstab dafür, ob etwas nützlich oder schädlich ist, ist *wie Sie sich fühlen.* Wie Sie sich fühlen, wenn Sie sich etwas ansehen, etwas tun oder mit einem Menschen zusammen sind. Und wie es Ihnen *im Anschluss daran* geht.

Fragen Sie sich:

> Gibt diese Erfahrung meinen traumaerhaltenden Annahmen Nahrung oder hilft sie mir, mit meinem Leben weiterzumachen?

Wird diese Information oder der Umgang mit diesem Menschen mein Weltbild positiv beeinflussen oder mich in meinen traumaerhaltenden Annahmen bestärken? Verschafft mir die Entscheidung, mich diesen Einflüssen auszusetzen, eine Dosis heilender Emotionen, oder werden Traumagefühle intensiviert, von denen ich bereits mehr als genug habe?

Zum Ausprobieren:
Nützt es – oder schadet es?

Nehmen Sie nun die Antworten auf die letzte Übung zur Hand. Stellen Sie die folgenden Fragen und füllen Sie die Lücken mit den von Ihnen genannten Dingen, Personen oder Tätigkeiten:

Fühlen Sie sich besser oder schlechter, wenn Sie _____ (mit Ihrem Bruder telefonieren, einen Krimi sehen, die Schlagzeilen lesen, zur Stadtratssitzung gehen)?
Empfinden Sie dabei Gefühle von der Liste der heilenden oder der Permatraumaemotionen?
Fühlen Sie sich im Anschluss an diese Tätigkeit oder an die Begegnung mit dieser Person mächtiger oder ohnmächtiger?
Stärkt diese Person oder diese Tätigkeit Ihre traumaerhaltenden Annahmen oder hilft sie Ihnen, mehr heilende Wohlfühlemotionen zu ernten?

Diese Übung kann sehr erhellend sein. Allem voran ist in einer von den Medien durchdrungenen Welt bereits die schiere Menge der Informationen, die tagtäglich auf uns einströmen, überwältigend. Meist wissen wir gar nicht, wie viele Beweise wir eigentlich ernten, wie vielen negativen Reizen wir ausgesetzt sind. Wir wissen nur, dass wir morgens mit einem fürchterlichen emotionalen Kater erwachen. Ohne Hilfe von außen würden wir niemals eine Verbindung zu den vielen Stunden herstellen, die wir am Abend davor vor dem Fernseher verbracht haben. Es wird allmählich Zeit, dass wir uns ehrlich eingestehen, was wir konsumieren – und bewusst entscheiden, wie viel wir auch künftig davon konsumieren möchten und wie es uns damit geht.

Wir gehen davon aus, dass wir gewisse Dinge tun und uns mit bestimmten Menschen abgeben, weil wir uns gut dabei fühlen. Niemand will sich vorsätzlich verletzen, nicht wahr? Und doch tun wir es ständig: Wir behaupten, wir wollten abnehmen, und gehen ein Eis essen. Wir behaupten, wir wollten das Trauma überwinden und uns erholen, und lesen einen ganzen Nachmittag lang alte Liebesbriefe. Wir sind nicht besonders zufrieden damit, dass wir so zynisch und bitter sind, und gehen mit einer Freundin zum Essen, die – ganz genau – zynisch und bitter ist.

Sie haben das Steuer in der Hand, Sie entscheiden, mit welchen Menschen und Dingen Sie sich umgeben möchten – und diese Entscheidungen beeinflussen Ihre Einstellung zu den Umständen Ihres Lebens.

Giftige Arbeit

Was, wenn Sie sich für einen Beruf entschieden haben, der den Eindruck noch verstärkt, in Gefahr zu sein, und bei dem Sie sich noch unglücklicher fühlen? Vivian war als Kind misshandelt worden. Als Erwachsene war sie deshalb zur folgenden traumaerhaltenden Annahme gelangt: Wenn sie es nur schaffen würde, immer schön hart zu wirken, würde ihr niemand mehr ungefragt zu nahe treten. Um reichlich Beweise für eine solche Überzeugung ernten zu können, muss man sich natürlich regelmäßig in Gefahr begeben – kein Wunder, dass Vivian Justizvollzugsbeamtin wurde. In diesem Beruf konnte sie sich tagtäglich beweisen, dass sie sich im Umgang mit brutalen Menschen behaupten konnte.

Für Vivian bedeutete echte Heilung allerdings nicht, gegen Gewalt abzustumpfen, sie musste vielmehr erkennen, wie furchteinflößend gewalttätige Menschen für sie blieben und dass sie Besseres mit ihrer Zeit anfangen wollte, als sich mit ihnen zu beschäftigen. Wenn sie wirklich genesen wollte, würde sie allmählich Beweise für das TEA-Heilmittel sammeln müssen, dass sie im Großen und Ganzen sicher war und entscheiden konnte, ob gewalttätige Menschen Zugang zu ihr hatten oder nicht. Natürlich konnte sie weder diese neue Lebensweise noch neue Bewältigungsstrategien testen, solange sie sich beruflich in der Schusslinie befand. Nach vielen Überlegungen und Gesprächen nahm Vivian eine Gehaltskürzung in Kauf und wechselte in die Verwaltung.

Selbstverständlich können sich nicht alle von uns den Luxus eines Arbeitsplatzwechsels leisten. Dies bedeutet jedoch nicht, dass Sie keinerlei Einfluss auf ein Arbeitsumfeld hätten, das Traumagefühle in Ihnen weckt. Debbie arbeitete als U-Bahn-Zugführerin und hatte erlebt, wie ein Kind überfahren wurde, das auf die Schienen gefallen war. Nach einem Jahr Krankschreibung wusste sie, dass sie wieder zur Arbeit gehen musste. Sie wusste aber auch, dass sie eine Möglichkeit finden musste, sich dabei weniger zerbrechlich, verletzlich und verängstigt zu fühlen. Statt sich potenziellen Tragödien gegenüber hilflos zu fühlen, gewöhnte sie sich an, die Fahrten zu zählen, bei denen alles reibungslos verlief. Sie begrüßte die Fahrgäste am Bahnsteig und vergewisserte sich dabei, dass die meisten von ihnen vorsichtig waren und nicht zu nah am Rand standen.

Wenn Schulkinder gedankenlos auf dem Bahnsteig herumalberten, nahm sie sich kurz Zeit und erzählte ihnen, wie sie auf die harte Tour gelernt hatte, wie gefährlich so etwas sein konnte. »Solche Mätzchen können Menschen das Leben kosten«, sagte sie. »Habt Achtung vor euch und euren Familien. Denkt daran, wie sie sich fühlen würden, wenn euch etwas zustoßen würde.« Diese Gespräche waren nicht leicht für Debbie. Aber ihre Ängste ließen einfach nicht zu, dass sie schwieg. Sie ergriff das Wort, als sie sah, wie sich die Kinder in Gefahr brachten. Das gab ihr das Gefühl, die Welt für alle Beteiligten ein klein wenig sicherer gemacht zu haben – obwohl sie noch immer an demselben Ort arbeitete, an dem sie das Trauma erlitten hatte.

Angenommen, Ihre Arbeit belastet Sie, löst Traumagefühle aus oder bietet reichlich Gelegenheit, eine traumaerhaltende Annahme zu stärken, die keiner weiteren Stärkung bedarf. In diesem Fall sollten Sie überlegen, wie Sie die Anzahl der Auslöser verringern können, die das Trauma wiederaufleben lassen.

Giftige Menschen

Auch die Menschen, mit denen wir uns umgeben, können unseren Monstern reichlich Nahrung geben. Wir hoffen auf ihre Unterstützung – aber oft unterstützen sie weniger uns als vielmehr unsere negativen Annahmen über die Welt. Rufen Sie grundsätzlich Ihre wenig einfühlsame Schwester an, wenn Sie das Gefühl haben, allen egal zu sein? Telefonieren Sie mit Ihrem perfektionistischen Freund, wenn Sie glauben, nicht gut genug zu sein? Wenden Sie sich an die Freundin mit dem aberkannten Doktortitel, wenn Sie meinen, jemand hätte Ihnen Unrecht getan? Die Gespräche mit diesen Menschen werden zwar möglicherweise Ihre vorgefasste Meinung bestätigen, aber wie wirken sie sich auf Ihre emotionale Landschaft aus? Wie fühlen Sie sich in Gegenwart dieser Menschen? Wie fühlen Sie sich danach?

Nebenbei bemerkt rate ich meinen Patienten, sich sorgfältig zu überlegen, wem sie Einzelheiten über ihr Trauma anvertrauen. Natürlich ist das, was Ihnen zugestoßen ist, kein Geheimnis, das nur jene lüften werden, die das geheime

Passwort kennen. Es ist aber auch nicht nichts. Sie können sich vor vielen ungewollt giftigen Bemerkungen schützen, indem Sie mit Bedacht wählen, wem Sie diese Information zukommen lassen. Viele Menschen wissen nicht, was sie sagen sollen, und sagen dann oft das Falsche. Sie machen Bemerkungen, bei denen Sie sich angezweifelt, abgetan, schuldig oder beschuldigt fühlen.

Wir profitieren nicht nur von der bewussten Entscheidung, mit wem wir unsere Zeit verbringen möchten, es wäre für uns ebenfalls von Vorteil, klarere zwischenmenschliche Grenzen um unser Trauma zu ziehen. Es gibt kaum einen Überlebenden zwischenmenschlicher Traumata, der von einem Intensivkurs in, wie ich es nenne, »Selbstbehauptung für Traumageschädigte« nicht profitieren würde.

Lernen Sie »Selbstbehauptung für Traumageschädigte«

Sagen Sie klar und deutlich, was Sie wollen: »Wenn wir zusammen sind, möchte ich medizinische Themen lieber ausklammern.« Mit diesen Worten könnten Sie Ihrer hypochondrisch veranlagten Tante begegnen, die glaubt, wegen einer verpfuschten Hammerzeh-Operation nachempfinden zu können, wie es Ihnen nach mehreren Abgängen geht. »Konzentrieren wir uns lieber auf die anderen Gemeinsamkeiten.«

Falls sie nicht reagiert, wiederholen Sie den Satz noch einmal *im Wortlaut*. Sie befreien sich damit geistig aus der Position des Opfers, selbst wenn Ihre Tante das Thema noch immer nicht fallen lässt. Sie erinnern sich damit daran, dass Sie diese Traumabotschaften nicht passiv hinnehmen müssen. Sie haben das Recht auf eine eigene Meinung und darauf, Einfluss auf Ihre Wirklichkeit zu nehmen. Sie können nein sagen und verlangen, dass Ihre Entscheidung respektiert wird. Falls Ihre Tante es auch nach der fünften Wiederholung desselben Satzes nicht kapiert, wird klar, wer hier das Problem hat.

Ziehen Sie klare Grenzen: Möglicherweise müssen Sie mit dem Tantchen sogar eine noch deutlichere Sprache sprechen: »Es ist mir unangenehm, über dieses Thema zu sprechen. Wenn du darauf bestehst, wird es schwierig für uns werden, den Kontakt aufrechtzuerhalten.«

Möglicherweise werden nicht einmal diese Worte zu ihr durchdringen. Dann werden Sie entscheiden müssen, ob Sie diese Frau, die Sie immer wieder an Ihr Trauma erinnert, in Ihrem Leben haben möchten.

Glauben Sie nicht, sich rechtfertigen zu müssen: Eventuell besteht Ihr erster Impuls darin, bei den giftigen Menschen in Ihrem Leben Aufklärungs- und Informationsarbeit zu leisten. Geben Sie dem nicht sofort nach, sondern überlegen Sie, wie so etwas normalerweise abläuft.

So sollten Sie es jedenfalls *nicht* anpacken: Setzen Sie sich *nicht* mit Ihrer Mutter hin, um ihr zu erklären, wie Sie sich fühlen, wenn sie sagt, dass nichts von alledem passiert wäre, wenn Sie die Sonntagsschule besucht und ein nettes Mädchen geheiratet hätten wie Ihr Bruder. Fordern Sie sie *nicht* heraus und versuchen Sie auch nicht, sie zu reformieren. Denn dann wird sie beschämt sein, sich verteidigen – und noch viel schlimmere Dinge sagen. Wahrscheinlich wird es Ihnen nicht gelingen, die giftigen Menschen in Ihrem Leben aufzuklären. Manche Angelegenheiten sollte man besser ruhen lassen.

Manchmal müssen Sie einfach nein sagen: Ich halte es auch dann für klug, den Umgang mit gewissen Personen einzuschränken, wenn man ihre Motive besser versteht. Dies ist angebracht, wenn sie Ihnen das Gefühl geben, Sie seien selbst schuld an Ihrem Trauma, es sei doch gar nicht so schlimm gewesen, vielleicht sei ja gar nichts passiert, Sie würden sich zu langsam erholen oder der Genesungsprozess würde zu lange dauern.

Wenn es sich um eine wirklich toxische Botschaft handelt – »Vergewaltigung? Ein Mann kann seine eigene Frau gar nicht vergewaltigen!« –, müssen Sie sich entscheiden. Werden Sie versuchen zu kontrollieren, wie viel Salz diese Menschen in Ihre Wunden streuen? Oder werden Sie sie ganz aus Ihrem Leben verbannen – zumindest so lange, bis Sie sich erholt haben?

Holen Sie sich Unterstützung von den Menschen, die sie auch geben können: Versuchen Sie nicht, an Ihrem schadhaften sozialen Netz herumzubessern. Suchen Sie sich stattdessen Menschen, die Sie bei Ihrer Mission unterstützen. Verwenden Sie Ihre Energie darauf, jemanden zu finden, der Ihnen weder mit Vorwürfen noch mit Spott begegnet.

Vielleicht gibt es bereits einige dieser nützlichen Helfer in Ihrem Leben. Treten Sie an sie heran und verbringen Sie etwas Zeit mit ihnen. Lernen Sie aus ihren Reaktionen – und nehmen Sie auch wahr, wenn sich in *Ihnen* Widerstand regt. Vielleicht stellen Sie fest, dass es Ihnen unangenehm ist, wenn ein anderer Ihretwegen so mitfühlend, besorgt oder wütend reagiert, wie Sie sich das eigentlich immer erträumt haben. In einem solchen Fall kann es passieren, dass Sie unbewusst ausgerechnet die Unterstützung meiden oder ausschlagen, die Sie brauchen und verdienen. Es wird Zeit, diese Menschen in Ihr Leben zu lassen, damit die Heilung beginnen kann. Welche Botschaften vermitteln Ihnen diese Helfer bezüglich Ihres Traumas? Was wäre, wenn Sie selbst so empfänden? Es ist Nahrung und kein Junkfood für Ihre Seele, wenn Sie sich mit Menschen umgeben, die an Sie glauben, mit Ihnen fühlen und überzeugt sind, dass Sie überwinden werden, was Sie durchgemacht haben.

Zum Ausprobieren:
Bauen Sie Widersprüche ab

Betrachten wir nun die Widersprüche die Sie im Rahmen der letzten Übung gefunden haben. Was fügt Ihnen Schaden zu und was können Sie dagegen unternehmen?

Wie ich bereits sagte, ist es eine gute Sache, den Fernseher auszuschalten, aber nicht alle Monster lassen sich so leicht aushungern. Wenn sich die Tätigkeiten und Menschen, die Ihnen Schmerzen bereiten, nicht gänzlich umgehen lassen, werden Sie gewisse Grenzen ziehen oder wenigstens ihren Einfluss auf Sie verringern müssen.

Sie können zum Beispiel Aufgaben oder Rituale in Ihren Arbeitsablauf einbauen, um den verstärkenden Einfluss Ihrer Arbeit auf Ihre traumaerhaltenden Annahmen zu minimieren. Ich bin immer neugierig, wie meine Patienten ihre Mittagspause verbringen. Oft empfehle ich ihnen, den Klatsch im Pausenraum durch Erlebnisse zu ersetzen, die ihnen ein Gefühl von Frieden und Wohlbefinden geben – zum Beispiel im Park zu essen oder mit jemandem zu telefonieren, der ihnen ein gutes Gefühl gibt. Vermutlich ist es sogar besser, im Internet über eine Webcam Hundewelpen zu beobachten, als mit jemandem gemeinsam zu essen, in dessen Gegenwart Sie sich elend fühlen.

Nehmen Sie sich jetzt einen Augenblick Zeit. Finden Sie kreative Möglichkeiten, den Schaden zu begrenzen (oder gar gänzlich zu verhindern), den die Menschen und Tätigkeiten auf Ihrer Liste anrichten.

Es kann passieren, dass trotz aller von Ihnen gezogenen Grenzen eine gewisse Negativität in Ihre Vase fließt. Sobald Sie die unumgänglichen giftigen Einflüsse in Ihrem Leben kennen, wissen Sie aber zumindest, wie viel Positivität Sie kultivieren müssen, um sie zu verdrängen.

Ein Permatrauma ist ein Lebensstil. Wenn Ihr Leben besser werden soll, müssen manche Dinge einfach verschwinden.

Ja, da gibt es ein starkes Element von Eigenverantwortung. Wenn etwas an Ihr Trauma rührt, brauchen Sie nicht automatisch darauf reagieren. Der Reiz wird zwar etwas in Ihnen auslösen – Sie müssen jedoch davon absehen, dem Hasen nachzujagen. Setzen Sie sich Grenzen, und wenn Sie überraschend von etwas aufgewühlt werden, gehen Sie nicht nach Hause, um darüber nachzugrübeln. Sie werden nicht verhindern können, dass Ihr soziales Umfeld Ihnen den Ball zuwirft, aber Sie müssen ihn nicht fangen und damit loslaufen.

Finden Sie es übertrieben, den Umgang mit Menschen oder Dingen einzuschränken oder gar zu unterbinden, damit es Ihnen besser geht? Wenn ja, sollten Sie sich mit jemandem unterhalten, der sich schon einmal mit einem Suchtproblem herumgeschlagen und es überwunden hat. Er wird Ihnen sagen, dass, wenn Sie ein neues Leben beginnen möchten, viele Dinge aus Ihrem alten Leben verschwinden werden müssen.

Es wird sich einiges ändern müssen. Wenn Sie sich sicher fühlen möchten, werden Sie möglichen Gefahren tapfer begegnen müssen. Wenn Sie sich liebenswert fühlen möchten, werden Sie Verletzlichkeit riskieren müssen, um Liebe zu finden. Wenn Sie wieder lernen möchten, sich nicht mehr angeschlagen und kaputt zu fühlen, können Sie nicht mehr leben, als würden Sie sich auf den Tod vorbereiten. Es wird Zeit, dass Sie aufhören, sich selbst wehzutun.

11

Resilienzfaktor Nr. 3, Selbstwirksamkeit
Sie haben das Steuer in der Hand

Mandy langweilte sich in der Schule, bis ihre Eltern die Schulbehörde drängten, ein Programm für Hochbegabte zu entwickeln. Sie argumentierten, kluge Kinder hätten besondere Bedürfnisse und sollten deshalb auch besonders gefördert werden: Wenn die sportliche Begabung der Athleten so wichtig sei, dass deshalb eigens Trainer, Uniformen, Busse, Ausrüstungen und Spielfelder bereitgestellt würden, stünde den klugen Kindern dieselbe Behandlung zu.

Mandy sah, wie ihre Eltern über das Problem aufklärten, andere Menschen einbezogen, finanzielle Mittel beschafften und in Sitzungen der Schulbehörde vortrugen. Sie stießen auf einen gewissen Widerstand, aber sie wurden nicht lachend davongejagt, wie Mandy erwartet hatte. Am Ende setzten sie die Einführung des Programms durch.

Spulen wir zwanzig Jahre vor. Mandy ist inzwischen selbst Mutter eines netten, schüchternen Mädchens, das zusammen mit ihren Freundinnen von den »gemeinen Mädchen«

in der Klasse schikaniert wird. Es gibt Telefon- und E-Mail-streiche und einen beunruhigenden Vorfall auf Facebook, über den ihre Tochter nicht sprechen will. Mandy telefoniert mit den Eltern der Kinder, die ebenfalls schikaniert werden, und stellt entsetzt fest, dass sie diese Situation schicksalsergeben hinnehmen. »So ist das nun mal im Leben«, sagen sie. »Das gibt sich schon wieder. Wir können nichts dagegen tun.«

Aber Mandy weiß es besser. Sie sagt: »Wir müssen mit dem Schulleiter sprechen, um zu hören, was die Schule dagegen unternimmt. Es sollte härtere Strafen geben, die Eltern müssen einbezogen werden und man könnte eine Art ›Anti-Mobbing-Unterricht‹ einführen.« Die anderen Eltern protestieren: »Der Lehrplan ist Sache der Schulbehörde, und die wird kaum etwas daran ändern, nur weil ein paar Mädchen nicht miteinander auskommen. Und selbst wenn Sanktionen eingeführt würden, wäre das für unsere Kinder zu spät.«

Mandy geht das Problem unbeirrt und in der Erwartung, ja sogar in dem durch das Vorbild ihrer Eltern geprägten Wissen an, dass sich die Dinge durchaus ändern können und auch ändern werden. Sie bildet eine Koalition, schaltet die Schulverwaltung ein, und das Problem wird schließlich gelöst.

Was Mandy von den Eltern der Mitschülerinnen ihrer Tochter unterscheidet, ist ihre **Selbstwirksamkeitserwartung.** Dabei handelt es sich um ein Gefühl eigener Macht; um das Wissen, dass man stets in der Lage sein wird, sich zu helfen. Es ist eine der entscheidenden Eigenschaften resilienter Menschen.

Eine neue Definition von Macht

Das Konzept der Selbstwirksamkeitserwartung wurde von dem Psychologen Albert Bandura entwickelt. Er definierte es als unseren Glauben daran, dass wir unsere Ziele erreichen können. Bitte beachten Sie, dass dies nicht dem Begriff der Effektivität entspricht. Die Selbstwirksamkeitserwartung bezieht sich auf Ihre Wahrnehmung, nicht auf das tatsächliche Ergebnis Ihrer Bemühungen. Bandura beobachtete, dass die Einschätzung der eigenen Wirksamkeit erhebliche Auswirkungen darauf hat, wie wir Ziele, Aufgaben und Herausforderungen angehen. Vor allem Menschen mit einer hohen Selbstwirksamkeitserwartung (wie Mandy) werden auch schwierige Aufgaben mit der Einstellung anpacken, dass sie sie bewältigen können. Sie denken nicht, die Sache sei hoffnungslos und sie sollten besser die Finger davon lassen.

Wenn sich Wissenschaftler mit Kindern aus schwierigen Verhältnissen beschäftigen, gibt es einen wichtigen Anhaltspunkt dafür, ob sie ihr widriges Umfeld überwinden werden: ihr Empfinden, ob sie Macht haben oder nicht. Leider wird das Wort »Macht« oft falsch verstanden. Würde ich Sie zum Beispiel fragen, ob Sie sich für mächtig halten, bekäme ich vielleicht zur Antwort: »Nein, ich habe keinen besonders einflussreichen Job«, oder: »Nein, ich verdiene nicht viel Geld«, oder gar: »Nein, meine Kinder hören nie auf mich.« Ich meine in diesem Zusammenhang allerdings die ganz persönliche Macht – die Macht, den Mund aufzumachen und sich Gehör zu verschaffen, etwas zu bewirken, etwas zu verändern.

Jeder Mensch hat Macht. Ob wir sie auch nutzen, hängt größtenteils von unserer Einschätzung ab, *ob es uns gelingen wird, das gewünschte Ergebnis zu erzielen.* Diese Beurteilung ist bei den meisten Menschen wiederum an die bisherigen Lebenserfahrungen und an die Frage geknüpft, ob wir in der Vergangenheit etwas bewirken konnten oder nicht.

Ein Trauma ist ein direkter Angriff auf unsere Selbstwirksamkeitserwartung: Etwas Schlimmes ist geschehen, und wir konnten nicht das Geringste dagegen tun. Manchmal vermittelt uns bereits ein einziger Schock – vor allem, wenn wir jung waren oder um unser Leben fürchten mussten – die lebenslange Lektion, dass jeder Versuch, uns selbst zu helfen, sinnlos ist. Wenn der Schlag uns unerwartet oder aus heiterem Himmel traf, ist die Wahrscheinlichkeit noch höher, dass wir uns ohnmächtig fühlen. Wir lernen zu glauben, wir hätten keinen Einfluss, und versuchen es deshalb gar nicht erst.

Über die Vorteile der Selbstwirksamkeitserwartung wurden bereits zahlreiche wissenschaftliche Abhandlungen verfasst. Sie lässt sich wie die meisten Fertigkeiten im Repertoire resilienter Menschen fördern und ausbauen. Indem wir uns Ziele setzen und erreichen, legen wir ein Fundament aus Erfolgen, so dass uns immer weniger umwerfen kann – wie das Stehaufmännchen aus meiner Kindheit.

Es gibt zwei Arten von Selbstwirksamkeit, die ich als **innere** und **äußere Selbstwirksamkeit** bezeichne. Die äußere Selbstwirksamkeit ist der Glaube daran, in der Außenwelt etwas bewirken, sich Gehör verschaffen und die Dinge zum Besseren wenden zu können. (Hier haben wir es im Wesentlichen mit dem zu tun, was Mandy von ihren Eltern gelernt hat.) Die innere Selbstwirksamkeit ist die Überzeugung, die eigene *Innenwelt* kontrollieren zu können. Es ist sozusagen das Wissen, dass man auf seiner emotionalen Reise das Steuer selbst in der Hand hat.

Beide Arten von Selbstwirksamkeit entspringen derselben

Quelle, sind aber im echten Leben nicht immer miteinander verknüpft. Sie können auch unabhängig voneinander vorkommen. Zudem können sich innere und äußere Selbstwirksamkeit auf sehr unterschiedliche Weise manifestieren. Ein wirklich resilienter Mensch besitzt beides. Man könnte sogar sagen, innere Selbstwirksamkeit – der Glaube, die eigenen Gefühle kontrollieren zu können – sei die Grundlage für äußere Selbstwirksamkeit. In diesem Kapitel werden wir uns dem Konzept der inneren Selbstwirksamkeit, im nachfolgenden dem der äußeren Selbstwirksamkeit widmen.

Kehren wir nun zu unserem Beispiel und zu Mandy zurück. Als sie erfuhr, was in der Klasse ihrer Tochter vor sich ging, brach ein emotionaler Wirbelsturm in ihr los: Sie war enttäuscht, weil ihre Tochter sich nicht gegen die Schikane zur Wehr setzte, und empfand eine mörderische Wut auf die Kinder, die es wagten, ihr Mädchen zu verspotten. Dank ihrer inneren Selbstwirksamkeitserwartung gelangte sie jedoch zu der Überzeugung, diese Gefühle beherrschen zu können. Sie wusste, dass sie nicht in dieser emotionalen Finsternis verharren musste und dass sie das auch nicht wollte. Sie nahm ihre emotionale Befindlichkeit in die eigenen Hände und veränderte sie so, dass sie ihr bessere Dienste leistete. Sie ersetzte Gefühle von heftiger Wut und Ohnmacht durch Gefühle der Loyalität, des gerechten Zorns und durch den Wunsch, ihr Kind beschützen zu wollen.

So war sie wiederum besser dafür gerüstet, ihre äußere Selbstwirksamkeit zu erfüllen – also den Glauben, dass sie in diese Schule hineinmarschieren, mit ein paar Leuten reden und dafür sorgen konnte, dass die Regeln geändert wurden. Mandys innere Selbstwirksamkeit schuf die Basis für ihre äußere Selbstwirksamkeit. Sie hätte weder bei den anderen Eltern noch bei der Schulleitung so viel erreicht, wenn sie sich von Wut und Ohnmacht hätte leiten lassen. Hätte sie ihre Gefühle nicht in den Griff bekommen, hätte sie vermutlich gar nichts unternommen.

Sowohl die innere als auch die äußere Selbstwirksamkeit sind wichtige Resilienzfaktoren, und beide müssen bei einem Trauma herbe Schläge einstecken. Da alles mit der inneren Selbstwirksamkeit beginnt, werden auch wir dort ansetzen.

Innere Selbstwirksamkeit

Ben wurde von seiner Freundin wiederholt belogen, betrogen und bestohlen. Sie setzte ihn regelmäßig vor seinen Freunden herab. Warum um alles in der Welt war sie noch immer ein Teil seines Lebens? Er machte ein verträumtes Gesicht, zuckte mit den Schultern und seufzte: »Man hat eben keinen Einfluss darauf, wen man liebt.«

Ben hatte die romantisch verbrämte Vorstellung, die Liebe entzöge sich unserer Kontrolle. Er empfand diese Hilflosigkeit auch allen anderen Emotionen gegenüber, etwa wenn er sich betrogen oder einsam fühlte. Er glaubte, Stimmungen seien wie das Wetter: Wenn sie über einen hereinbrachen, konnte man nur abwarten, bis es vorüber war.

Falls nichts, was Sie tun, Ihre Stimmung beeinflussen kann, wäre es durchaus möglich, dass Sie unter Depressionen, Manie oder einer Angststörung leiden. Eine Stimmung unterscheidet sich zum Teil dadurch von einer affektiven Störung, dass wir im ersten Fall Veränderungen erzielen können, im zweiten dagegen nicht.

Glücklicherweise leiden Menschen, die glauben, ihre Stimmungen entzögen sich ihrer Kontrolle, nur in den seltensten Fällen unter psychischen Störungen. Meist fehlt es ihnen nur an Erfahrung mit innerer Selbstwirksamkeit. Unsere Stimmungen sind sehr wohl formbar. Sowohl positive als auch negative Gemütszustände lassen sich schnell durch einfache Dinge wie eine Bemerkung, ein Lied oder etwas Ablenkung verändern. Im Laufe einer Therapiesitzung, einer Fernsehsendung oder einer U-Bahn-Fahrt können wir ein ganzes Stimmungspotpourri erleben. Es ist allerdings keine Seltenheit, dass Menschen derselben Überzeugung sind wie Ben – vor allem, wenn sie Ähnliches durchgemacht haben wie Sie – und meinen, sie hätten keinen Einfluss darauf, wie sie sich fühlen.

In Wirklichkeit übte Ben eine *enorme* Kontrolle über seine Gefühle aus. Er entschied sich dafür, ganze Nachmittage lang darüber nachzudenken, wie schön und rätselhaft seine Freundin und wie unwürdig er ihrer doch sei – statt darüber, wie herrschsüchtig und beleidigend sie war.

Ich akzeptiere nicht, dass wir ohnmächtige Passagiere im völlig unkontrollierbaren Zug unserer Gedanken und Gefühle sind. Sie können darauf bestehen, Ihren Emotionen gegenüber machtlos zu sein, doch dann werde ich Sie auffordern, sich bewusst zu machen, dass Sie mit diesen Gedanken ein ganz bestimmtes Ziel verfolgen. Wenn Sie sich wie Ben unerschütterlich und ausschließlich darauf konzentrieren, wie schön, sexy und außergewöhnlich Ihre übergriffige Freundin ist, müssen Sie zumindest – mir und sich selbst – eingestehen, dass Sie auch weiterhin Liebe für sie empfinden möchten. Auf diese Weise machen Sie sich wenigstens bewusst, dass Sie das Steuer Ihres Schiffes selbst in der Hand haben – selbst wenn Sie es an einen Ort lenken, an dem es Ihnen schlecht geht.

Mag sein, dass Sie tatsächlich etwas eingerostet sind, was die Kontrolle Ihrer Gefühle betrifft. Aber Sie können sich dazu bringen, fast alles zu empfinden.

Ihre Gefühle sind Ihren Gedanken unterworfen, und Ihr Denken untersteht Ihrer bewussten Kontrolle.

Wenn es draußen frisch wird, können Sie ins Haus gehen. Und wenn das emotionale Klima unbehaglich wird, können Sie es verändern. Das heißt, Sie können sich auch aus einem Stimmungstief oder von Wut befreien. Sie können die Gefühle in Ihr Leben zurückholen, selbst wenn Sie lange Zeit empfindungslos waren. Falls nötig, können Sie sich sogar entlieben. Resiliente Menschen glauben, sie könnten und sollten dafür sorgen, sich besser zu fühlen.

Dazu müssen sie natürlich wissen, wenn es ihnen schlecht geht. Resiliente Menschen sind sich ihrer selbst bewusst. Sie wissen, wenn durch einen Vorfall etwas in ihnen ausgelöst wurde und sie Traumagefühle haben. Statt in einem Meer von Gefühlen zu treiben, können sie sagen: »Hey, ich bin schlecht drauf! Dagegen muss ich etwas unternehmen.« Resiliente Menschen erkennen auch, wenn sie das Gleichgewicht verloren haben. Aber sie empfinden dieses Wissen als weniger beängstigend, denn sie besitzen innere Selbstwirksamkeit, also die Gewissheit, dafür sorgen zu können, dass es ihnen wieder besser geht.

Es spielt keine Rolle, ob sie Beruhigung und Trost, Ablenkung, ein wenig körperliche Betätigung oder Ruhe brauchen. Resiliente Überlebende sind zuversichtlich, ihre Stimmungen durch ihr Handeln verändern zu können. Sie wissen, sie können ihr natürliches Gleichgewicht wiederherstellen.

Hinsichtlich der inneren Selbstwirksamkeitserwartung ist das Bemerkenswerte an resilienten Überlebenden, dass sie nicht nur glauben, ihre Gefühle steuern zu können, sie sind auch bereit, etwas dafür zu tun. Zum Beispiel legen sie eine andere Musik auf, um damit auf ihre Emotionen einzuwirken. Sie wählen ein Gefühl aus der Liste ihrer heilenden

Emotionen und tun, was nötig ist, um es zu empfinden. Indem sie handeln, tragen sie dazu bei, sich nicht mehr bezwungen, sondern stark zu fühlen.

> Resiliente Überlebende haben die geistige Disziplin, aus dem Schatten ins Licht zu treten.

Zum Ausprobieren:
Beurteilen Sie Ihre innere Selbstwirksamkeit

Die Einschätzung der eigenen Selbstwirksamkeit bildet ein zusammenhängendes Ganzes. Manche Menschen glauben, sehr viel Kontrolle über ihre Gefühle zu haben, andere dagegen nicht. Zweifellos spielen auch Ihre Familie, Ihre Erfahrungen und Ihre Kultur eine Rolle, wenn es darum geht festzustellen, an welchem Punkt des Spektrums Ihre Überzeugungen angesiedelt sind.

Halten Sie es für sinnvoll, von einem anderen Menschen zu verlangen, er solle versuchen, seine Befindlichkeit zu verändern? Haben Sie schon einmal jemandem geholfen, sich aus einer schlechten Stimmung zu befreien? Haben Sie schon einmal versucht, jemanden aus einer schlechten Stimmung zu befreien, und mussten feststellen, dass derjenige offenbar darin feststeckte oder sie einfach nicht loswerden konnte?

Haben Sie selbst schon einmal erfolgreich eine schlechte Stimmung abgeschüttelt? Gibt es einen Menschen, der besonders gut darin ist, Ihnen dabei zu helfen, sich besser zu fühlen, Ihnen eine neue Perspektive aufzuzeigen oder Sie abzulenken? Waren Sie schon einmal wütend auf jemanden, der versucht hat, Sie aus einer schlechten Stimmung zu befreien?

Können Sie sich an eine Situation erinnern, in der es Ihnen schlecht ging und Sie sich bewusst dafür entschieden, aus der düsteren Stimmung herauszukommen? Vielleicht haben Sie Freunde angerufen und sind ausgegangen. Vielleicht sind Sie ins Fitnessstudio oder in die Kirche gegangen. Vielleicht haben Sie die schlechte Stimmung auch einfach losgelassen. Wie wirkt sich der Gedanke an dieses Beispiel auf Ihre Einstellung zur inneren Selbstwirksamkeit aus?

Versuchen Sie, während Sie den heutigen Tag und die verschiedenen Ereignisse erleben, Ihre Gefühle bewusst zu steuern, statt sich ihnen einfach zu unterwerfen. Vielleicht sind Sie missmutig, weil Sie sich auf einer beruflichen Feier Ihres Mannes blicken lassen müssen. Können Sie aus der emotionalen Dunkelheit ins Licht treten, indem Sie sich mit einem positiven, stärkenden Gefühl verbinden? Können Sie stolz auf Ihren Mann sein oder sich geschmeichelt fühlen, dass er Sie an seiner Seite haben möchte? Achten Sie darauf, welche Widerstände Sie spüren. Sie geben Ihnen wertvolle Hinweise auf Ihre Überzeugungen bezüglich der inneren Selbstwirksamkeit.

So steigern Sie Ihre innere Selbstwirksamkeit

Es gibt viele Möglichkeiten, das Steuer der Gefühle zu ergreifen und Kurs auf ein angenehmeres emotionales Terrain zu nehmen. Manche Menschen tun dies, indem sie ihre Aufmerksamkeit auf etwas richten, das wohligere Gefühle in ihnen weckt.

Ein Kriegsveteran kann sich bei den Feierlichkeiten zum amerikanischen Unabhängigkeitstag vom Knallen des Feuerwerks überwältigt fühlen und in Panik geraten. Er kann seine

Gefühle aber auch dadurch in den Griff bekommen, dass er das verzückte Gesicht seines Sohnes betrachtet, der auf der Picknickdecke neben ihm sitzt, und seine Angst bewusst durch ein Gefühl des Staunens ersetzen.

Falls Sie bezweifeln, dass resiliente Überlebende derartige Techniken benutzen, möchte ich auf die Autobiografie des kambodschanischen Flüchtlings und späteren UN-Botschafters Sichan Siv mit dem Titel *Golden Bones: An Extraordinary Journey from Hell in Cambodia to a New Life in America* verweisen. Darin erzählt er, wie er nach der sicheren Ankunft in den Vereinigten Staaten zum ersten Mal eine Parade zum amerikanischen Unabhängigkeitstag besucht. Er fühlt sich genau wie unser Veteran überwältigt, nimmt aber bewusst Kurs auf angenehmere emotionale Gefilde. Er schildert diesen Augenblick folgendermaßen: »Das Bild eines kleinen Mädchens begleitete mich. Sie war als Freiheitsstatue verkleidet und saß in einem roten Wägelchen, das von einem Golden Retriever gezogen wurde. Ich sagte mir: ›Dies ist ein schönes Land.‹« Trotz der Panik, die durch seine Adern fließt, besitzt Siv die Kühnheit, sich ein Bild zu suchen, das ihm ein Gefühl von Freiheit vermittelt und seinem Herzen Mut macht, seinen Augen zu folgen.

Wir bekommen im Leben tatsächlich eine zweite Chance. Leider halten unsere Emotionen uns allzu oft in der Vergangenheit gefangen. Sind Sie bereit, das Gefühl, ungerecht behandelt worden zu sein, gegen eine positivere Haltung einzutauschen?

Können Sie sich vorstellen, dass es Ihnen irgendwann gelingen wird, diese Gefühle und Überzeugungen abzulegen? Können Sie sich trotz Ihrer Traumagefühle dazu überwinden, nach einer Möglichkeit zu suchen, sich besser zu fühlen? Werden Sie versuchen, sich abzulenken und zu trösten?

Kehren wir kurz zu dem Bild von der mit negativen Gefühlen gefüllten Glasvase und den Steinen zurück, die für die positiven Emotionen stehen, um die wir uns bemühen. Ein Stein ist ein Instrument, an dem Sie sich festhalten können, wenn es Ihnen schlecht geht und Sie versuchen, einen besseren emotionalen Ort anzusteuern. So gesehen können Sie Steine wie pflanzliche Medizin einsetzen, um negativen Stress zu lindern.

Sie bekommen nun Gelegenheit herauszufinden, wie Sie etwas als Stein nutzen können, auf das immer Verlass ist: Musik.

Musik kann Ihnen helfen, sich besser zu fühlen

Musik ist eines der stärksten Heilmittel, die uns zur Verfügung stehen. Beim Titelsong zu *Rocky* springt sogar der Bequemste vom Sofa auf! Das richtige Lied liefert den Beweis dafür, dass wir Einfluss auf unsere Stimmung haben und sie tatsächlich verändern können. Die Musik kann somit ein wertvolles Instrument für uns sein, um von unangenehmen Gefühlen abzurücken und uns eine Dosis heilender Emotionen zu verschaffen.

Die Bürgerrechtlerin Rosa Parks erzählte, wie sie an dem Tag, an dem sie von dem tödlichen Attentat auf Martin Luther King erfuhr, ihre Zuversicht mit Hilfe der Musik zurückgewann. Zuerst empfand sie nur eine schmerzliche Leere und fragte sich, ob die Ära der amerikanischen Bürgerrechtsbewegung soeben mit einer Niederlage zu Ende gegangen sei. Dann aber legte sie eines ihrer Lieblingslieder auf: »A Change is Gonna Come« von Sam Cooke. Im Refrain heißt es: »It's been a long, a long time coming, but I know a change is gonna come« (dt. etwa: »Es dauert schon sehr lange, aber ich weiß, dass sich etwas ändern wird«).

Rosa sagte später, diese Ballade hätte sie davor bewahrt, den Verstand zu verlieren. »Seine sanfte Stimme war Balsam für die Seele«, erinnerte sie sich. »Es war, als spräche Dr. King persönlich zu mir.« Noch am selben Tag nahm sie ein Flugzeug nach Memphis, um die Arbeit fortzuführen, mit der sich King vor seinem Tod beschäftigt hatte. Hätte Rosa einen Stein mit der Aufschrift »Zuversicht« besessen, hätte sie damit gearbeitet, indem sie Sam Cooke oder ihrer *anderen* musikalischen Lieblingsinspiration gelauscht hätte: »We Shall Overcome«.

Zum Ausprobieren:
Erstellen Sie eine Wiedergabeliste

Sobald meine Patienten wissen, welche Gefühle sie gern häufiger erleben würden, ermuntere ich sie, Wiedergabelisten mit Liedern zusammenzustellen, die ihnen helfen, diese Empfindungen in sich zu wecken. Jeder Mensch hat Gefühle, die er braucht, und solche, die er besser meiden sollte. Das Schöne an der Musik ist, dass sie uns Zugang zu klaren Empfindungen wie heiterer Gelassenheit, Sexualität oder Dankbarkeit verschaffen kann. Wir können aber auch Listen erstellen, die uns in komplexere emotionale Zustände versetzen. Ich habe Lieder gesammelt, die mich daran glauben lassen, dass sich nach einer Tragödie alles zum Guten wenden wird, und welche, um ein Gefühl von Wohlbefinden und Überfluss zu genießen. Sie können Wiedergabelisten zusammenstellen, die Ihren ganz persönlichen düsteren Stimmungen entgegenwirken. Wenn Sie von Ihrem Partner betrogen werden, sollten Sie vielleicht eine Liste mit Liedern über Menschen zusammenstellen, die in der Liebe für sich selbst eingestanden und zu dem Schluss gekommen sind, dass sie sich das nicht mehr bieten lassen werden. Wenn Sie wissen, dass Ihnen etwas mehr Humor gut stünde, erstellen Sie eine Liste, um die Ironie des Lebens zu feiern.

Vielleicht haben Sie iTunes auf Ihrem Computer oder Zugang zu einer großen Musikbibliothek, die Sie nach bestimmten Liedern durchsuchen können. (Meine persönlichen Wiedergabelisten sowie die Musik dazu finden Sie auf meiner Internetseite www.aliciasalzer.com.) Sie können auch einfach das ganze Internet mit Suchanfragen wie »Lieder über _____« durchstöbern und sich die Vorschläge anhören. Es gibt sogar Suchmaschinen für Diskjockeys wie The Green Book of Songs, das Sie für 4 Dollar die Woche nutzen können. Sie müssen dann nur noch ein bestimmtes Gefühl eintippen, und das Green Book liefert Ihnen ganze Listen von Titeln dazu. Fast alle Songs können Sie über das Videoportal YouTube im Internet anhören. Auch die Texte sind im Internet leicht zu finden, wenn Sie den Titel des Liedes zusammen mit dem Wörtchen »Lyrics« oder »Text« eingeben. In einer Stunde am Computer können Sie umfangreiche Wiedergabelisten mit Liedern zu beinahe jedem beliebigen Gefühl zusammenstellen.

Achten Sie dabei darauf, wie die einzelnen Lieder auf Sie wirken. Beobachten Sie, ob sie Ihre alte traumaerhaltende Annahme stärken (und Sie sie deshalb meiden sollten) oder ob sie Ihnen helfen, Kontakt zu einem verschollenen Gefühl aufzunehmen.

Bei dieser Übung geht es nicht nur darum, Wiedergabelisten zusammenzustellen, sie soll Ihnen auch das Phänomen der inneren Selbstwirksamkeit demonstrieren. Beim Zuhören werden Sie merken, dass Sie durchaus in der Lage sind, Ihre Stimmung zu verändern. Sie werden feststellen, dass Sie manche Lieder mehr und andere weniger mögen, und Sie werden erkennen, dass es einigen Liedern besser gelingt, die gewünschte Emotion in Ihnen wachzurufen.

Viele von uns haben das Gefühl, wir würden die Erinnerung an das Erlittene entehren oder in Abrede stellen, wenn wir uns um ein größeres emotionales Wohlbefinden bemühen. Dazu möchte ich sagen: Sie werden möglicherweise feststellen, dass Sie angesichts Ihrer Erfahrung leichter ein Gefühl von Stärke empfinden, wenn Sie bereit sind, Ihre innere Selbstwirksamkeit zu nutzen, um sich besser zu fühlen. Der Kambodschaner und Amerikaner Sichan Siv hätte problemlos einen Grund finden können, an jenem Unabhängigkeitstag an seinem Kummer und seiner Angst festzuhalten, statt seinen Blick auf ein als Freiheitsstatue verkleidetes kleines Mädchen zu heften. Er hätte in Gedanken in seine schmerzliche Vergangenheit zurückkehren und sich darin verlieren können. Stattdessen entschied er sich dafür, an positiveren Gefühlen festzuhalten und diese Kraft zu nutzen, um zum Fürsprecher für seine Landsleute zu werden. Ihre Lebensumstände haben sich geändert, und Sie müssen weder im Bereich Ihrer Gefühle noch Ihrer Erfahrungen festgefahren bleiben.

| 12 |
Steigern Sie Ihre
äußere Selbstwirksamkeit
Führen Sie einen Wandel herbei

Innere Selbstwirksamkeit, also der Glaube, die Kontrolle über die eigenen Gefühle zu haben, kann die Erwartung *äußerer* Selbstwirksamkeit verstärken.

Indem wir dafür sorgen, dass wir uns stark fühlen, erzeugen wir eine optimistische Grundhaltung hinsichtlich der Dinge, die wir erreichen können. Können wir dann Siege verbuchen, und seien sie noch so klein, sammeln wir Beweise gegen unsere vermeintliche Hilflosigkeit. Dies wiederum stärkt unsere äußere Selbstwirksamkeit und schenkt uns Optimismus und Vertrauen in unsere Fähigkeit, positive Veränderungen herbeiführen zu können.

In diesem Kapitel werden wir sehen, dass die Erwartung äußerer Selbstwirksamkeit ein entscheidender Bestandteil des dritten Resilienzfaktors ist.

Die Macht der kleinen Ziele

Wie ich bereits sagte, sollte die Resilienzforschung ursprünglich herausfinden, weshalb sich manche Kinder prächtig entwickeln, obwohl sie unter widrigen Umständen aufwachsen. Das, was die Wissenschaftler von ihnen gelernt haben, wird inzwischen auf viele gefährdete Jugendliche angewandt. Es dient dazu, diesen jungen Menschen die Kompetenzen zu vermitteln, die es ihnen ermöglichen, sich aus ihrer Situation zu befreien und zu gesunden und produktiven Erwachsenen heranzuwachsen.

Die auf diese Kinder abzielenden Programme wollen ihnen meist dabei helfen, äußere Selbstwirksamkeit zu entwickeln, indem sie leicht erreichbare Ziele mit klaren Ergebnissen vorgeben – Projekte, auf die sie stolz sein können, wenn sie sie erfolgreich bewältigt haben.

Bei einer eintägigen Aufräumaktion auf dem Spielplatz lernt ein Kind, Hindernisse konstruktiv zu überwinden, statt aufzugeben, wütend zu werden oder sich zu rächen. Stimmt es dafür, dass die Rutsche nicht grün, sondern violett gestrichen wird, wird es sich seiner Handlungsfähigkeit bewusst und lernt, dass seine Meinung zählt. Gelegenheiten wie diese vermitteln ihm den Eindruck, etwas bewirken zu können, eine Wahl zu haben und die eigenen Entscheidungen in der Außenwelt gespiegelt zu sehen.

Das Fundament für Resilienz beim Erwachsenen wird dadurch gelegt, dass diesem Menschen in seiner Kindheit etwas gelingt, das er nicht für möglich gehalten hätte. Dies geschieht für gewöhnlich, wenn jemand fest daran glaubt, etwas zuwege bringen zu können, das unerreichbar oder unvorstellbar scheint, und Mittel und Wege findet, sein Ziel auch zu erreichen.

Leider hat diese Art der Selbstwirksamkeit auch eine Kehrseite: Wenn man sich wiederholt bemüht und immer wieder versagt oder gnadenlos entmutigt wird, wird man irgendwann aufhören, seine Zeit zu verschwenden. Bezeichnen die erwachsenen Personen aus dem Umfeld eines Kindes den Spielplatz als gefährliche Müllkippe und behaupten, dagegen ließe sich nichts machen, wirkt ihre Ohnmacht wie ein Verstärker. Wenn dies oft genug geschieht, wird das Kind in dem Glauben aufwachsen, durch sein Handeln keinerlei Einfluss nehmen zu können. Äußere Selbstwirksamkeit (oder ein Mangel daran) lässt sich gewissermaßen aus zweiter Hand erlernen.

Es sind auch keineswegs nur Kinder aus armen oder sozial benachteiligten Familien betroffen. Übervorsichtige Eltern und ein privilegierter Hintergrund können junge Menschen ebenso leicht der Gelegenheit berauben, Widerstandskraft zu entwickeln, wie ein Leben in Not.

> Selbstwirksamkeit ist nicht gleich Effektivität, es ist vielmehr die *Erwartung*, effektiv sein zu können.

Unsere Selbstwirksamkeit hat mal mehr, mal weniger Einfluss auf unsere Alltagsentscheidungen. Ein gutes Beispiel dafür ist der Entschluss, nicht zur Wahl zu gehen. Es gibt viele Gründe, weshalb ein vernünftig denkender Mensch zu dem Ergebnis gelangen kann, in einem so großen Land wie den Vereinigten Staaten spiele eine einzelne Stimme keine Rolle. Allerdings möchten wir im Augenblick die Gewohnheiten resilienter Menschen testen – und vor allem ihre Vorstellung von Selbstwirksamkeit verstehen. Lassen Sie uns deshalb einen Blick darauf werfen, wie Schauspieler und Parkinson-Patient Michael J. Fox den Akt des Wählens sieht.

Jeder, der am Wahltag schon einmal schlechtes Wetter oder eine Erkältung als Ausrede für sein Fernbleiben gelten ließ, sollte lesen, welche Hindernisse Fox auf dem Weg zur Wahl überwinden muss. In seinen Memoiren *Always Looking Up* beschreibt er, was für ein körperlicher Kampf es für ihn ist, sich ins Wahllokal zu begeben. Das krankheitsbedingte Zittern macht es für ihn zu einer Herausforderung, sich anzuziehen, zu gehen, die Treppe hinaufzusteigen, sein Kreuzchen bei den gewünschten Kandidaten zu machen und den Stimmzettel in die Wahlurne zu werfen. »Dann ist es vollbracht. Ich habe meinen Kieselstein ins Meer geworfen, und im Laufe des Tages werden dies hoffentlich auch Millionen anderer Menschen tun. Niemand weiß, welcher Stein dafür sorgen wird, dass die Welle ihren Scheitelpunkt erreicht, aber jeder glaubt zu Recht, es könnte der eigene sein. Es ist ein Akt des Glaubens.«

Sieht man die Welt mit Michaels Augen, versteht man, dass seine Selbstwirksamkeitserwartung keine Illusion ist und er seinen Einfluss auch nicht überschätzt. Er weiß, dass seine Stimme nur ein Kieselstein im Ozean ist. Und doch liegt so viel Leidenschaft in seinen Worten. Das Wählen gibt ihm das Gefühl, an etwas wirklich Wichtigem teilzuhaben. Es gibt ihm das Gefühl, etwas bewirken zu können, und das ist für einen Menschen in seiner Situation enorm wichtig. Angesichts einer Krankheit oder Erfahrung, die uns den Glauben an die Macht über das eigene Leben zu rauben droht, ist es wunderbar zu wissen, dass man äußeren Umständen nicht ohnmächtig ausgeliefert ist.

> Selbstwirksamkeit ist eine kraftvolle Medizin.

Wenn das, was Ihnen widerfahren ist, ein Gefühl von Ohnmacht oder Hoffnungslosigkeit hinterlassen hat oder wenn Sie nun glauben, keinen Einfluss zu haben und sowieso nichts bewirken zu können, kann es einer Ihrer Steine sein, sich in äußerer Selbstwirksamkeit zu üben. Unter Umständen werden Sie feststellen, dass Sie sich bereits sehr viel besser fühlen, selbst wenn Sie nur winzige Aufgaben bewältigen, die Sie Ihrem Ziel näherbringen.

Zum Ausprobieren:
Wie hoch ist Ihre Selbstwirksamkeitserwartung?

Gab es ein prägendes Erlebnis in Ihrer Kindheit, als Sie zu Ihrem Erstaunen feststellten, dass Ihnen oder einer anderen Person etwas gelang, das Sie davor für unmöglich gehalten hatten?

Aus dieser Erfahrung habe ich Folgendes über Selbstwirksamkeit gelernt:
 Ich bin ohnmächtig und hilflos 1...2...3...4...5 Ich kann etwas bewirken.

Was haben Sie als Kind von Ihren Bezugspersonen über Selbstwirksamkeit gelernt? Konnten Sie beobachten, dass *sie* – zu Hause, am Arbeitsplatz und in der Welt im Allgemeinen (in der Lokalpolitik oder in ihrer Glaubensgemeinschaft) – selbstwirksam waren?

Aus dieser Erfahrung habe ich Folgendes über Selbstwirksamkeit gelernt:

Ich bin ohnmächtig und hilflos 1...2...3...4...5 Ich kann etwas bewirken.

Angenommen, Ihrer Mutter oder Ihrem Vater lag sehr viel an einer Sache. Konnte er oder sie sich dann beim jeweils anderen Partner Gehör verschaffen?

Aus dieser Erfahrung habe ich Folgendes über Selbstwirksamkeit gelernt:

Ich bin ohnmächtig und hilflos 1...2...3...4...5 Ich kann etwas bewirken.

Nehmen wir an, es gab Probleme in der Nachbarschaft. Hat Ihre Familie etwas dagegen unternommen oder wurden diese Dinge als unumgänglich hingenommen? Gab es die Möglichkeit, darüber zu sprechen, etwas daran zu ändern, Kompromisse auszuhandeln oder die Situation zu verbessern?

Aus dieser Erfahrung habe ich Folgendes über Selbstwirksamkeit gelernt:

Ich bin ohnmächtig und hilflos 1...2...3...4...5 Ich kann etwas bewirken.

Ist Ihnen in Ihrer Kindheit einmal ein echter Triumph hinsichtlich Ihrer Selbstwirksamkeit gelungen? Haben Sie ein Projekt begonnen und dann dafür gesorgt, dass es auch abgeschlossen wurde? Haben Sie Ihre Meinung gesagt und wurden von den Erwachsenen so ernst genommen, dass sich etwas änderte?

Aus dieser Erfahrung habe ich Folgendes über Selbstwirksamkeit gelernt:

Ich bin ohnmächtig und hilflos 1...2...3...4...5 Ich kann etwas bewirken.

Hatten Sie ein Vorbild – jemanden, der glaubte, dass auch der Einzelne etwas bewirken könne? Es kann sich dabei um einen persönlichen Bekannten oder eine Ikone Ihrer Zeit handeln.

Aus dieser Erfahrung habe ich Folgendes über Selbstwirksamkeit gelernt:

Ich bin ohnmächtig und hilflos 1...2...3...4...5 Ich kann etwas bewirken.

Wie sieht es derzeit in Ihrem Leben aus? Nehmen Sie das, was das Leben Ihnen bringt, als gegeben hin? Oder glauben Sie, der Mensch könne mit Wort oder Tat Einfluss darauf nehmen?

Viele von uns hatten nicht das Glück, in einem Umfeld aufzuwachsen, in dem sie Resilienz lernen konnten. Und selbst dann können Erlebnisse wie das, was Ihnen zugestoßen ist, der äußeren Selbstwirksamkeit eines Menschen übel mitspielen. Sie sollten daher wissen, dass ein Gefühl mangelnder äußerer Selbstwirksamkeit nicht von Dauer sein muss. Sogar wenn Sie als Kind nichts erlebt haben, das Ihnen den Eindruck vermittelte, Sie hätten Einfluss auf Ihre Umgebung und auf Ihre Erfahrungen, können Sie Ihre Erwartungen verändern.

> Wenn Ihnen eine traumaerhaltende Annahme einreden möchte: »Das hat doch keinen Sinn«, genügen oft schon ein paar überzeugende Erfahrungen als Beweis dafür, dass eine Sache *sehr wohl* einen Sinn hat.

Traumaüberlebende können ihre Selbstwirksamkeit oft nur schwer erkennen und würdigen. Allerdings führen wir in vielen Fällen einfach nicht genau genug Buch. So, wie wir in erster Linie Beweise für unsere traumaerhaltenden Annahmen sammeln, sind wir auch voreingenommen und sehen nur das, was unsere Hilflosigkeit und Ineffektivität bestätigt. (Der vermeintliche Mangel an Handlungsfähigkeit im eigenen Leben ist die vielleicht größte traumaerhaltende Annahme überhaupt.) Vielleicht behaupten Sie, Sie seien hilflos und versagten bei allem, was Sie anpacken. Sogar großartige Dinge würden in Ihren Händen zu Schrott. Ich weiß allerdings, wenn ich Ihnen auf Schritt und Tritt folgen und genau beobachten würde, was im Laufe Ihres Tages so geschieht, böte sich ein ganz anderes Bild.

Lettys erster Mann hatte sie emotional misshandelt und ihre Selbstwirksamkeitserwartung erheblich untergraben. Um sich als »Mann im Haus« fühlen zu können, schrieb er ihr vor, was sie anzuziehen, wann sie zu Hause zu sein und was sie zu kochen habe. Er war beleidigend, herrisch und ignorierte ihre Gefühle. Auch nach dem Ende ihrer Ehe blieb Lettys Selbstwahrnehmung verzerrt. Sie hielt sich für dumm, ohnmächtig und einflusslos.

Eines Tages mussten wir einen Termin verschieben, und ich warf einen Blick über Lettys Schulter in ihren Kalender. Eine bessere Bestätigung für ihren Anspruch auf Selbstwirksamkeit als das, was dort in ordentlichen Druckbuchstaben geschrieben stand, gab es nicht. Ihr Kalender war voll mit den Terminen ihrer vielbeschäftigten Kinder, ihren Aufgaben für die Gemeinde, ihren finanziellen Verpflichtungen und allem, was sie tun musste, um den Haushalt zu führen. Tag für Tag erledigte sie klaglos unzählige wichtige Aufgaben, und ihr Kalender enthielt den Beweis für ihre Effizienz.

Ich bat Letty, mir zu schildern, wie viel Macht und Kontrolle sie über ihr Leben zu haben glaubte. Die Frage sollte Aufschluss darüber geben, wie sie ihre Selbstwirksamkeit einschätzte. Sofort begann sie, in allen Einzelheiten zu erörtern, dass sie keinen Einfluss darauf habe, wie die Männer in ihrem Leben sie behandelten.

»Ich habe kein Glück mit Männern«, sagte sie. Ich hoffe, Sie durchschauen inzwischen die unrealistische Passivität dieses Satzes. »Männer« stoßen einem nicht einfach zu. Es gibt kein Glücksrad im Himmel, das den Pechvögeln miese, übergriffige Kerle zuteilt, während alle anderen Traumtypen abbekommen. Letty hatte sich den Falschen zum Heiraten ausgesucht, das stimmte.

Aber da waren noch einige andere Wahrheiten, die sie gar nicht registrierte. Zunächst waren die Schwierigkeiten in ihrer Ehe mehr auf die Probleme ihres Mannes als auf ihre eigenen zurückzuführen. Natürlich hatte es seine Gründe, dass sie sich einen solchen Mann ausgesucht hatte. Aber allmählich erkannte sie das Muster und traf bereits bessere Entscheidungen.

Warum nur wurde Lettys gesamte Selbstwirksamkeitserwartung *ausschließlich* von diesem historischen Mangel an Effektivität in Beziehungsdingen bestimmt? Beim Sammeln der Beweise für ihre Selbstwirksamkeit hätte sie vor allem den Einträgen in ihrem Terminkalender Beachtung schenken sollen – nicht ihrer Ehe. Die Notizen in diesem Büchlein belegten, wie viele anspruchsvolle Aufgaben Letty jeden Tag erledigte. Aufgaben, für die Geduld, Intelligenz und Kooperation nötig waren. Diese Frau managte eine Familie, bewältigte eine Ehekrise und hielt ihre Karriere in Schwung. Sie bewerkstelligte mehr als die meisten von uns – sie führte nur nicht richtig Buch darüber.

Wenn Sie wie Letty Ihre Selbstwirksamkeit auf eine vermeintliche Ohnmacht oder Ineffektivität gründen, suchen Sie vermutlich am falschen Ort. Möglicherweise müssen Sie einen genaueren Blick auf das werfen, was Sie bereits tun und was Sie schon erreicht haben, und Ihre Erfolge anerkennen – ohne Perfektion zu erwarten.

Vielleicht sagen Sie: »Das Kabelfernsehen ist ausgefallen und obwohl ich eine Stunde mit dem technischen Kundendienst telefoniert habe, konnte ich es nicht wieder zum Laufen bringen.« Wenn Sie so darüber denken, übergehen Sie einige entscheidende Punkte. Sie haben sich Zeit genommen, den Kundendienst anzurufen. Sie haben die ärgerlichen Eingabeaufforderungen befolgt, ohne das Telefon an die Wand zu klatschen. Sie haben das Problem geschildert. Sie haben Termine verlegt, damit in der nächsten Woche ein Techniker kommen kann. Irgendwann wird das Problem gelöst sein, und Sie werden den Großteil der Arbeit getan haben, während der Techniker bei seinem Besuch die restlichen zehn Prozent erledigt.

Bitte denken Sie daran, dass Teilerfolge zählen! Wenn Ihre Bemühungen Ihnen helfen, auch nur den halben Weg zum Ziel zurückzulegen, können Sie berechtigterweise stolz darauf sein. Wenn Sie das nicht glauben, hatten Sie vielleicht noch nie einen Anwalt, der nach Stunden abrechnet. Meine Anwältin notiert jeden Anruf, auch wenn sie niemanden erreicht. Sie schreibt jede Google-Recherche auf, auch wenn sie das Gesuchte nicht findet. Ihre Rechnungen schmerzen ein wenig, aber natürlich ist es richtig, wenn sie ihren zeitlichen Aufwand bezahlt bekommt. Genau wie die Jungs, die seit Monaten meine Straße aufgraben, weil das Problem mit dem Abwasserkanal noch immer nicht behoben ist. Das Gleiche gilt für das Labor, das den Test ausgewertet hat, der andeutete, meine Tochter habe eine bestimmte Krankheit – was sich zum Glück nicht bestätigte.

> Im Leben bekommen die Menschen Zeit und Aufwand vergütet – nicht das Ergebnis.

Es wird höchste Zeit, dass Sie etwas genauer festhalten, wie viele Arbeitsstunden Sie tatsächlich in Rechnung stellen können.

Es liegt ganz im Auge des Betrachters…

Nun gut, resiliente Überlebende setzen sich erreichbare Ziele und schüren mit ihren Erfolgen das Feuer ihrer Selbstwirksamkeitserwartung. Außerdem wissen sie auch Teilerfolge zu schätzen. Was aber tun sie, wenn ihre Versuche komplett fehlschlagen? Wie sich herausstellt, sind unsere Erklärungen für unsere Misserfolge ebenso wichtig wie unsere Begründungen für unsere Erfolge. Resiliente Menschen haben da eine sehr interessante Herangehensweise.

Ein guter Freund und Kommilitone war im Medizinstudium durch eine mündliche Prüfung gerasselt. Ich wäre
nach einem solchen Desaster prompt mit eingekniffenem
Schwanz von dannen geschlichen, er aber marschierte gera-
dewegs ins Büro des Dekans und verlangte, noch einmal geprüft zu werden. Er sagte: »Meine Ausbildung kostet mich
ein Vermögen, und ich lasse nicht zu, dass ich auf meinem
beruflichen Weg dadurch behindert werde, dass sich der
Prüfer auf ein obskures medizinisches Detail kapriziert.«
Die Krankheit, zu der man ihn befragt hatte, war tatsächlich so selten, dass wohl keiner von uns je einen Patienten
mit einer solchen Diagnose zu Gesicht bekommen würde.
Dennoch konnte ich einfach nicht glauben, wie jemand
trotz einer vermasselten Prüfung so selbstbewusst sein
konnte!

Mein Freund hatte Folgendes getan: Er hatte sich Anerkennung für das gezollt, was er richtig gemacht hatte (er wusste,
dass er fleißig gelernt hatte und den Stoff beherrschte), und
er hatte jede Schuld für das von sich gewiesen, was falsch
gelaufen war (er hatte einen miesen Prüfer erwischt). Wie
man inzwischen weiß, ist diese sonderbare Haltung bei
resilienten Menschen recht weit verbreitet!

Resiliente Überlebende übernehmen für gewöhnlich
die Verantwortung für das, was gut läuft, weisen aber jede
Schuld an den Dingen von sich, die danebengehen. Sie werden deshalb auch nicht von den unangenehmen Gefühlen
gequält, die normalerweise mit Misserfolgen einhergehen.
Wie es sich für einen Optimisten gehört, ging mein Stu-
dienfreund nicht davon aus, dass sein Misserfolg etwas mit
ihm persönlich zu tun habe, allumfassend oder von Dauer
sei. Er nahm den Fehlschlag nicht persönlich, verallgemeinerte und katastrophisierte ihn nicht. Er hielt ihn vielmehr

für systembedingt und für etwas, das sich wieder einrenken ließ. Und ja, er durfte die mündliche Prüfung wiederholen.

Zum Ausprobieren:
Zollen Sie sich Anerkennung für das, was gut läuft – und weisen Sie die Schuld an allem von sich, was danebengeht

Bei dieser Übung werden wir mit dem Charakterzug resilienter Menschen experimentieren, der sie für gewöhnlich die persönliche Verantwortung für die Dinge übernehmen lässt, die gut laufen, *nicht* aber für das, was danebengeht.

Gehen Sie in Gedanken den letzten Monat durch. Erinnern Sie sich an einen Versuch, der fehlgeschlagen ist – an einen Job, den Sie nicht bekommen haben; an einen Menschen, mit dem Sie ausgegangen sind und der Sie am Ende doch nicht so gern mochte wie umgekehrt; an einen Kandidaten, dem Sie gern zum Wahlsieg verholfen hätten und der dennoch verloren hat. Es sollte etwas sein, das Sie entmutigt, heruntergezogen und den Wunsch in Ihnen geweckt hat, einfach aufzugeben. Es sollte etwas sein, weswegen Sie sich geärgert haben, das Sie im Kopf immer wieder durchspielen und das Sie wünschen lässt, Sie hätten alles ganz anders angefangen.

Schritt eins:
Rechnen Sie sich alles Positive als eigenen Verdienst an

Auch wenn Ihre Bemühungen am Ende nicht von Erfolg gekrönt waren, sollten Sie sich kurz etwas Zeit nehmen und sich ansehen, was Sie richtig gemacht haben. Sie können diese Übung auch umgekehrt angehen: Wenn es *tatsächlich* geklappt hätte, wofür hätten Sie sich dann auf die Schulter geklopft?

Sagen wir, Sie waren bei Ihrem Vorstellungsgespräch passend gekleidet, Ihre Ausführungen waren interessant und aufschlussreich, Sie haben auf die indirekten Hinweise Ihres Gegenübers reagiert, und Ihr Lebenslauf spiegelte Ihre große berufliche Erfahrung wider. Oder Sie konnten mehrere hundert Wähler gewinnen, haben Abertausende von Broschüren und Aufklebern verteilt, waren pünktlich und beharrlich und haben sich eine positive Einstellung bewahrt. Notieren Sie sowohl das, was Sie getan, als auch die Charakterstärken, die Sie demonstriert haben. Denken Sie gut nach! Ich möchte, dass Ihnen mindestens zehn Dinge einfallen.

Auf diese Weise ergibt sich eine genauere Aufstellung der Stunden, die Sie – bildlich gesprochen – »in Rechnung stellen« können.

Schritt zwei:
Weisen Sie die Schuld für alles Negative von sich

Schreiben Sie nun auf, was Sie Ihrer Ansicht nach falsch gemacht haben. Notieren Sie all das, worüber Sie um drei Uhr morgens nachgrübeln. Der Mann, mit dem Sie ausgegangen sind, will Sie nicht mehr treffen und Sie denken: »Ich war zu aufreizend angezogen. Er fand sicher, ich käme für eine feste Beziehung nicht infrage.« Der von Ihnen unterstützte Kandidat wurde nicht gewählt, obwohl Sie monatelang für ihn die Werbetrommel gerührt haben, und Sie denken: »Ich war nicht ausreichend informiert und konnte deshalb die unentschiedenen Wähler nicht von meinem Kandidaten überzeugen.« Sie vermasseln ein wichtiges Vorstellungsgespräch und denken: »Ich hatte ja keine Ahnung, dass der Typ im Vorzimmer mein zukünftiger Chef war, und habe deshalb keinen guten ersten Eindruck hinterlassen.«

Gehen Sie die negativen Punkte nacheinander durch und formulieren Sie sie um. Machen Sie *jemanden oder etwas anderes* dafür verantwortlich. Bitte beachten Sie, dass es nicht darum geht, lächerliche und falsche Schuldzuweisungen zu erfinden. Diese Übung zeigt sehr schön, dass das Glas gleichzeitig halb voll *und* halb leer sein kann. Vielleicht ist einiges falsch gelaufen, wofür Sie *tatsächlich* die Verantwortung oder die Schuld tragen. Aber das sind nicht die Dinge, auf die Ihre resilienten Helden achten. Darum suchen Sie gewissenhaft und finden Sie einen vernünftigen Grund, weshalb Sie vielleicht doch *keine* Schuld an dem Geschehenen trifft.

Statt zu dem Schluss zu kommen, Sie seien zu aufreizend gekleidet gewesen und hätten den Mann dadurch vertrieben, versuchen Sie es mit folgender Erklärung: »Ich bin ein leidenschaftlicher Mensch und brauche einen Mann, der sich nicht von einer Frau einschüchtern lässt, der man ihre Sinnlichkeit ansieht. Er war nicht der Richtige für mich.« Statt Ihre Taktik der Wahlwerbung für Ihren Kandidaten zu kritisieren, versuchen Sie es mit: »Der andere Bewerber war kapitalkräftiger. Gegen eine solche öffentliche Präsenz kommt man einfach nicht an.« Und was die Arbeit angeht: »Es war nicht ganz ehrlich von meinem potenziellen Chef, sich mir nicht vorzustellen. Ich schätze Direktheit am Arbeitsplatz. Das war vermutlich nicht die richtige Stelle für mich.«

Schritt drei:
Lernen Sie aus der Sache und
lassen Sie sie hinter sich

Wenn Sie etwas aus der Erfahrung lernen können, halten Sie es an dieser Stelle fest. Was würden Sie beim nächsten Mal anders machen, um ein besseres Ergebnis zu erzielen? Vielleicht müssen Sie die Themen der Gegner kopieren, um sich sicherer zu fühlen, wenn Sie auf feindlichem Territorium für einen Kandidaten werben. Vielleicht wäre es gut, vor einem Vorstellungsgespräch den Gesprächspartner im Internet zu recherchieren, damit Sie ihn auf Anhieb erkennen. Auf diese Weise verhindern Sie zumindest, dass Sie sich selbst ein Bein stellen. Wenn die Stelle dann nicht die richtige für Sie ist, liegt die Entscheidung bei Ihnen, ob Sie sie dennoch annehmen möchten oder nicht.

Schreiben Sie auf, was Sie hätten anders machen können. Verbuchen Sie die ganze Sache anschließend als Lernerfahrung und gestatten Sie sich, sie hinter sich zu lassen.

Nehmen Sie sich nach Abschluss der Übung einen Augenblick Zeit, um zu prüfen, ob sich Ihre Einstellung zu Ihrer Selbstwirksamkeit in dieser Angelegenheit geändert hat. Für gewöhnlich erweist es sich als recht wirkungsvoll, ein Ereignis auf derartige Weise in ein neues Licht zu rücken. Dieser eine Misserfolg bedeutet keineswegs, dass Ihr ganzes Leben ein Fehlschlag wäre. Er betrifft nur eine einzige Sache; er ist weder allumfassend noch von Dauer. Sie haben vieles richtig gemacht. An anderen Dingen hatten Sie entweder keine Schuld, oder sie entzogen sich Ihrer Kontrolle. Wenn wir unsere »Misserfolge« auf diese Weise sehen, sind unsere Erfolgschancen beim nächsten Mal größer.

> Resiliente Menschen verharren nicht in einer Situation, in der sie ohnmächtig sind.

Im Jahr 1955 schrieb Rosa Parks Geschichte, als sie sich weigerte, ihren Sitzplatz im Bus einem weißen Fahrgast zu überlassen. Aber wussten Sie auch, dass genau derselbe Busfahrer, ein Mann namens James Blake, sie zwölf Jahre davor schon einmal aus dem Bus geworfen hatte? Wie hat Rosa Parks auf diese entmutigende Erfahrung reagiert? Zwölf Jahre lang entschied sie fast jeden Tag, lieber zu Fuß zu gehen oder auf den nächsten Bus zu warten, als einzusteigen, wenn Blake die Haltestelle anfuhr. In der Rassismusfrage aber war sie weder passiv noch ausweichend. Sie stellte ihre beachtlichen Fähigkeiten in den Dienst der NAACP (National Association for the Advancement of Colored People, dt. »Nationale Vereinigung zur Förderung Farbiger«). Sie setzte ihre Talente dort ein, wo sie damit am ehesten etwas bezwecken konnte.

Diese Geschichte ist in ihrer Biografie *Rosa Parks* nachzulesen. Sie zeigt deutlich, weshalb es ebenso wichtig ist, die Misserfolge und Niederlagen unserer Helden zu studieren, wie ihre Siege zu bewundern. Wie schaffen sie es, sich wieder aufzurappeln und weiterzumachen? Resiliente Menschen glauben an ihre innere und äußere Selbstwirksamkeit. Falls ihnen in einer Situation die Hände gebunden sind, setzen sie alles daran, sie dahingehend zu verändern, dass ihre Selbstwirksamkeit optimiert wird. Sie haben das Steuer ihres Schiffes fest in der Hand und nehmen Kurs auf das Licht.

So übertragen Sie Selbstwirksamkeit von einem Bereich Ihres Lebens auf einen anderen

Jeder Mensch hat Bereiche, in denen er etwas zuwege bringt, und andere, in denen er nichts erreicht. Was gelingt Ihnen mühelos? Was bereitet Ihnen größere Probleme?

Drücken Sie sich um bestimmte Aufgaben oder Anstrengungen herum, weil Sie fürchten zu versagen oder verletzt zu werden? Vermeiden Sie es nach ein paar schlimmen Trennungen zum Beispiel, wieder mit jemandem auszugehen? Oder bemühen Sie sich nach der Arbeit für einen schwierigen Chef lieber nicht mit dem nötigen Nachdruck um eine besserbezahlte und verantwortungsvollere Position? Das sind die Bereiche, in denen Ihre Selbstwirksamkeit nur schwach ausgeprägt ist.

Auf welche Aufgaben und Leistungen sind Sie besonders stolz? Sind Sie ein Selbstzünder und können sich problemlos motivieren? Sind Sie ein guter Teamchef und können dafür sorgen, dass Ihre Mitarbeiter sich wohlfühlen? Haben Sie eine rasche Auffassungsgabe und sind am Arbeitsplatz ausgeglichen? Auf diesen Gebieten haben Sie eine hohe Selbstwirksamkeit.

Finden Sie heraus, in welchen Lebensbereichen Ihre Selbstwirksamkeit besonders *hoch* oder besonders *niedrig* ist. Möglicherweise haben Sie das Gefühl, in der Schule Ihrer Tochter einiges bewirken zu können, nicht aber an Ihrem Arbeitsplatz. Oder Sie haben in der Kommunalpolitik eine hohe Selbstwirksamkeit, nicht aber im Bereich Ihrer Gesundheit.

Es mag den Anschein haben, als hätten diese Dinge nichts miteinander zu tun, doch dem ist nicht so. Selbstwirksamkeit ist übertragbar. Um Ihnen zu zeigen, wie das geht, möchte ich Ihnen erzählen, wo ich selbst eine hohe Selbstwirksamkeit habe und wo ich weniger zuwege bringe, als mir lieb ist – und was ich dagegen unternehme.

Einer der Gründe, weshalb ich fast alle im vorliegenden Buch genannten Heldinnen und Helden bewundere, ist, dass sie auch angesichts von Hindernissen weder ihren Mut noch ihre Selbstwirksamkeitserwartung verloren. Wenn es darum geht, die Welt für die Opfer sicherer und besser zu machen, ist meine Selbstwirksamkeit niedrig. Ich glaube einfach nicht, dass sich die Menschen an den Schalthebeln der Macht je für den Außenseiter interessieren werden, dass sich Gesetze ändern können oder sich die Lage bessern wird. Stattdessen gehen mir die Geschichten von Menschen wie der Frauenrechtlerin Susan B. Anthony durch den Kopf, die nicht mehr erleben durfte, wie ihre Träume Wirklichkeit wurden.[16]

So ernte ich Beweise für meine traumaerhaltende Annahme, niemand würde sich um die Unterdrückten scheren und man könne nichts tun, um sie aus ihrer Not zu befreien. Auf diese Weise will mir Miesepetra weismachen, dass es sinnlos sei zu kämpfen. Es ist der Versuch meines fehlgeleiteten Denkens, mich vor Enttäuschungen zu schützen. Ich habe es hier mit einer hässlichen kleinen traumaerhaltenden Annahme zu tun und bin fest entschlossen, mich mein Leben lang mit Zähnen und mit Klauen dagegen zu wehren.

Wenn ich mich im Rahmen meines Engagements für die Menschenrechte ohnmächtig fühle, muss ich mit einem Stein arbeiten. Ich muss einen ordentlichen Brocken in meine mit Negativität gefüllte Vase werfen, um mir zu beweisen, dass ich auch auf diesem Gebiet etwas bewirken kann. Dazu bediene ich mich einer Fertigkeit aus einem Bereich, in dem ich sowohl innere als auch äußere Selbstwirksamkeit besitze: meiner Arbeit.

Hier nehme ich Herausforderungen mutig an, selbst wenn sich mein Einsatz länger nicht auszahlt und ich viel Ausdauer benötige. Wenn ich mich beruflichen Herausforderungen mit ungewissem Ausgang stelle, sage ich mir oft: »Was würdest du wagen, wenn du wüsstest, dass du nicht scheitern kannst?« Beruflich habe ich eine hohe *innere* Selbstwirksamkeit, da ich diese Überzeugung mühelos aktivieren kann. Ich habe aber auch eine hohe *äußere* Selbstwirksamkeit. (Denn wer würde ein Buch schreiben, wenn er nicht glaubte, dass es eines Tages irgendjemand lesen würde?)

Ich nehme also eine Fertigkeit aus einem Lebensbereich mit hoher Selbstwirksamkeit (in diesem Fall meine Arbeit) und übertrage sie auf einen Lebensbereich mit niedriger Selbstwirksamkeit (die Bürgerrechte). Wenn ich mich für die Rechte misshandelter Frauen, tyrannisierter Kinder oder geistig Kranker einsetze und von Permatraumagefühlen meiner Blauen Liste überwältigt werde, gönne ich mir eine Portion übertragbare Selbstwirksamkeit, indem ich mich frage: »Was würdest du wagen, wenn du wüsstest, dass du nicht scheitern kannst?« Dies gibt mir Kraft und hilft mir, Muskeln zu aktivieren, die ich zwar im einen Lebensbereich problemlos spielen lassen kann, in einem anderen dagegen nicht.

Ich führe mir die Widersprüchlichkeit meiner Selbstwirksamkeitserwartungen vor Augen. So kann ich mir ein Ziel setzen und es auch erreichen. Ich gehe nicht nur zu einer Kundgebung und halte mich bedeckt, sondern bastle ein Schild und nehme es mit. Ich *besuche* die Benefizveranstaltung einer Organisation gegen häusliche Gewalt nicht nur, sondern spreche die Vorsitzende an, während sie an der Bar in der Schlange steht, und schildere – mit klopfendem Herzen – meine Sicht der Dinge.

Man könnte also sagen, ich steigere mit kleinen, leicht umsetzbaren Aktionen meine innere und meine äußere Selbstwirksamkeit. Ich gestatte mir nicht nur zu glauben, dass ich etwas bewirken *kann,* sondern auch, dass ich etwas bewirken *werde.* Ich handle so, als könnte ich nicht versagen. Natürlich tue ich nur so, aber es funktioniert: Es gibt mir ein gutes Gefühl und hilft mir, meine Aufgabe zu erledigen. Mit etwas Übung zeigen uns diese erfolgreich erreichten Miniziele, dass wir mehr bewirken können, als wir immer dachten.

Vielleicht verlieh die Selbstwirksamkeit, die Rosa Parks im Laufe ihrer Arbeit für die NAACP erworben hatte, ihr auch den Mut, zwölf Jahre später in diesen Bus zu steigen und sich »für ihre Rechte hinzusetzen«.

Zum Ausprobieren:
In welchen Bereichen sind Sie selbstwirksam?

Weiter unten finden Sie eine Auflistung verschiedener Lebensbereiche. Gehen Sie die Begriffe in der ersten Spalte durch. (Sie
können Sie gern ergänzen, falls ein wichtiger Aspekt Ihres Lebens
fehlt.) Beurteilen Sie nun sowohl Ihre innere als auch Ihre äußere
Selbstwirksamkeitserwartung auf diesen Gebieten. Markieren Sie
die zutreffende Spalte hinsichtlich Ihrer **äußeren Selbstwirksamkeit** mit »+« oder »−«, je nachdem wie viel oder wenig Sie glauben
bewirken zu können. Markieren Sie anschließend eine der beiden
Spalten für **innere Selbstwirksamkeit** mit »+« oder »−«, je nachdem wie Sie Ihren Einfluss diesbezüglich einschätzen.

Nachdem Sie Ihre Plus- und Minuszeichen verteilt haben, unter-
suchen Sie die Bereiche geringer Selbstwirksamkeit auf Gemeinsamkeiten. Überlegen Sie, inwiefern sich das, was Sie durchgemacht

Äußere Selbstwirksamkeit	**Hoch**	In diesem Bereich gelingt es mir gut, etwas zu erreichen. Das, was ich tue, zählt. Ich kann die Entwicklung in die von mir gewünschte Richtung lenken
	Niedrig	In diesem Bereich gelingt es mir schlecht, etwas zu erreichen. Das, was ich tue, zählt nicht. Ich kann die Entwicklung nicht in die von mir gewünschte Richtung lenken.
Innere Selbstwirksamkeit	**Hoch**	In diesem Lebensbereich habe ich das Steuer meiner Gefühle fest in der Hand.
	Niedrig	In diesem Lebensbereich habe ich das Steuer meiner Gefühle nicht in der Hand.

haben, negativ auf Ihre Selbstwirksamkeit in Situationen auswirken könnte, die Sie daran erinnern.

Nehmen wir zum Beispiel an, Sie hätten Investitionen in den Sand gesetzt und sich deshalb unsäglich vor den Menschen geschämt, die Ihnen ihr Geld anvertraut haben. Dies erklärt möglicherweise, weshalb Ihre Selbstwirksamkeit im Beruf, mit Freunden und der Familie gegenüber eher gering ist, Kinder und Fremde sie dagegen nicht beeinflussen. Können Sie Tendenzen hinsichtlich der Bereiche erkennen, die Ihnen Probleme bereiten?

Letty, die Patientin mit dem übergriffigen Ex-Mann und dem vollen Terminkalender, stellte fest, dass ihre Selbstwirksamkeit zu Hause und mit Männern gering, in vielen anderen Bereichen

Arbeit	Zuhause	Ehepartner	Kirche	Schule	Gesundheit	Gemeinde	Finanzen	Kinder	Eltern	Männer	Frauen	Gruppen	Alleinsein	Freunde	Fremde

dagegen sehr hoch war. Sie erkannte, dass sie dort, wo sie erfolgreich war, die Dinge selbst in die Hand nahm und man sie sogar als Kontrollfreak bezeichnen könnte. Sie recherchierte und überlegte gründlich, bevor sie zu einem Ergebnis kam. Wenn es dann so weit war, traf sie ihre Entscheidung mit großer Begeisterung, da sie wusste, dass sie nicht voreilig handelte.

Diese Übung wird Ihnen helfen, Strategien aus Bereichen mit hoher Selbstwirksamkeit zu entleihen, um Ihre Schwachstellen auszubügeln.

> Sie können Bereiche mit geringer Selbstwirksamkeit verbessern, indem Sie auch dort die Fertigkeiten und Überzeugungen aus den Lebenssegmenten einsetzen, in denen Sie über eine *hohe* Selbstwirksamkeit verfügen.

Von nun an besteht Ihre Aufgabe darin zu ergründen, woher Ihr Selbstvertrauen in den Bereichen mit hoher Selbstwirksamkeit rührt, und dieses Wissen auf die Bereiche mit geringer Selbstwirksamkeit zu übertragen. Ich empfahl Letty, alle Männer aufzuschreiben, die sie kannte, und diese Liste danach zu sortieren, ob sie als Partner eine gute oder eine schlechte Wahl wären. Auf diese Weise zeigte sie ihrem inneren Kontrollfreak, wie es sich anfühlte, bei der Männerwahl das Steuer zu übernehmen.

Die Übung half ihr, ein Gefühl von Kontrolle zurückzugewinnen. Sie zeigte ihr, dass sie das aus den Bereichen hoher Selbstwirksamkeit entliehene Urteilsvermögen auf die Lebensaspekte übertragen konnte, in denen sie weniger erfolgreich war.

Vor diesem Hintergrund konnte sie erkennen, dass der ausgeglichene, einfühlsame Drew aus der Buchhaltung eine bessere Wahl wäre als der gutaussehende, sprunghafte und häufig verkaterte Steve aus dem Verkauf. Bei dieser Übung ging es allerdings nicht darum zu entscheiden, wen sie zur betrieblichen Weihnachtsfeier einladen sollte, sondern sie diente der Realitätsprüfung. Denn in Wirklichkeit hat Letty in *allen* Lebensbereichen das Sagen und verfügt über das Geschick, den Einfluss, die Intelligenz und das Urteilsvermögen für eine kluge Männerwahl. Wenn sie sich für Drew und gegen Steve entscheidet, hat das mit Glück nichts zu tun.

Selbstwirksamkeit als Antrieb

Wird die Selbstwirksamkeit eines Menschen bedroht, erwartet man, dass er sich empört, wütend wird und sich heftig dagegen wehrt. Dies ist eine natürliche und gesunde Reaktion. Der angeborene Drang, uns wieder aufzurichten, wenn uns etwas umgeworfen hat, ist ebenso normal wie der Umstand, dass sich Pflanzen zum Licht drehen.

Viele der einflussreichsten Persönlichkeiten, der mächtigsten Multimillionäre und der größten Vorbilder dieser Welt wurden nur dadurch zu ihren Erfolgen motiviert, dass ein Trauma sie ihrer Selbstwirksamkeitserwartung beraubte und sie diese zurückhaben wollten. Das vergessen wir gern. Mandela zum Beispiel wurde nicht als Freiheitskämpfer geboren, er entwickelte sich dazu, weil er es nicht ertragen konnte, keinen Einfluss auf die Bürgerrechte zu haben. Es war die reflexartige Reaktion auf eine rassistische, repressive Kultur, die ihn seiner Selbstwirksamkeit berauben wollte. Auch Michael J. Fox nahm die Herausforderung an, als eine Krankheit seine Selbstwirksamkeitserwartung untergrub.

Wenn das, was Sie erlebt haben, Ihre Selbstwirksamkeitserwartung zerstört hat, müssen Sie wohl etwas unternehmen, um wieder eine optimistische Einstellung zu Ihrem eigenen Einfluss zu bekommen. Lassen Sie nicht zu, dass das Gefühl einer geringen Selbstwirksamkeitserwartung Sie behindert.

> Was würden *Sie* tun, wenn Sie wüssten, dass Sie nicht scheitern können?

Falls Sie noch immer nicht wissen, welche Strategien bei Ihnen eine durchschlagende Wirkung haben, werfen Sie einen Blick auf Ihre Signatur-Stärken und die Helden, die sie Ihrer Ansicht nach verkörpern. Ihre Grundwerte bilden den Kern dessen, wer Sie sind und wie Sie ticken. Sie können Ihnen zeigen, wie Sie Ihr Selbstvertrauen zurückgewinnen.

Wenn Ihre Signatur-Stärken mit Gerechtigkeit und Menschenführung zu tun haben, werden Sie vielleicht als politische Aktivistin in die Fußstapfen von Rosa Parks und Nelson Mandela treten. Wenn es bei Ihren Signatur-Stärken um Authentizität und Menschenfreundlichkeit geht, werden Sie vielleicht wie Rosie O'Donnell zum Sprachrohr von Kindern, die nicht für sich selbst sprechen können. Möglicherweise werden Sie auch ein Kind großziehen und ihm die Akzeptanz und die Freiheit schenken, Gefühle auszudrücken, die Sie selbst nicht zeigen durften. Wenn Ihre Signatur-Stärken im Bereich von Mut und Durchhaltevermögen zu finden sind, werden Sie vielleicht wie Michael J. Fox unerschrocken über Ihre Erfahrung sprechen, Aufklärungsarbeit leisten und nach Lösungen suchen. Wenn Sie ein Mensch sind, dem Weisheit und Weitblick viel bedeuten, werden Sie vielleicht wie Elizabeth Edwards an andere weitergeben, was

Sie über Resilienz gelernt haben, damit auch sie von Ihrer Erfahrung profitieren können.

Hätte ich Ihnen zu Beginn dieses Buches gesagt, dass Sie Ihren Helden nacheifern werden, indem Sie inspirierenden Balladen lauschen, jemanden auf einer Benefizveranstaltung ansprechen oder eine Liste der begehrten Junggesellen in Ihrem Büro erstellen, hätte sich das allzu einfach und lächerlich angehört. Inzwischen ist Ihnen hoffentlich klar, dass damit keine x-beliebigen Lieder oder Datingspiele gemeint sind. Nehmen wir einmal an, bei Ihnen gehörten Macht, Selbstwirksamkeit oder Hoffnung zu den verschollenen Gefühlen – und ich wage zu behaupten, dass dies für die meisten von uns gilt. Dann ist es angesichts eines Traumas, das Sie Ihres Lebens berauben wollte, ein Akt radikalen Widerstandes, sich Wohlfühlmusik anzuhören, ein Schild für eine Kundgebung zu basteln oder in der Liebe eine aktive Haltung einzunehmen. Das, was Sie unternehmen, um Ihre Selbstwirksamkeitserwartung zu erhöhen, wird Sie der Heilung tatsächlich näherbringen.

Sie sollten diese Übungen weder überspringen noch abtun. Wir können viel aus der Art und Weise lernen, wie unsere Helden ihr Schicksal bewältigen. Helden sind keineswegs Menschen, die Dinge tun, zu denen wir nicht fähig sind. Helden sind Menschen, die uns zeigen, was *möglich* ist. Ich habe das Privileg, ein paar von ihnen persönlich zu kennen. Von den Menschen, die sie bewundern, unterscheiden sie sich oft nur in den Entscheidungen, die sie in schwierigen Zeiten treffen.

| 13 |
Resilienzfaktor Nr. 4,
Rosatünchen

MEINE MUTTER HAT EINEN SPITZNAMEN für Menschen mit glücklichem und positivem Naturell. Sie wissen schon, die Leute, die immer gute Laune haben, die sich nicht unterkriegen lassen, für die das Glas immer halb voll ist.

Sie nennt sie Golden Retriever.

Als junges Mädchen fand ich diesen Charakterzug bei unseren Hunden ausgesprochen liebenswert. Menschlichen »Golden Retrievern« gegenüber war ich hingegen äußerst misstrauisch. Ich nahm an, sie seien nur deshalb glücklich, weil sie ein gesegnetes Leben führten, in dem niemals etwas schiefging.

Bei näherem Betrachten wird allerdings klar, dass die meisten Golden Retriever dieser Welt dieselben Mühen und Qualen erdulden wie alle anderen auch. Der einzige Unterschied ist ihr bewundernswertes und beneidenswertes Talent für Resilienz und Optimismus. Inzwischen weiß ich, dass in jedem dieser scheinbar so sorglosen Menschen eine Seele steckt, die der unseren gar nicht so unähnlich ist, die sich vielen Herausforderungen stellen muss – die jedoch den eisernen Vorsatz hat, auf der Sonnenseite des Lebens zu bleiben.

Optimismus ist Arbeit

Ich sage gern, das Glas sei halb voll *und* halb leer zugleich. So ist das Leben – eine bunte Mischung. Das Gleiche gilt für die Menschen: Es gibt immer Dinge, die man an anderen bewundert, und solche, die man ablehnt. Auch die Arbeit hat ihre Vor- und Nachteile. Die Freude an der Selbstständigkeit kann gelegentlich der Einsamkeit weichen. Eine langweilige und eintönige Arbeit gewährt in wirtschaftlich ungewissen Zeiten vielleicht Sicherheit.

Die meisten Menschen wissen, dass alle Lebensbereiche ihre mehr und ihre weniger schönen Seiten haben. Trotzdem empfinden wir uns oft als Opfer unseres Lebens, so als hätten wir keine Wahl. Wir halten das Gute für selbstverständlich und erteilen uns die uneingeschränkte Erlaubnis, uns über das weniger Gute zu beschweren.

Resiliente Menschen hingegen räumen ein, dass sie ihr Leben selbst gestalten, dass es das Ergebnis ihrer Entscheidungen ist. Vor allem aber haben sie den eisernen Vorsatz, nur das Gute zu sehen.

Meine Ehepartnerin ist Notärztin und tut das ständig. Es ist nicht leicht, zur Arbeit zu gehen, wenn man weiß, dass eine schlaflose, hektische Nachtschicht bevorsteht. Noch schwieriger wird es, wenn man sich vom Rest der Haushaltsbewohner verabschieden muss, die es sich gerade auf dem Sofa bequem machen, um sich gemütlich den abendlichen Spielfilm anzusehen. In solchen Momenten *könnte* man schon bitter werden. Oder aber man gibt allen einen

Gute-Nacht-Kuss und sagt sich beim Verlassen des Hauses: »Vielleicht werde ich heute Nacht ein Leben retten«, oder: »Es ist schön zu wissen, dass ich der Grund bin, weshalb sich meine Familie so sicher und geborgen fühlt.«

Manchmal hat es den Anschein, als sähen optimistische Menschen die Welt durch die rosarote Brille. Kommen sie schon so zur Welt? Gelegentlich werden Sie jemanden finden, der zufällig mit einem sonnigen Gemüt geboren wurde oder das Glück hatte, mit einem guten Vorbild aufzuwachsen. Das kommt ab und an schon einmal vor. Meist werden Sie allerdings auf Menschen stoßen, die energisch alles Positive ernten, was sie zu fassen kriegen, Menschen, die im Kampf gegen Negativität, Angst und Trauma ihre stärksten Waffen einsetzen.

In den meisten Fällen ist dies alles andere als mühelos. Ganz im Gegenteil, diese Menschen müssen Tag für Tag hart daran arbeiten – und legen sich in schweren Zeiten noch mehr ins Zeug. Sobald Sie dies verstehen, werden Sie das Wörtchen »optimistisch« beinahe etwas beleidigend, zumindest aber nicht ganz treffend finden. Es ist zu passiv, um aussagekräftig zu sein, es sagt nichts über die jahrelange harte Arbeit und die Leistung der Menschen, denen dies gelingt. Nur, weil etwas mühelos aussieht, heißt das noch lange nicht, dass es den Betreffenden auch leichtfiele.

Einer meiner Patienten sagt, es gebe zwei Arten von nüchtern: Entweder man trinkt nicht, weil man nie getrunken hat, oder man trinkt nicht, weil man um ein Haar sein Leben an den Alkohol verloren hätte, weil man es ihm entreißen musste und nun Tag für Tag darum kämpfen muss, es auch zu behalten. Dies ist die beste mir bekannte Beschreibung dessen, was man findet, wenn man an der Oberfläche der »Golden Retriever« kratzt, die ein Trauma überstanden haben.

Malen Sie Ihr Leben rosarot an

Mir ist klar, dass es unfair wäre zu sagen, resiliente Menschen seien optimistisch und Sie sollten es ebenfalls sein. Sie hätten zu Recht das Gefühl, dass die Anleitung fehlt. Sehen wir uns deshalb an, was diese resilienten Überlebenden tun.

Ich sagte bereits, wie sehr mir die Autobiografie von Geralyn Lucas gefallen hat. Sie ist eine junge Journalistin, in deren amüsantes, glamouröses und kosmopolitisches Leben eine Brustkrebsdiagnose platzte. Der Titel ihres Buches *Why I Wore Lipstick to My Mastectomy* sagt alles: Diese Frau ist fest entschlossen, sich nicht nur als Krebsopfer zu sehen. Indem sie vor der Operation Lippenstift auflegt, sagt sie: »Ich bin nicht meine Symptome. Ich bin nicht meine Diagnose. Ich bin kein Opfer.« Geralyn ist eine *Kämpfernatur,* und ihr Kampf gegen den Krebs ist echt. Sie verrät dem Leser alle Strategien, alle Manöver und alle Gebete, die sie im Schützengraben gesprochen hat. Sie knausert nie mit Angaben darüber, »wie« sie es gemacht hat, sondern legt den ganzen Prozess offen.

Die von Geralyn geschilderte Technik ist nichts Geringeres als die strenge Disziplin der Gedankenkontrolle. Sie glaubt daran, dass sich selbst die beängstigendsten Ereignisse positiv interpretieren lassen, und besteht darauf, diese Deutungsmöglichkeiten zu finden. Als sich ihre Skalpell- und Spritzenphobie bemerkbar macht, ersetzt sie diese Gedanken bewusst durch die Dankbarkeit für diese Medizintechnik, die ihr vielleicht das Leben retten wird. Als sie fürchtet, die Ärzte könnten einen Fehler machen, reißt sie das Ruder damit herum, dass sie sich einredet, der ganze Operationssaal sei voller Experten. Sie hofft nicht nur darauf, dass der Anästhesist schon wissen wird, wie er sie beruhigen muss, wenn er sie »schlafen legt«, sie verfasst einen Brief an sich selbst, den er vorlesen soll, wenn er ihr die Maske aufsetzt. Und während der Tumor in der einen Brust versucht, sie zu töten, konzentriert sie sich auf die andere und stellt sich vor, dass sie damit eines Tages ein Kind säugen wird.

Um derart gnadenlos nach dem Positiven streben zu können, braucht man eine enorme innere Selbstwirksamkeit – die Überzeugung, das Steuer der Gefühle selbst in der Hand zu haben. Darüber hinaus benötigt man einen eisernen Willen. Das hören wir immer wieder von Menschen, die erfolgreich große Schwierigkeiten überwunden haben. In den Autobiografien aller erfolgreichen Menschen, die ich bewundere, gibt es Zeilen wie diese: »Ich erlaube mir den Luxus negativer Gedanken einfach nicht.«

> Resiliente Überlebende lassen nicht zu, dass sie in einem negativen Zustand verharren.

Sie wissen, wie sie eine rosa Farbschicht auftragen können, um die Welt durch die rosarote Brille und nicht die Traumabrille zu sehen. Analog zum Weißen der Wände bezeichne ich dies als Rosatünchen. Jedes Mal, wenn sich Geralyn einer beängstigenden, niederschmetternden oder traumatisierenden Situation stellen muss, zwingt sie sich, ihr einen rosafarbenen Anstrich zu verpassen. Sie tauscht ihre Hilflosigkeit gegen Selbstwirksamkeit. Die schwarze Brille findet zwar immer irgendwie auf ihre Nase zurück, aber sie reißt sie jedes Mal wieder herunter und ersetzt sie durch das rosarote Modell.

Die Theoretikerinnen Gonca Soygüt und Işık Savaşir erklären, wir würden unsere Umgebung »sowohl erschaffen als auch deuten«[17]. Die Wirklichkeit ist weit offen für Interpretationen, und unsere Überzeugungen dienen uns ständig als Resonanzboden, während wir nach den grundlegenden Mustern suchen, die dem Leben den Anschein von Beständigkeit geben. Wenn Sie diese Schablonen in die Welt hinaustragen, verändert sich auch Ihr Handeln – also *das, was Sie tun.* Das ist offensichtlich, nicht wahr? Wenn Sie andere behandeln, als erwarteten Sie, von ihnen ausgenutzt zu werden, bringt dies ihre schlechtesten Seiten zum Vorschein und bestärkt Sie in dem Glauben, der Mensch sei eben böse, egoistisch und gemein. Und das Rad dreht sich weiter.

Resiliente Überlebende hingegen wissen, *dass auch das Gegenteil wahr ist.* Deshalb zwingen sie sich dazu, die Welt rosarot anzumalen, auch wenn ihnen nicht danach ist; auch wenn es ihnen wie Einbildung oder Selbsttäuschung vorkommt. Sie stehen an der Weggabelung und entscheiden sich für die Sichtweise, bei der sie sich besser fühlen.

Nehmen wir die folgende Szene aus Geralyn Lucas' Buch. Es ist die Woche vor ihrer Operation, und sie kämpft darum, sich eine gewisse Identität in der »normalen« Welt jenseits ihrer Krebserkrankung zu bewahren. Die Familie führt sie in ihr französisches Lieblingsbistro zum Essen aus, aber der Anblick der weißen Leinentischdecke erinnert sie an die Krankenhauslaken in der radiologischen Abteilung, und sie bricht zusammen. Sie sitzt mit ihrer Familie in einem Bistro und hat den beißenden Geruch des mit Alkohol getränkten Tupfers in der Nase, mit dem man ihre Haut desinfiziert, bevor man ihr ein Kontrastmittel spritzt, um sie auf eine Aufnahme vorzubereiten. Sie hat ganz offensichtlich einen Flashback und bekommt einen Heulkrampf.

Erinnern Sie sich noch an Kapitel 1, als wir sagten, Sie

dürften den Wagen jenseits der Beule nicht aus den Augen verlieren? An Geralyn rührt mich besonders, dass *sie selbst in ihren schlimmsten Augenblicken alles daran setzt, die Dinge in ihrer Umgebung wahrzunehmen, die nichts mit ihrem Trauma zu tun haben.* Sie konzentriert sich auf das Aroma der Speisen auf ihrem Teller, die frische Sommerbrise, den Duft des Schokoladensoufflés und des warmen französischen Weißbrots, das die Kellnerin soeben auf den Tisch gestellt hat. Sie greift nach allem, was ihr bestätigt, dass sie noch am Leben ist, nach Beweisen dafür, dass ihr Körper für die Freuden der Sinne gemacht ist und sie diese noch immer genießen kann. Kummer und Panik strömen in ihre Vase, aber sie greift nach den Steinen, die für sie all das verkörpern, was sie am Leben besonders liebt und was sie ausmacht, und wirft sie hinein. Sie ist fest entschlossen, sich immer wieder daran zu erinnern, dass ihr ein Leben bestimmt ist, das nicht nur aus dem Geruch von Desinfektionsmittel und Schmerz, sondern aus allem Schönen und Guten besteht.

Es ist keine Kleinigkeit, wenn einem dies während einer Panikattacke in der Woche vor der Brustamputation gelingt. Und selbst, wenn das eigene Trauma schon lange zurückliegt, fällt es manchmal schwer, ihm einen rosaroten Anstrich zu geben. Aber weshalb halten wir so oft an negativen Gefühlen fest? Es wird Momente geben, in denen Sie sich fragen werden: »Verlange ich von mir, die Augen vor den Tatsachen zu verschließen? Sollte nicht ein Teil von mir auf das Schlimmste gefasst sein, dann kann ich mich zumindest darauf vorbereiten?« Ein solches Vorgehen hat folgenden Vorteil: Sollte der schlimmstmögliche Fall tatsächlich eintreten, trifft es uns wenigstens nicht unvorbereitet. Es liegen echter Trost und wahre Befriedigung darin, automatisch eine negative Haltung einzunehmen.

Wenn man an den verschiedenen Resilienzfaktoren arbeitet, kann man gelegentlich den Eindruck bekommen, man würde sich gewaltig aus dem Fenster lehnen. Wie ich bereits sagte, tendieren viele Menschen darüber hinaus von vornherein zu negativen Gefühlen. Das Negative gilt in unserer Kultur tatsächlich oft als normal. Es ist keineswegs ungewöhnlich, wenn jemand sagt, er sei die ganze Woche gestresst oder deprimiert gewesen. Hört man dagegen jemanden sagen, er fühle sich schon die ganze Woche blendend, kann man nicht umhin, sich zu fragen, wer ihm da etwas in sein Morgenmüsli mischt. Es gibt kaum positive Vorbilder für das Verhalten der Golden Retriever. Solche Menschen gelten im Gegenteil als Randerscheinungen, als schlichte Gemüter – wie die »einfältige Freundin« in den Fernsehkomödien.

Doch das ist jammerschade. Ich finde, man sollte Resilienz an den Schulen lehren und sie fördern, wo man sie findet. (Wer lernt, glücklich zu sein, wird es meiner Ansicht nach im Leben weiter bringen als jemand, der Algebra beherrscht.) Leider bringt man uns bei, dass unsere negativen Gefühle »echter« seien als unsere positiven. Vielleicht halten Sie es auch für sinnlos zu versuchen, etwas anderes empfinden zu wollen, da Sie glauben, am Ende würden die negativen Gefühle ja doch siegen. Vielleicht machen diese positiven Empfindungen Sie nervös, so als wollte Ihnen jemand eine Falle stellen.

Wenn dem so ist, sollten Sie Ihre Ansichten hinterfragen. Ich finde, wir Traumaüberlebende haben diese Botschaft nötiger als alle anderen, denn gerade wir sollten es eigentlich besser wissen. Wir haben echter Negativität ins Auge gesehen. Wir wissen sehr genau, wie wertvoll und zerbrechlich das Leben ist. Von allen Menschen auf Erden sollten sich Traumaüberlebende ganz besonders davor hüten, ihr Leben in niedergedrückter Stimmung zu vergeuden, nur weil uns niemand verraten, gelehrt oder gezeigt hat, all das Gute im Leben zu schätzen.

Gönnen Sie sich eine Verschnaufpause

Die Suche nach dem Silberstreif am Horizont wird keineswegs einen blinden Idealisten aus Ihnen machen, aber sie wird Ihnen eine kleine Verschnaufpause verschaffen und damit die nötige Kraft geben, mit angemessener Trauer fertig zu werden, wenn es die Situation erfordert.

Eine meiner Patientinnen wurde fortwährend von Angst und Trauer überwältigt. Sie begann ihre Sitzungen mit den Worten: »Ach du lieber Gott, können Sie sich vorstellen, was wieder passiert ist?« Danach gingen wir alle Prominenten durch, die in der letzten Woche gestorben oder hintergangen worden waren, um schließlich mit der schrecklichen Sache zu enden, die der Tochter des Rektors an der Schule ihres Sohnes zugestoßen war – eines Mannes, dem sie zwei Mal in ihrem Leben begegnet war. Warum in aller Welt wollte sie in ihren Sitzungen über die furchtbaren Dinge reden, die Menschen widerfuhren, die sie noch nicht einmal kannte?

Diese Frau hatte so viel Mitgefühl für alles und jeden, dass jeder Bericht in den Nachrichten, jede Begegnung mit der Außenwelt sie vollkommen auslaugte. Sie war stolz darauf, ein so teilnahmsvoller und fürsorglicher Mensch zu sein. In Wirklichkeit aber war ihre große Anteilnahme ein Hemmschuh. Hätte sie sich erlaubt, sich viele Dinge *weniger* zu Herzen zu nehmen, wäre es ihr gelungen, *tatsächlich* fürsorglicher zu sein. Hätte sie sich gestattet, ihre Batterien aufzuladen, hätte sie sich eines der Probleme annehmen können, die sie so beunruhigten. Wäre sie einen Schritt vom aufgewühlten Meer ihrer Gefühle zurückgetreten, hätte sie etwas bewirken können. So verschwendete sie ihre ganze Energie darauf, sich auf den Beinen zu halten, während sie von einer Negativitäts-welle nach der anderen in den Sand geworfen wurde.

> Resiliente Menschen verbannen negative Gefühle nicht gänzlich aus ihrem Leben, doch sie wappnen sich mit positiven Emotionen, um alles andere ertragen und überstehen zu können.

Auch dieses Beispiel zeigt, weshalb man unbedingt auf eine ausgewogene emotionale Kost achten sollte. Zuweilen sind negative Gefühle angemessen und nötig. Man sollte im Leben allerdings unbedingt einen Ausgleich durch po-sitive Emotionen schaffen. Die Wissenschaftlerin Barbara Fredrickson zeigte, dass positive Gefühle wie Zufrieden-heit und Vergnügen die physiologischen Auswirkungen von Stress wie einen schnelleren Pulsschlag und einen erhöh-ten Blutdruck besser *beheben* können als »neutrale« Emoti-onen.[18] Sie demonstrierte, dass so einfache und künstliche Maßnahmen wie sich Hundewelpen anzugucken, eine wis-senschaftlich belegte Möglichkeit sind, den Mechanismus von Kampf oder Flucht wieder in den Leerlauf zurückzu-schalten. Deshalb ist die beharrliche Erinnerung daran, dass Sie sich um Wohlfühlemotionen bemühen sollten, keines-wegs Augenwischerei. In dieser Studie erwiesen sich positive Gefühle buchstäblich als gute Medizin.

Wenn wir uns gut fühlen, gehen wir mit ganz anderen Fähigkeiten an die Lösung von Problemen heran. Um Martin

Seligman in seinem Buch *Der Glücks-Faktor: Warum Optimisten länger leben* zu zitieren: »Negative, unterkühlte Stimmung führt zu Bunkermentalität: Der Tagesbefehl lautet, sich auf alles zu konzentrieren, was falsch ist, und es zu eliminieren. Positive Stimmung hingegen leitet – wie ein Leuchtfeuer die Seefahrer – auf einen anderen Kurs des Denkens, der kreativ, tolerant, konstruktiv, großzügig, nicht defensiv und lateral ist.« Dies gilt, ob jemand nun mehr oder weniger widerstandsfähig ist. Resiliente Menschen heben sich jedoch insofern ab, als sie bereit sind, trotz Stress das Bild der Welpen zu betrachten. Sie sind wie Geralyn Lucas inmitten einer Panikattacke bereit, das Aroma des Soufflés und des Baguettes wahrzunehmen.

Diese positiven Gefühle helfen nicht nur Ihrem Körper, die physiologischen Folgen von Stress zu beseitigen. Wir können sie auch dazu nutzen, uns selbst zu »behandeln« und Belastungen abzubauen, sobald wir bereit sind, uns besser zu fühlen. Arbeit ohne den Ausgleich durch Freizeit macht nicht glücklich, und ständige Permatraumagefühle ohne den Ausgleich durch Freude sorgen dafür, dass wir uns dauernd schlecht fühlen.

Das Leben auskosten

Wir wissen, dass resiliente Menschen ihr Leben rosarot anmalen und dass sie in allen Situationen das Gute sehen und es in den Vordergrund rücken. Wenn etwas gut läuft, tun sie allerdings noch mehr: Sie machen das absolut Meiste daraus. Resiliente Menschen freuen sich auf schöne Momente, genießen sie und erinnern sich hinterher immer wieder daran. Sie *kosten sie aus.*

Die Wissenschaftler Fred B. Bryant und Joseph Veroff widmen sich beruflich der Frage, wie wir das Leben auskosten können. Dabei entdeckten sie vier Schlüsselelemente: Wir **sonnen** uns in Glückwünschen und Bewunderung. Wir sind **dankbar,** wenn wir uns unserer Segnungen bewusst werden, und bringen diese Dankbarkeit auch zum Ausdruck. Wir **staunen** und ergötzen uns überrascht und ehrfürchtig an unserem Glück. Und wir **pflegen Muße,** indem wir diese Sinneseindrücke möglichst lang genießen.

Ist in der Welt der positiven Psychologie vom »Auskosten« die Rede, geht es also nicht nur darum, den Fuß vom Gas zu nehmen und sich an etwas zu erfreuen – obwohl das natürlich dazugehört –, wir haben es vielmehr mit einer Methode zu tun, die Vergangenheit, Gegenwart und Zukunft einbezieht.

> Um etwas auszukosten, sollten Sie (1) die Vorfreude optimieren, (2) sich ganz im Augenblick verlieren und ihn (3) danach zum eigenen Vergnügen immer wieder geistig Revue passieren lassen.

Vergleichen wir zwei Frauen: Beide werden am Abend zum ersten Mal mit einem vielversprechenden Mann ausgehen. Michele vergisst, dass sie Pläne hat, bis sie nachmittags irgendwann auf ihren Terminkalender sieht. Sie huscht ins Bad, um sich das Gesicht zu waschen und ein wenig Lippenstift aufzulegen. Im Taxi geht sie eine Power-Point-Präsentation durch. Auf diese Weise verpasst sie zahlreiche Gelegenheiten, das Meiste aus der Freude über ihre Verabredung zu machen.

Anders Camille. Sie nimmt den Nachmittag frei, um nach Hause zu fahren, sich die Beine zu rasieren und sich umzuziehen. Sie legt sexy Wohlfühlmusik auf, zieht sich langsam an, bewundert ihr Kleid und freut sich auf die Verabredung und die sinnlichen Freuden, die noch kommen. Als sie ein Taxi heranwinkt, denkt sie, was für ein Glückspilz sie doch ist, ein aufregendes abendliches Abenteuer in dieser wunderbaren Stadt erleben zu dürfen. Für den folgenden Tag verabredet sie sich mittags mit einer Freundin zum Training, um ihr den Abend in allen Einzelheiten schildern, sich noch einmal in dem Erlebnis sonnen und noch einmal danken und staunen zu können – soweit dies auf dem Laufband eben möglich ist. Camille genießt die Vor- und die Nachbereitung ebenso sehr wie die Verabredung selbst.

Natürlich fallen jedem Menschen andere Aspekte des Auskostens leicht. Die einen können sich in herrlichen Geschichten über die Vergangenheit verlieren, aber die Gegenwart nicht so recht genießen. Andere finden das Planen so aufregend und empfinden eine solche Vorfreude, dass sie von dem Ereignis selbst fast immer enttäuscht sind. Wieder andere kosten zwar den Augenblick in vollen Zügen aus, doch wenn er vorbei ist, ist er eben vorbei. Es käme ihnen nicht in den Sinn, das Erlebte in den kommenden Tagen, Wochen oder Jahren noch einmal Revue passieren zu lassen. Wenn ihr Chef öffentlich ihren Beitrag zur alljährlichen Weihnachtsfeier würdigt, kosten sie die Ehre und die Bewunderung ohne falsche Bescheidenheit aus, sie vergessen allerdings, sich abends mit ihrem Ehepartner noch einmal an den Augenblick zu erinnern.

Gelingt es Ihnen, angenehme Erlebnisse voll auszukosten? Können Sie sich entspannen und sich freuen, wenn alles klappt? Oder warten Sie darauf, jeden Augenblick vom Blitz getroffen zu werden, und malen sich aus, Ihr Traummann hätte bereits eine Frau und sieben Kinder in einer anderen Stadt?

Die meisten Menschen zügeln ihre Freude.

Bryant stellte fest, dass einige Menschen das Leben regelmäßig auskosten, während andere alles Gute schnell wieder zunichtemachen. Seine Forschungsergebnisse sind wenig überraschend: Wer das Leben auskosten kann, ist zufriedener und optimistischer.

Wenn wir unser Leben in vollen Zügen genießen, entstehen dabei auch Gefühle wie tiefe Dankbarkeit, leidenschaftliche Zärtlichkeit, heitere Gelassenheit, Sicherheit und Zufriedenheit. Wer Glück hat, dem werden diese Empfindungen zumindest für einen kurzen Augenblick zuteil. Aber wäre es wirklich so schlimm, in einem schier unersättlichen Überfluss an Heiterkeit und Zärtlichkeit zu schwelgen?

Wir haben so oft schlechte Laune! Nach einem schweren Arbeitstag ergehen wir uns auf dem Nachhauseweg in unschönen Gefühlen wie Wut, Sorge, Schuld, Empörung und Angst. Zu Hause angekommen kauen wir alle Kränkungen noch einmal durch und grübeln, was wir hätten anders machen können. Wir telefonieren mit Freunden, um uns Erleichterung zu verschaffen. Wir wälzen uns im Bett hin und her, statt uns im Schlaf zu erholen. Kommt Ihnen das bekannt vor? An solchen Tagen kosten Sie Ihre *unangenehmen* Gefühle bis zur bitteren Neige aus.

Gehen Sie denselben Tag nun noch einmal durch, aber verpassen Sie ihm einen rosaroten Anstrich. Stellen Sie sich vor, Sie würden ebenso viel Zeit darauf verwenden, die positiven Dinge auszukosten, wie Sie zuvor darauf verschwendet haben, sich in die negativen hineinzusteigern. Malen Sie sich aus, Sie würden sich mit ebenso viel Energie darum bemühen, sich in einen positiven Zustand zu versetzen – und ihn auch zu bewahren. Überlegen Sie, wie es wohl wäre, die *angenehmen* Gefühle bis zur Neige auszukosten. Greifen Sie einen der schönen Momente des Tages heraus. Berichten Sie Ihrer Familie davon, betrachten Sie ihn von allen Seiten und freuen Sie sich noch einmal darüber. Rufen Sie nur deshalb eine Freundin an, um ihr von dem Kompliment zu erzählen, das Sie von Ihrem Chef bekommen haben. Denken Sie anschließend nicht, dass es nun wieder gut sein müsste und Sie das Thema wechseln sollten. Bitten Sie sie stattdessen, Ihnen von all den Dingen zu berichten, die bei *ihr* gut geklappt haben.

Gelingt es Ihnen, die Freude an einer Sache hinauszuzögern? Denken Sie daran, dass das Auskosten drei Aspekte hat: Vergangenheit, Gegenwart und Zukunft. Sie müssen nicht warten, bis etwas Tolles passiert. Manchmal ist es ebenso schön, sich an ein angenehmes Erlebnis zu erinnern oder eine Unternehmung zu planen, auf die man sich freuen kann: Holen Sie ein Fotoalbum heraus und schwelgen Sie in Erinnerungen oder planen Sie einen Brunch mit Freunden, die Sie viel zu selten sehen.

So finden Sie die Freude wieder

Warum fällt es uns so schwer, das Leben auszukosten? Ich glaube, dies liegt zum Teil an unserer kulturellen Befangenheit gegenüber angenehmen Gefühlen. Eine große Rolle spielt aber auch ein stark in unserer Gesellschaft verankerter Puritanismus, der in einer gewissen Lustfeindlichkeit zum Ausdruck kommt. Ich glaube fest, wir müssen die Vorstellung hinterfragen, es wäre ausschweifend oder gefährlich, nach den angenehmen Dingen im Leben zu streben, den Genuss noch weiter zu steigern und darin zu schwelgen.

Wir müssen die Freude wiederfinden.

Eine gute Möglichkeit, die Freude wiederzufinden, ist die physische Welt, die Welt der Sinne. Wir Traumaüberlebende ziehen uns oft in den Kopf zurück und können deshalb enorm von allen Dingen profitieren, die uns helfen, unsere Aufmerksamkeit wieder der physischen Welt zuzuwenden. Im dritten Teil werden wir sehen, wie wir Traumagefühlen begegnen können, indem wir uns voll Achtsamkeit unseren Sinneseindrücken zuwenden. Die Herausforderung besteht nicht nur darin, uns an diese Möglichkeit zu erinnern, wenn es uns schlecht geht, sondern einen Augenblick sinnlicher oder körperlicher Freude zu genießen, ohne dass sich Miesepetra in unserem Kopf zu Wort meldet.

Ein Weg, wie jeder von uns lernen kann, ein Maximum an Freude zu empfinden, besteht darin, sie voll auszukosten. Das tun wir im Prinzip, wenn wir frisch verliebt sind, dann sehen wir alles rosarot und genießen jeden Augenblick. Das ist ein herrliches Gefühl, nicht wahr?

Resiliente Überlebende bedienen sich dieser Methode nicht nur in Liebesdingen. Wenn ihnen etwas gelingt, steigern sie ihre Selbstwirksamkeit, indem sie ihren Erfolg voll auskosten.

> **Resiliente Überlebende kosten ihre Selbstwirksamkeit aus.**

Resiliente Überlebende verlieren ihre Erfolge nie aus den Augen, sie ziehen sie immer wieder hervor und erfreuen sich daran – so wie weniger resiliente Menschen demütigende Erfahrungen immer wieder Revue passieren lassen.

Vor allem Frauen fällt es schwer, ein Gefühl von Macht zu bewahren und ihre Selbstwirksamkeit auszukosten. Wir werden zu Demut und Bescheidenheit erzogen. Denken Sie nur daran, wie oft Männer einander über den grünen Klee loben. »Von den neuen Vertretern ist Rich der Beste.« »Bruce kann super Gitarre spielen.« »Tom fegt alle vom Platz.« Und wie reagieren Tom, Bruce und Rich auf die Komplimente? Sie grinsen und sagen: »Ja, das macht mir wirklich Spaß.«

Wenn Sie etwas Ähnliches zu Frauen sagen, werden die meisten zurückrudern oder das Kompliment weitergeben: »Sagen Sie so etwas nicht! Susan ist viel besser als ich, ich mache es nur schon länger.« Wir finden es geschmacklos zu prahlen – sogar wenn wir allein sind. Diese Bescheidenheit macht es uns schwer, unsere Selbstwirksamkeit auszukosten oder unseren Einfluss zu genießen. Das bringt uns in eine missliche Lage: Wenn wir nämlich Widerstandskraft entwickeln möchten, müssen wir sehr genau Buch darüber führen, wie mächtig wir tatsächlich sind.

Zum Ausprobieren:
Kosten Sie das Leben aus und machen sie so
das Meiste aus angenehmen Gefühlen

Erinnern Sie sich an eine Sache, die Sie Ihrer Ansicht nach gut gemacht haben. Zum Beispiel daran, dass Sie eine gute Note geschrieben, fünf Pfund abgenommen oder es geschafft haben zu schlichten, als Ihre Kinder bei Tisch einen Streit vom Zaun brachen. Sie können sich auch angenehme Sinneseindrücke ins Gedächtnis rufen, die Sie kürzlich hatten und die Ihnen Freude bereitet haben – ein Kunstwerk, eine köstliche Mahlzeit oder eine schöne Aussicht. Denken Sie nun daran und kosten Sie die Erinnerung aus. Achten Sie darauf, wie lange Sie in diesem Zustand der Wertschätzung verharren und wie viel Freude Sie daraus ziehen können.

War diese Übung schwieriger als erwartet? Glücklicherweise zerlegen die Wissenschaftler Bryant und Veroff das Auskosten in seine Einzelbestandteile und helfen damit denjenigen unter uns, denen dieses Konzept neu ist. Sie nennen fünf Möglichkeiten, das Leben rundum zu genießen.[19]

Erzählen Sie anderen davon: Kaufen Sie im Museumsladen fünf Postkarten. Schildern Sie, welcher Anblick Ihnen den Atem geraubt hat, und schicken Sie die Karten ab. Rufen Sie drei liebe Menschen an und erzählen Sie ihnen ausführlich von einer wunderbaren Sache, die Ihnen heute passiert ist. Wenn Sie wissen, dass Sie etwas Tolles erleben oder etwas Großartiges sehen werden, bitten Sie jemanden, Sie zu begleiten.

Bewahren Sie Erinnerungen: Speichern Sie Eindrücke im Geiste ab oder machen Sie Fotos. Heben Sie Andenken auf, um später leichter in Erinnerungen schwelgen zu können. Legen Sie ein Album an oder füllen Sie eine Schuhschachtel mit Wohlfühlsouvenirs. Halten Sie in einem Aufsatz oder Gedicht fest, warum eine Erfahrung wichtig für Sie war, dann können Sie die Zeilen später nachlesen, um der Erinnerung an die damit verbundenen Gefühle auf die Sprünge zu helfen.

Beglückwünschen Sie sich: Sparen Sie sich Ihre Bescheidenheit für andere Lebensbereiche auf. Wenn Sie eine Leistung oder einen Erfolg auskosten, machen Sie sich bewusst, wie sehr Sie dafür von anderen bewundert werden, wie hart Sie dafür gearbeitet oder wie lange Sie auf diesen Tag gewartet haben und wie geduldig oder diszipliniert Sie waren. Machen Sie sich klar, dass Sie sich diesen Augenblick der Freude verdient und was Sie dafür getan haben. Halten Sie sich vor Augen, was für ein Glückspilz und wie gesegnet Sie sind.

Schärfen Sie Ihre Wahrnehmung: Wir filtern ständig, was wir von der Welt um uns herum aufnehmen. Das geht gar nicht anders, wir würden sonst verrückt. Allerdings bedeutet das auch, dass wir manchmal viel Zeit mit Hektik verschwenden, ohne uns einen Augenblick zu gönnen, um die Dinge *wirklich* wahrzunehmen. Dabei geht es beim Auskosten in erster Linie darum, dass wir uns der Dinge bewusst werden. Nehmen Sie sich bei der Lektüre eines Romans die Zeit, das handwerkliche Können zu würdigen, das in einen wohlklingenden Satz geflossen ist. Lesen Sie ihn ein zweites Mal oder schreiben Sie ihn auf. Essen Sie langsam, damit Sie Ihr Essen auch wirklich schmecken.

Fragen Sie sich: Wie würden Sie den optischen Eindruck einem Blinden schildern? Wie würden Sie die Klänge und Gerüche am Telefon beschreiben? Notieren Sie, was Sie im Augenblick empfinden.

Wenn wir ein Erlebnis auskosten, kommt es aber auch darauf an, *wie* wir es wahrnehmen. Konzentrieren Sie sich in erster Linie auf das, was Ihnen Freude bereitet, und nehmen Sie es in allen Einzelheiten in sich auf. Ignorieren und minimieren Sie die weniger angenehmen Aspekte.

Absorbierung: Geben Sie sich ganz der Freude hin und verbannen Sie alle anderen Gedanken. Das dürfte vor allem Ihnen, liebe Bienen, schwerfallen. Meditationslehrer raten ihren Schüler zuweilen, sich den Verstand als junges Kätzchen oder Kleinkind vorzustellen; wenn Sie sich dabei ertappen, dass Sie gedanklich abschweifen, kehren Sie mit Ihrer Aufmerksamkeit behutsam zu Ihrer Aufgabe zurück.

Ich möchte die Liste um einen Punkt ergänzen. Die folgende Technik ermöglicht es Ihnen, sich bereits im Voraus an etwas zu erfreuen:

Vorfreude ist die schönste Freude: Natürlich machen Spontanaktionen Spaß. Noch schöner aber ist es, sich den ganzen Tag auf etwas zu freuen, sich zu überlegen, was man anziehen will, Reiseführer und -zeitschriften zu wälzen, seinen Freunden zu erzählen, wie aufgeregt man ist, und das perfekte Accessoire einzupacken, um das Vergnügen an einem Ereignis noch zu steigen. Inszenieren Sie die Erlebnisse, die Ihnen Freude bereiten. Planen Sie sie in allen wunderbaren Einzelheiten und freuen Sie sich, wenn Sie sehen, wie Ihre Vorstellung Wirklichkeit wird.

Halten Sie sich die sprichwörtliche Karotte vor die Nase

Wenn wir ein angenehmes Erlebnis auskosten, ist das nicht nur eine Möglichkeit, das Meiste daraus zu machen, wir können diese Fähigkeit auch dazu nutzen, unser Überleben zu sichern. Sie kann uns als Bewältigungsstrategie und als Mittel gegen die Hoffnungslosigkeit dienen. Selbst wenn für resiliente Überlebende schwere Zeiten anbrechen und sie ins Dunkel gestoßen werden, scheuen sie sich nicht, sich ein besseres Leben vorzustellen. Sie wissen, dass sie für die Veränderungen in ihrem Leben selbst zuständig sind. Sie sind zuversichtlich, dass die Dinge nicht immer so bleiben werden, und nutzen dieses Wissen, um sich mit Visionen von einer besseren Zukunft anzuspornen.

> Resiliente Überlebende machen sich in schweren Zeiten Mut, indem sie sich eine Karotte vor die Nase halten.

Viktor Frankl bediente sich dieser Methode im Konzentrationslager, indem er sich vorstellte, wieder Vorlesungen zu halten. Er malte sich aus, dass seine Würde wiederhergestellt sei, dass er für seine Intelligenz geschätzt und die Aufmerksamkeit seiner Studenten genießen würde. Er kostete diese Vorstellung in allen Einzelheiten aus, bis hin zu dem behaglich warmen Hörsaal mit seinen gepolsterten Sitzen. Er hielt sich eine Karotte vor die Nase, indem er sich das Bild detailliert ausmalte und mit Sinneseindrücken garnierte, die im krassen Gegensatz zu seiner derzeitigen Umgebung standen.

Nelson Mandela dachte in seiner Gefängniszelle daran, wie er zu den grünen Hügeln seiner Kindheit zurückkehren würde. Er wollte den Stammesältesten seinen Respekt erweisen und das Land ehren, wo er einst als Junge ein naives Gefühl von Freiheit empfunden hatte. Auch er hielt sich eine Karotte vor die Nase und machte sie noch verlockender, indem er sie mit seinen Signatur-Stärken und seinen höchsten Werten tränkte.

Geralyn Lucas überstand die belastende Krebstherapie, indem sie sich die Mutterschaft wie eine Karotte vor die Nase hielt. Für sie hatten der Haarausfall, das Erbrechen und die schreckliche Angst nur den einen Zweck, ihre Eizellen zu schützen, bis alles überstanden war. Sie hatte die Wahl. Sie hätte beim Gedanken an Kinder ebenso gut tiefe Trauer und großen Verlust empfinden können. Stattdessen gab sie ihrem Leiden mit dieser Fantasievorstellung einen Sinn. Sie diente ihr als Gegenmittel gegen die Sinnlosigkeit der Krebserkrankung. Im Grunde färbte sie ein Ereignis rosarot, das noch gar nicht eingetreten war, und kostete es bereits im Voraus aus.

Viele von uns würden etwas Derartiges nicht einmal zu denken wagen. Wir neigen viel zu sehr dazu, die Dinge zu verallgemeinern, sie persönlich zu nehmen und zu katastrophisieren. Deshalb fällt es uns schwer zu glauben, dass uns je wieder etwas Gutes widerfahren könnte. Wenn wir in dieser Negativspirale stecken, glauben wir, die aktuelle Krise würde niemals enden und unser gesamtes Leben erfassen. Es passt einfach nicht zu einer derart pessimistischen Dynamik, uns in in orangefarbenes Licht getauchten Karottenträumen zu verlieren. Es wäre einfach zu schmerzhaft, wenn wir uns eine Karotte vor die Nase hielten: Miesepetra würde unsere Hoffnung verspotten, und wir würden ihr Gehör schenken. Welchen Sinn sollte es also haben, uns mit unseren größten Sehnsüchten zu quälen?

In Wirklichkeit haben wir diese Wünsche natürlich trotzdem. Zweifellos sehnte sich Nelson Mandela im Laufe seiner mehr als zwanzigjährigen Haft nach den grünen Hügeln seiner Kindheit. Der Kinderwunsch muss bei Geralyn Lucas so stark gewesen sein, dass sie vor Sehnsucht wie von Sinnen war – vor allem, da ihre Ärzte seine Erfüllung als unmöglich bezeichneten. Sie haben die Wahl: Sie können die geistige Disziplin aufbringen zu glauben, dass die Karotte eines Tages Ihnen gehören wird, was Sie motiviert. Im anderen Fall wird genau diese Vorstellung (die Heimatstadt, das Baby, der Hörsaal) für Sie zur Qual werden.

Resiliente Menschen bestehen darauf, die Welt rosarot anzumalen, auch wenn dies schon fast an eine Wahnvorstellung grenzt. Sie reden sich trotz erheblicher gegenteiliger Beweise ein, eines Tages würden ihre innigsten Wünsche in Erfüllung gehen, und nutzen diese Sehnsucht, um die schweren Zeiten zu überstehen.

| 14 |
Resilienzfaktor Nr. 5,
Gemeinschaft

BISLANG HABEN WIR DIE RESILIENZFAKTOREN Flexibilität, Eigenverantwortung, Selbstwirksamkeit und Rosatünchen erörtert. Nun werden wir uns dem Element der Gemeinschaft zuwenden. Resiliente Menschen wissen, dass sie es allein nicht schaffen. Ihr soziales Netz ist sowohl Teil ihres Alltags als auch Investition in die Zukunft.

Wir sind soziale Wesen und gehören einer weltweiten Gemeinschaft an. *Wir brauchen andere Menschen.* Darüber hinaus wird unser Leben sehr viel leichter und erfüllter, wenn wir verstehen, auf welche Weise unsere Mitmenschen uns unterstützen können, und wenn wir ihre Hilfe bereitwillig annehmen.

Aber viele von uns bekamen nicht nur den Stachel des Traumas zu spüren, sondern wurden auch von den Menschen in ihrem Leben verletzt, die sie im Stich gelassen, ihnen nicht geholfen oder anderweitig versagt haben. Deshalb fällt es uns schwer zu vertrauen.

In einigen Fällen haben die Menschen in unserem Leben

das Trauma sogar verursacht. Viele Überlebende – vor allem diejenigen, die mit Übergriffen leben müssen – haben aus ihren Erfahrungen gelernt, anderen alles recht zu machen und die eigenen Bedürfnisse zugunsten der Wünsche anderer hintanzustellen. Da kann es gefährlich oder unklug erscheinen, sich auf jemanden zu verlassen. Wenn wir um Hilfe bitten, meinen wir, anderen damit zur Last zu fallen. Wir glauben nicht, dass jemand seine Freude daran haben könnte, uns zu helfen. Dies liegt oft daran, dass wir im Leben bislang nur unzureichende Fürsorge erfahren haben oder von den Menschen, auf die wir früher einmal angewiesen waren, bitter enttäuscht worden sind.

Nicht immer wollen wir Menschen um uns scharen, damit sie uns helfen, stattdessen nehmen wir automatisch eine negative Haltung ein und gehen davon aus, dass man uns im Stich lassen oder zurückweisen wird, weil wir der Unterstützung nicht würdig sind. Die Gefahr der Enttäuschung und die anschließende Konfrontation mit der Frage, was das über uns aussagt, hätten so verheerende emotionale Folgen, dass wir lieber nicht um Hilfe bitten.

Hinzu kommt, dass unsere Traumata häufig von einem Gefühl der Scham umgeben sind. Es ist für uns noch schwerer, andere um Hilfe zu bitten, wenn wir uns verletzlich fühlen und von Traumagefühlen geplagt werden. Dann verstecken wir uns lieber und tun so, als ob alles in Ordnung sei und es uns gut ginge. Eine solche Einstellung ist ehrlichen Beziehungen nicht gerade zuträglich, denn wie können unsere Angehörigen und Freunde uns helfen, wenn sie nicht wissen, dass wir leiden?

Es ist ein sehr wichtiger Resilienzfaktor, dass wir lernen, diese Gewohnheit zu durchbrechen und uns auf andere zu verlassen. Noch dazu müssen wir diese Aufgabe in der Erwartung auf Erfolg angehen. Wir werden deshalb in diesem Kapitel die Fähigkeit resilienter Überlebender testen, soziale Netze zu knüpfen.

Die Vorteile der Extraversion

Viele Menschen behaupten, sie wären glücklicher und zufriedener, wenn sie mehr Geld besäßen, ein größeres Haus hätten und die Kinder gut in der Schule wären. Sind die Grundbedürfnisse allerdings erst einmal befriedigt, besteht nur noch ein geringer Zusammenhang zwischen Geld und Glück.

Aus welchen Faktoren lässt sich also tatsächlich auf ein glückliches Leben schließen?[20] Offenbar wurzeln einige der eindeutigsten Glücksindikatoren in unseren sozialen Begegnungen und einer gegenseitigen Verbundenheit mit anderen. Vielleicht denken Sie jetzt: »Das mag ja schön und gut sein, wenn man ein extrovertierter Mensch ist. Aber ich bin schon immer schüchtern gewesen.« Es gibt allerdings eine Reihe zwingender Gründe, die nahelegen, dass Sie eine gewisse Extrovertiertheit ausprobieren sollten, auch wenn sie nicht Ihrem Naturell entspricht. Im Jahr 2002 baten Wissenschaftler introvertierte und extrovertierte Menschen, verschiedene Aufgaben zu lösen und aufzuschreiben, wie sie sich dabei fühlten. Nach Ablauf der dreiwöchigen Versuchsphase stellten sie fest, dass beide Gruppen bei nach außen gewandten Aktivitäten am glücklichsten waren.

Falls Sie die Aufgaben in diesem Kapitel als Herausforderung empfinden, sollten Sie sich vor Augen führen, dass ein von Permatraumagefühlen geprägtes Denken ein falsches Bild von der Welt vermittelt. Die Annahme, andere Menschen würden nur ihre eigenen Interessen verfolgen oder wollten gar nicht helfen, haben wir Miesepetra zu verdanken. Resiliente Überlebende bemühen sich dagegen automatisch um eine positive Grundhaltung, sie rechnen mit dem Besten und gehen davon aus, dass sie Erfolg haben werden.

Dieses Kapitel wird Ihnen zeigen, wie es wäre, wenn Sie von anderen nur das Beste dächten. Wie können Sie Ihre emotionale Intelligenz so weit verbessern, dass es Ihnen gelingt, die Menschen in Ihrem Leben optimal mit Ihren verschiedenen Bedürfnissen zu verbinden? Wie können Sie sich Ihrer Wirkung auf andere deutlicher bewusst werden, um Ihre Helfer nicht zu überfordern? Was wäre, wenn es Ihnen gelänge, die Fassade fallen zu lassen und nicht mehr so zu tun, als ob Sie alles im Griff hätten? Was wäre, wenn Sie andere sehen ließen, dass auch Sie nicht perfekt sind?

Wenn Sie das schaffen, werden Sie lernen, was resiliente Überlebende längst wissen – dass das Wissen, einer Gemeinschaft oder Gruppe anzugehören, ein hervorragendes Gegenmittel gegen mögliche Gefühle von Scham und Isolation ist. Es wird allmählich Zeit, dass Sie erkennen, wie viel schöner das Leben sein kann, wenn Sie sich ein Herz fassen und sich in die Welt hinauswagen.

Das Problem mit dem Schwarz-Weiß-Denken

Wer früh im Leben Opfer zwischenmenschlicher Gewalt wurde, neigt häufig dazu, die Dinge schwarz-weiß zu sehen.

Wenn wir jung sind, sind unsere Moralvorstellungen fließend. Wir sind noch dabei, unser Urteilsvermögen zu schärfen und zu lernen, was »gute« von »schlechten« Menschen unterscheidet. Dieser Prozess wird von Märchen und Comics unterstützt, die uns mit einem steten Strom guter und schlechter Figuren konfrontieren. Falls Sie es noch nicht gemerkt haben sollten: die Charakterzeichnung in einem durchschnittlichen Disney-Film ist wenig subtil.

Wenn wir älter werden, können wir auch komplexere Wahrheiten über die menschliche Natur verstehen und akzeptieren. Die meisten Erwachsenen wissen, dass Menschen sich manchmal widersprüchlich verhalten. Vielleicht war Ihr Vater ein alkoholsüchtiger Wüterich *und* ein verantwortungsbewusster Ernährer, der viel arbeitete und treu zu seiner Familie stand. Vielleicht hat Ihre Frau Sie betrogen und ist als Partnerin nicht vertrauenswürdig, aber sie ist *auch* eine liebevolle und verantwortungsbewusste Mutter. Vielleicht kann Ihr Freund hervorragend zuhören, aber überhaupt nicht mit Geld umgehen.

Wenn wir als Kind traumatisiert wurden, erreichen wir diese Entwicklungsstufe meist gar nicht erst und kommen nur selten über das Schwarz-Weiß-Denken hinaus: Wir sehen gute Menschen, und wir sehen schlechte Menschen; Grautöne gibt es für uns kaum.

Resiliente Menschen werden andere weder idealisieren noch verteufeln. Sie akzeptieren, dass jede Person (und jede Situation) gute und schlechte Seiten hat. Deshalb sind sie in Beziehungsdingen auch so erfolgreich. Diese Eigenschaft mag Ihnen eher unwichtig scheinen, sie hat allerdings tiefgreifende Auswirkungen sowohl auf unseren Umgang mit anderen als auch auf unser Selbstbild.

Denn wäre ein Mensch entweder nur gut oder nur schlecht, müssten auch Sie selbst sich nach diesen Kriterien beurteilen, nicht wahr? Viele Traumaüberlebende werden von dem Wunsch verzehrt, die perfekte Fassade zu präsen-

tieren. Die chronischen zwischenmenschlichen Schwierigkeiten traumageschädigter Menschen sind entweder darauf
zurückzuführen, dass wir die unschönen Facetten unseres
Lebens verschämt verbergen, oder dass wir glauben, unsere vermeintlichen Fehler kompensieren zu müssen, damit
unsere Mitmenschen nur ja nicht die Wahrheit erfahren.
So stärken wir Miesepetra, die sich nur zu gern auf unsere
Schulter setzt, um die Dinge nach Herzenslust persönlich zu
nehmen, zu verallgemeinern, zu katastrophisieren und unsere Charakterschwächen als Beweis dafür anzuführen, dass
wir völlig verkorkst seien und deshalb zwangsläufig unser
ganzes Leben vermasseln würden.

> Perfektionismus verurteilt uns zu einem Leben in
> dem Glauben, weder wir noch die anderen seien
> jemals gut genug.

In dieser Position sind wir zutiefst isoliert. Wenn wir perfekt sein müssen, können wir nur schwer um Hilfe bitten,
nicht wahr? Stattdessen aber können wir andere Menschen
auch mit all ihren guten und schlechten Eigenschaften annehmen und akzeptieren, dass wir ebenfalls eine realistische
Mischung aus Stärken und Schwächen sind. Das macht es
uns leichter, uns anderen gegenüber verletzlich zu zeigen
und zu glauben, dass sie uns lieben, respektieren und schätzen werden, obwohl wir unsere Fehler haben – wie alle Menschen. Auf diese Weise entsteht ein hohes Maß an Authentizität in unseren Beziehungen, das wir andernfalls niemals
erreichen würden.
   Wenn Sie Ihr Leben lang vorgeben zu sein, wie Sie Ih-

rer Ansicht nach sein sollten oder wie die anderen Sie Ihrer Meinung nach haben wollen, untergraben Sie Ihre Fähigkeit zu lieben und geliebt zu werden. Sie kommen sich wie eine Betrügerin vor: Wie können Sie sich in Gegenwart anderer entspannen, wenn Sie vermuten, dass deren Sympathie auf falschen Vorgaben beruht? Sind Sie dagegen willens, *nicht* das goldene Kind zu sein, sondern Ihr wahres und ungeschminktes Gesicht zu zeigen, wird echte Nähe möglich.

Perfektionismus, Idealisieren und Schwarz-Weiß-Denken verhindern Nähe und Intimität.

Resiliente Menschen können andere um Hilfe bitten und sich auf sie verlassen, weil sie rosige Erwartungen haben, wie sie von ihnen wahrgenommen werden.

Erwarten Sie das Beste

Resiliente Menschen nehmen nicht nur an, dass andere das Beste in ihnen sehen, sie sehen umgekehrt auch nur das Beste in anderen.

Menschen mit von Misstrauen geprägten traumaerhaltenden Annahmen haben damit ebenso ihre Probleme wie diejenigen, in deren Familie oder Kultur die Auffassung herrscht, anderen sei nicht zu trauen. »Deine engsten Freunde werden dir in den Rücken fallen.« »Du kannst niemandem trauen.« »Du wirst nie dazugehören.« Falls die Familie oder die Gesellschaft, in der Sie aufgewachsen sind, von diesen oder ähnlichen Überzeugungen geprägt war oder sie infolge

Ihres Traumas entstanden sind, dürfte es nicht leicht für Sie sein, ein soziales Netz zu knüpfen, um resilienter zu werden. Ziehen Sie bitte dennoch in Betracht, dass die Menschen da draußen erheblich freundlicher und zartfühlender sind, als Sie vermuten.

Dass mir die Augen dafür geöffnet wurden, habe ich meiner Freundin Christina zu verdanken. Sie sieht fast immer das Beste in anderen und freundet sich seit jeher mit Menschen an, mit denen alle anderen lieber nichts zu tun haben wollen – den Schüchternen und Unbeholfenen, den Ungehobelten und Unsympathischen. Sie hat das Talent, hinter die Fassade zu blicken, die Begabungen, Träume und positiven Eigenschaften der Menschen zu erkennen und ihre Anerkennung und Wertschätzung vernehmlich zum Ausdruck zu bringen. Wenn sich jemand danebenbenimmt, interpretiert sie sein Verhalten in einem nachsichtigen psychologischen Licht, das sein Handeln verständlich macht. Und weil sie nur das Beste in anderen sieht, bringt sie es in ihnen auch zum Vorschein.

Viele hielten Andy für einen Playboy, nur Christina sah einen anständigen, aber unsicheren Mann, der fälschlicherweise seine Sexualität zur Schau stellte. Sie behandelte ihn wie einen Gentleman, und in ihrer Gegenwart benahm er sich auch so. Alle Hausbewohner hielten Nadia für eine geizige Halsabschneiderin, nur Christina sah eine erschöpfte, hart arbeitende Immigrantin, die den Eindruck hatte, ihre Mieter wüssten ihr Eigentum nicht zu schätzen. Sie begegnete Nadia mit Dankbarkeit und Respekt, und ihre Vermieterin offenbarte eine warmherzige und fürsorgliche Seite, die niemand vermutet hätte.

Bis heute ist Christina von einer bemerkenswerten Menschenschar umgeben, und wie man unschwer vermuten kann, sind viele von ihnen gern bereit, ihr zu helfen. Resiliente Menschen verfügen oft über ein solches soziales Netz.

Es ist schlichtweg unmöglich, ein soziales Netz zu knüpfen, wenn man das Schlechteste von den Menschen erwartet, es wächst vielmehr dadurch, dass man sie im bestmöglichen Licht sieht und ihnen gestattet, diesem Bild gerecht zu werden. Resiliente Menschen verpassen nicht nur den Ereignissen, sondern auch den *Personen* in ihrem Leben einen rosaroten Anstrich.

So wie Miesepetra uns vor einer erneuten Traumatisierung schützen möchte, so neigen auch Traumaüberlebende zu falschen Verallgemeinerungen, die aus einer düsteren Grundhaltung geboren sind. Wir sind vorsichtig, damit man uns nicht ausnützt. Wir rechnen mit gemeinem oder egoistischem Verhalten oder interpretieren die Schüchternheit anderer als Arroganz. Bei Menschen, die kleine wie große Traumata überstanden haben, findet man recht häufig eine gewisse zwischenmenschliche Paranoia. Gebrannte Kinder laufen Gefahr, ihr Leben lang viele hässliche Dinge auf Menschen zu projizieren, die das gar nicht verdient haben. Diese Erwartungen werden dann zu selbsterfüllenden Prophezeiungen.

Zum Ausprobieren:
Entdecken Sie das Beste in anderen

Im Rahmen dieser Übung werden Sie ein paar von Christinas Fähigkeiten testen.

Notieren Sie zu Beginn fünf Eigenschaften, die Sie an anderen im zwischenmenschlichen Kontakt besonders bewundern und schätzen.

Vervollständigen Sie zum Beispiel folgenden Satz: »Bei Menschen, die mir helfen und mich unterstützten, ist mir folgende Eigenschaft am wichtigsten: _____.« (Loyalität, Ehrlichkeit, Freundlichkeit; nennen Sie die Charakterzüge, die ideale Freunde, Eltern, Therapeuten oder Geistliche haben sollten.)

Wählen Sie nun die Eigenschaft, die Ihnen am allerwichtigsten ist. Halten Sie einen Tag lang Ausschau danach und bemühen Sie sich, so viele Beispiele wie möglich zu finden.

Motivieren Sie sich nach Kräften für die Suche nach Beweisen, dass die Menschen in Ihrer Umgebung über diese Eigenschaften verfügen. Spielen Sie ein Spiel, bei dem Sie jedes Mal einhundert Dollar bekommen, wenn Sie eine Person finden, die diesen Charakterzug zum Ausdruck bringt. Machen Sie einen Wettbewerb daraus: Wenn Sie nicht jede Stunde mindestens einen Menschen finden, verdienen Sie nicht genügend Geld, um Ihr »Ziel« zu erreichen.

Was macht ein Sicherheitsnetz stark?

In Kapitel 10 habe ich Sie gebeten, unangenehme Zeitgenossen zu meiden, um den »Monstern« keine Nahrung mehr zu geben. Resiliente Menschen umgeben sich nicht mit Pessimisten oder Leuten, die ihre optimistischen Erwartungen wie Seifenblasen zerplatzen lassen, die sie herunterziehen oder anderweitig versäumen, ihnen dabei zu helfen, sich von ihrer besten Seite zu zeigen.

Sie gehen sogar noch einen Schritt weiter: Sie suchen bewusst die Nähe von Menschen, die sie spirituell und emotional nähren; von Menschen, die genau die Eigenschaften verkörpern, die sie selbst entwickeln möchten; und von Menschen, deren Werte sie bewundern. Sie bemühen sich um Beziehungen zu Personen, die ihnen helfen, das Beste aus sich zu machen.

Einer der entscheidenden Resilienzfaktoren erfolgreicher Risikokinder ist ihr Talent, Mentoren zu finden. Kinder, die Kontakt zu positiven Personen suchen und eine Beziehung zu ihnen aufbauen, können am ehesten über ihre Umstände hinauswachsen. Resiliente Kinder und resiliente Erwachsene umgeben sich mit Förderern – Menschen mit positiver Energie und optimistischer Einstellung.

> Die Menschen, mit denen wir unsere Zeit verbringen, sind ein starker Indikator für unsere Stimmung und unsere Einstellung.

Umgeben Sie sich mit Menschen, die dafür sorgen, dass es Ihnen gut geht? Dienen sie Ihnen als Vorbild für Verhaltensweisen, die Sie sich aneignen möchten oder entwickeln müssen?

Unterstützung annehmen

Resiliente Menschen knüpfen effektive soziale Netze und *nutzen* sie auch. Sie können emotionalen Trost und konkrete Unterstützung von anderen annehmen, und sie können um Hilfe bitten und sagen, was sie konkret brauchen.

Wird ein resilienter Überlebender von einem Freund gefragt: »Wie kann ich helfen?«, erwidert er nicht: »Danke, ich schaffe das schon. Mach dir keine Sorgen«, sondern er sagt: »Danke, dass du fragst. Ich bin so froh, dass du da bist.

Ich brauche *genau das*.« (Jemanden, der meinen Hund ausführt; der einen Auflauf für die Kinder macht; der mir etwas Geld gibt, damit ich über die Runden komme.) Ist ein resilienter Überlebender von einem Trauma betroffen, schart er seine Truppen um sich und sorgt dafür, dass sie ihm helfen, die Sache zu überstehen. Resiliente Menschen bedienen sich dieser Bewältigungsstrategie nicht nur in Krisenzeiten – sie ist ihre Art zu leben.

> Finden Sie heraus, was Sie brauchen. Bitten Sie ohne Umschweife und in der Erwartung darum, dass man Ihrem Wunsch entsprechen wird.

Viele Überlebende mussten ihr Trauma allein bewältigen. Wenn wir um Hilfe bitten, haben wir das demütigende Gefühl, bedürftig oder schwach zu wirken. Wir glauben, andere Menschen seien eher bereit, uns emotional den Rücken zu stärken, wenn wir einen tapferen Eindruck machten. Aber diese stoische Haltung verhindert, dass wir die benötigte Unterstützung erhalten, und sie beraubt außerdem die Menschen, die uns lieben, der Gelegenheit zu helfen.

Wenn Sie zu einem Rennen antreten, wissen Sie leider nicht, wie es ausgehen wird. Keiner weiß das. Aber wenn Sie niemanden bitten, Ihnen dabei zuzusehen, wird Ihnen auch niemand im Ziel zujubeln oder Sie aufsammeln, falls Sie auf halber Strecke zusammenbrechen. Dies gilt nicht nur für Ihre Wettkämpfe, sondern auch für Ihre Chemotherapie, Ihre Scheidung, Ihre Gerichtsverhandlung und den Jahrestag des traumatisierenden Ereignisses. Halten Sie die anderen darüber auf dem Laufenden, welche Herausforderungen

Sie gerade zu bewältigen haben? Sind Sie gewillt, andere mit auf die Reise zu nehmen?

Damit wir um Hilfe bitten, müssen wir natürlich glauben, dass wir sie auch bekommen werden. Wir müssen darauf vertrauen, dass man uns nach diesem Eingeständnis von Schwäche weder angreifen noch verurteilen, sondern uns helfen wird. In traumatisierenden Situationen können wir nicht immer klar erkennen, was uns helfen würde, daher lohnt es sich, dies in friedlichen Zeiten zu üben.

Ich fordere meine Patienten oft auf, die Probe aufs Exempel zu machen und andere um einen winzigen Gefallen zu bitten. Sie sollen sich zum Beispiel zwei Dollar für eine Tasse Kaffee von einer Kollegin leihen, die sie nicht besonders gut kennen, oder einen Nachbarn um einen Korkenzieher oder einen Hammer bitten. Das sind keine großen Anliegen, sondern eher Möglichkeiten, ins Gespräch zu kommen. Bieten Sie auch umgekehrt Ihre Hilfe an. Holen Sie für jemanden, der kleiner ist als Sie, unaufgefordert den gewünschten Gegenstand aus dem obersten Regal. Es fühlt sich gut an, jemandem zu helfen, nicht wahr? Warum fürchten wir dann so oft, andere könnten verärgert reagieren oder sich ausgenutzt fühlen, wenn wir um Hilfe bitten?

Zum Ausprobieren: Was können Sie bieten?

Traumaüberlebende können sich nur schwer vorstellen, dass andere ihnen bereitwillig helfen. Wir sollten daher kurz innehalten und uns ansehen, weshalb diese Menschen das tun sollten. Natürlich kreisen Beziehungen nicht nur um die Frage: »Was habe ich davon?« Nichtsdestoweniger kann es erhellend sein, ernsthaft darüber nachzudenken, was *wir* beitragen können, was *wir* zu bieten haben. Dann können wir vielleicht verstehen, wie es sich für andere anfühlt, uns zu helfen.

Nehmen Sie ein Blatt Papier und legen Sie zwei Spalten an. Füllen Sie die erste mit Beispielen dafür, wie Sie die Menschen in Ihrem Leben unterstützen können, sollte dies nötig sein. Notieren Sie alle Gründe, die einen anderen zwingen könnten, Sie um Unterstützung zu bitten. Warum sollte jemand den Wunsch haben, ein Teil Ihres Lebens zu sein? Weil Sie witzig sind? Weil Sie gut zuhören können und ein treuer Freund sind? Weil Sie Anwältin sind und jeder einmal einen rechtlichen Rat braucht?

Notieren Sie in der zweiten Spalte, was Sie von anderen brauchen, was Sie sich von den Menschen in Ihrem Leben erhoffen, weil Sie nicht besonders gut darin sind, es sich selbst zu beschaffen. Dazu müssen wir tief in uns gehen. Es ist schmerzlich, sich die eigenen Mängel vor Augen zu führen, aber es wird leichter, wenn wir davon ausgehen, dass es in unserem Freundeskreis Menschen gibt, die diese Lücken füllen können. Möglicherweise haben Sie keine eigene Familie und brauchen deshalb eine starke Truppe von Freunden, die Ihnen das Gefühl geben, Teil der ihren zu sein. Vielleicht sind Sie schüchtern, fühlen sich in Gesellschaft unbehaglich und mögen es, wenn Ihre Freunde gesellig sind und Ihnen helfen, Kontakte zu knüpfen. Sind Sie schlecht organisiert und brauchen Hilfe bei der Finanzplanung oder dabei, den Haushalt am Laufen zu halten? Sind Sie eine alleinerziehende berufstätige Mutter, deren Kind ziemlich einsam wäre, wenn es die Rasselbande der Nachbarin nicht gäbe?

Sicher haben Sie meinen Beispielen entnommen, dass Sie absolut ehrlich sein müssen. Notieren Sie das Gute, das Schlechte und das Hässliche. Niemand außer Ihnen wir diese Aufstellung je zu Gesicht bekommen.

Wenn Sie die beiden Listen so nebeneinander sehen, wie schätzen Sie dann das Verhältnis von Geben und Nehmen ein? Können

Sie die Einträge in der zweiten Spalte akzeptieren, oder würden Sie sich schämen, wenn Sie die Aufstellung jemandem zeigen müssten? Glauben Sie, selbst für diese Dinge zuständig zu sein, schaffen es aber nicht?

Überlegen Sie kurz, inwieweit Ihnen dies früher gelungen ist. Konnten Sie Ihre Bedürfnisse befriedigen und wenn ja, wie haben Sie das gemacht? Prüfen Sie, ob Sie in manchen Bereichen mehr nehmen als geben. Dort bieten sich gute Möglichkeiten, an sich zu arbeiten. Die erste Spalte wird Ihnen allerdings hoffentlich zeigen, dass auch Sie anderen bei Bedarf auf vielfältige Weise unter die Arme greifen können.

Falls Ihre Liste Lücken hat – Bereiche, in denen Sie Unterstützung brauchen könnten, die Sie von Ihrem aktuellen Bekanntenkreis nicht bekommen –, ist es vielleicht Zeit, einige davon zu schließen. Sie müssen keine Schuldgefühle haben, wenn Sie Freundschaften auch im Hinblick darauf pflegen, inwiefern Ihnen andere in Krisenzeiten helfen können – erst recht nicht, wenn dies auf Gegenseitigkeit beruht. Der Nachbarin mit der Rasselbande macht es vielleicht nichts aus, dass Ihr Sprössling jeden Tag nach der Schule bei ihr eintrudelt, weil sie dankbar ist, dass Sie sich ihrer Computerprobleme annehmen, ihren digitalen Videorekorder anschließen oder herausfinden, was mit ihrem Auto los ist.

Wir blühen auf, wenn wir wissen, dass wir ein Sicherheitsnetz haben, denn wenn wir von einer Gruppe Menschen mit unterschiedlichen Talenten, Fähigkeiten und Begabungen umgeben sind, haben wir das Gefühl, zu einer Gemeinschaft zu gehören. Unseren Platz in einem sozialen Netz verdienen wir uns zum Teil dadurch, dass wir wissen, was wir zu bieten haben, was wir in guten wie in schlechten Zeiten beisteuern können, und dass wir andere großzügig daran teilhaben lassen.

Die Bedeutung eines breit gefächerten Sicherheitsnetzes

Es ist nie klug, sich ausschließlich auf einen einzigen Retter zu verlassen. Resiliente Menschen knüpfen daher ein ganzes *Netz* aus Mentoren, Freunden und Helfern.

Erstens hat jeder von ihnen andere Stärken. Falls Sie in finanziellen Schwierigkeiten stecken, werden Sie sich natürlich die Unterstützung eines praktisch veranlagten Menschen wünschen, der gut mit Zahlen umgehen kann. Daneben aber ist es vielleicht auch sinnvoll, mit einer einfühlsamen und mitfühlenden Person zu sprechen, die Ihnen hilft zu verstehen, wie Sie überhaupt in diesen Schlamassel geraten sind, und Sie nicht dafür verurteilt. Nur in den seltensten Fällen kann ein einzelner Mensch Ihnen alles geben, was Sie in einer Krise brauchen. Je größer die Schar der Helfer, desto vielfältiger ist auch das Angebot der Stärken, aus dem Sie wählen können.

Falls sich ein wichtiger Mensch als Enttäuschung entpuppt, haben Sie andere, auf die Sie zurückgreifen können. Traumata wirken sich oft sehr zerstörerisch auf Ehen und alle anderen engen Beziehungen aus. Ein Grund dafür ist, dass die Erwartungen an den Einzelnen zu hoch sind. Es kommt nicht selten vor, dass ein Ehe- oder Lebensgefährte nicht angemessen oder ausreichend auf das Trauma des Partners reagiert. Dieser Druck lässt sich zum Teil dadurch lindern, dass Sie für jeden Bereich mehrere Helfer haben.

Machen Sie Bestandsaufnahme

Menschen mit einem guten sozialen Netz wissen, was ihre Freunde leisten können – und was nicht.

Als der Mann meiner Patientin Eleanor einen schrecklichen Unfall hatte, rief sie reflexartig alle Bekannten an, um sie davon in Kenntnis zu setzen. Sie wusste nicht, ob und wie diese Menschen ihr würden helfen können, aber sie wandte sich instinktiv sofort an sie. Und das zahlte sich aus. Ihre Nachbarin hatte an jenem Abend zwar schon etwas vor, aber sie trug dem Babysitter auf, mehr Pizza zu bestellen, für den Fall, dass Eleanors Kinder über Nacht blieben. Ihr Kollege warf die Planung um, so dass sie bei der Präsentation, die sie am nächsten Tag gemeinsam in der Arbeit hätten halten sollen, nicht dabei sein musste. Ihre Schwester saß zwar in der Arbeit fest, bat aber ihren Hundesitter, den Ersatzschlüssel zu nehmen und Eleanors Hunde auszuführen. Ihre Freundin Bette war mit einem Arzt liiert und bot an, er könne bei der »Übersetzung« der Informationen helfen, die Eleanor von den Ärzten ihres Mannes bekam.

Am Ende musste Eleanor weder die angebotene Unterstützung noch die Dienste ihrer Helfer in Anspruch nehmen. Aber als sie an jenem Abend im Bett lag, stellte sie sich vor, auf einem Trapez zu schwingen und ihre stürmischen Gefühle nicht ganz unter Kontrolle zu haben, und sie war dankbar, dass ihre Freunde sich unter ihr versammelt und die Arme zu einem engmaschigen Sicherheitsnetz verschränkt hatten. Sie hatte das Gefühl, sie würden sie auffangen, ganz gleich was geschah.

Auf diese Weise kann soziale Vernetzung Resilienz verleihen. Mit ein paar Anrufen holte sich Eleanor nicht nur enorme praktische Unterstützung – Kinder- und Hunde-

betreuung, medizinischen Rat –, sie schenkten ihr in diesen
schweren Stunden auch die Gewissheit, dass man ihr und
ihrem Mann auf dieser Welt Liebe und Unterstützung ent-
gegenbrachte. Wie Sie vielleicht ahnen, kann es ein großer
Trost sein zu wissen, dass man Teil einer Gemeinschaft ist
und jemand da ist, der die Dinge tut, zu denen man selbst
nicht fähig ist.

Ein interessanter Aspekt dieser Geschichte ist, dass praktisch jeder, der Eleanor seine Hilfe anbot, seine Grenzen
hatte und dass mit jedem »Ja« auch ein »Nein« verbunden
war, was sie ohne Weiteres als Zurückweisung hätte auf-
fassen können. Ihre Nachbarin hatte schon etwas vor. Ihre
Schwester musste arbeiten. Eleanor hätte dadurch das Gefühl bekommen können, eine Zumutung oder eine Last zu
sein. Sie hätte umgekehrt auch daraus schließen können, sie
und ihr Mann seien nicht wichtig genug, dass ihre Schwester sich um eine Vertretung kümmerte oder ihre Nachbarin
ihre Pläne für den Abend über den Haufen warf. Da Eleanor
die rosarote Brille und nicht die Traumabrille trug, nahm sie
die Hilfe ihrer Freunde und Nachbarn dankbar an und achtete nicht weiter auf das, was sie nicht geben konnten. Sie
verpasste der ganzen Angelegenheit einen rosaroten Anstrich
und sah nur das Beste in ihren Helfern.

Zum Ausprobieren:
Wer kann helfen – und wie?

Traumaüberlebende unternehmen sehr viel, um sich zu schützen,
aber sie greifen dabei häufig auf Methoden zurück, die keine echte
Hilfe sind. Ich halte nichts davon, in ständiger Angst zu leben. Ich
würde jedem abraten, im Keller einen Bunker für den Notfall ein-

zurichten. Wie Sie merken, möchte ich Ihnen meist helfen, *nicht* ein Leben lang über die Schulter zu blicken und auf das Schlimmste gefasst zu sein. Wenn es aber darum geht, ein soziales Netz zu knüpfen, ist vorausschauendes Planen sinnvoll. Im Leben gibt es regelmäßig kleine und größere Krisen. Da zahlt es sich aus, wenn Sie Bestandsaufnahme machen und überlegen, in welchen Bereichen Sie auf die Hilfe anderer angewiesen sein könnten, und Ihren Bekanntenkreis um die entsprechenden Personen erweitern – so wie Sie auch die Vorräte in Ihrem Kellerbunker aufstocken würden.

Stellen Sie sich vor, Sie gerieten morgen in Bedrängnis. Falten Sie ein Blatt Papier zwei Mal, so dass drei Spalten entstehen.

Welche Bedürfnisse sind absehbar? Notieren Sie sie in der linken Spalte. Sie sollten von praktischer Hilfe (jemand, der bei der Kinder- und Haustierbetreuung hilft oder Sie zum Arzt fährt) bis hin zu emotionalem Beistand reichen (jemand, der sich für Sie einsetzt, der Ihre Traurigkeit und Angst ertragen und Sie weinen lassen kann, der Sie zum Lachen bringt und Ihnen hilft, die Dinge im rechten Licht zu sehen).

Sammeln Sie in der mittleren Spalte alle Angehörigen, Freunde und Bekannte, die Ihnen eventuell helfen können. (Ordnen Sie sie noch nicht den jeweiligen Bedürfnissen zu, machen Sie zunächst einfach eine Liste.)

Bemühen Sie sich bei dieser Übung, das Beste in den Menschen zu sehen. Lassen Sie nicht zu, dass Miesepetra Ihnen in die Quere kommt und die Menschen oder das, worum Sie bitten möchten, schlecht macht. Gehen Sie davon aus, dass fast jeder in mehreren Bereichen etwas beitragen kann, und setzen Sie großzügig Namen auf die Liste.

Verbinden Sie die jeweiligen Bedürfnisse nun mit allen Personen, die Ihnen möglicherweise dabei helfen können. Wenn Sie dies getan haben, gehen Sie die erste Spalte noch einmal durch und prüfen Sie, in welchen Bereichen Sie noch unversorgt sind. Überlegen

Sie, wie Sie diese Lücken füllen können. Erweitern Sie Ihre Liste um Organisationen, die sich als hilfreich erweisen könnten, sowie um Menschen, die Sie zwar nicht sonderlich gut kennen, die Sie aber vielleicht in irgendeiner Weise unterstützen können.

Nehmen Sie sich nun die rechte Spalte vor. Während die erste Spalte eine möglicherweise beängstigende Aufzählung Ihrer unbefriedigten Bedürfnisse ist, sollte die letzte Ihr Selbstvertrauen stärken. Sie wird Ihnen zeigen, wie viel Unterstützung Sie tatsächlich genießen – und deutlich machen, dass Sie in manchen Bereichen sogar mehrere Helfer in Reserve haben. Halten Sie in dieser Spalte fest, was die einzelnen Menschen oder Organisationen *konkret* für Sie tun können.

Die Nachbarin mit Platzangst, die niemals aus dem Haus geht, ist vermutlich nicht die Richtige, um Sie ins Krankenhaus zu begleiten, aber sie ist vielleicht eine gute Kandidatin für die Versorgung Ihrer Katze. Ihre glamouröse Mitbewohnerin aus Collegetagen hat keine Ahnung, was sie mit Ihren Kindern anstellen soll, dafür kennt sie Ärzte und Anwälte zuhauf, die Ihnen im Krisenfall hilfreiche Informationen geben können.

Sollte Ihr Sicherheitsnetz nach Abschluss dieser Übung immer noch löchrig sein, wissen Sie nun zumindest, wo diese Lücken sind, und können es sich in den nächsten Monaten zur Priorität machen, sie zu füllen. Backen Sie einen Schokoladenkuchen und bringen Sie ihn einer Nachbarin, oder gehen Sie mit der Leiterin einer anderen Abteilung zum Mittagessen.

Wenn wir Resilienz als wertvoll empfinden und bereit sind, daran – wie an unserer Fitness oder unserer finanziellen Absicherung – zu arbeiten, ist diese Übung eine Art Aufstellung unseres Nettovermögens. Der einzige Unterschied besteht darin, dass es hier um unser Helferkapital geht. Falls wir festgestellt haben, dass wir irgendwo angreifbar sind, sollten wir das in Ordnung bringen, bevor eine Krise kommt.

Wie behandeln Sie Ihr soziales Netz?

Eine meiner Patientinnen kam zu mir, um sich über ihre Freunde zu beschweren: »Seit der Scheidung brauche ich sie mehr denn je, aber ich habe das Gefühl, dass niemand für mich da ist.«

Man konnte sich leicht denken, weshalb die Freunde Faye im Stich ließen. Sie saugte sie aus! Alle Gespräche drehten sich ausschließlich um sie, und eines war frustrierender als das andere: Ihr Ex-Mann war rachsüchtig, ihr Anwalt ein Idiot, die anderen Freunde enttäuschten sie regelmäßig, ihre Schwiegereltern hatten sich auf die Seite ihres Ex-Mannes geschlagen. Die Litanei aus Verrat und Enttäuschung nahm kein Ende. In dieser Freundschaft war kein Platz für gute Neuigkeiten oder Freude, schließlich konnte man Faye nicht erzählen, wie toll das Wochenende gewesen war, ohne sich anhören zu müssen, was für ein Glückspilz man doch sei, einen Freund zu haben.

Ich bin mir sicher, dass ihre Freunde ihr nicht gern aus dem Weg gingen. Aber nachdem sie ihr ein halbes Jahr lang verständnisvoll und mitfühlend zugehört hatten, kann ich es ihnen nicht verdenken, dass sie das Telefon irgendwann so lange klingeln ließen, bis der Anrufbeantworter ansprang. Leider wusste Faye nicht, dass ihre Art der Krisenbewältigung die Befriedigung ihrer Bedürfnisse verhinderte.

Wenn Sie Ihr soziales Netz effektiv pflegen und nutzen möchten, müssen Sie die Verantwortung für Ihr Verhalten übernehmen. Welche emotionale Wirkung haben Sie auf andere? Geben Sie ihnen das Gefühl, stark zu sein, indem sie Ihnen helfen? Oder laugen Sie sie aus mit Ihrer Hoffnungslosigkeit und Ihrem Bedürfnis, immer wieder zu erzählen, was man Ihnen angetan hat? Sorgen Sie mit Ihrem Gerede von Rache, Gerichtsverfahren und Selbstjustiz dafür, dass sie Ihnen gegenüber misstrauisch werden? Diese Dinge sollte man wissen.

> Resiliente Menschen fragen sich, wie sie auf andere wirken.

Traumata verunsichern Menschen. Unsere Freunde haben oft panische Angst davor, etwas Falsches zu tun oder zu sagen. Wie können Sie es den anderen leicht machen, Ihnen zu helfen?

Nach dem Tod von Sharis Mutter kam die ganze Synagoge zur Beerdigung. Aber die Stimmung war verkrampft, als sich die Menschen anstellten, um ihr befangen ihr Beileid auszusprechen – bis Shari ein paar witzige Bemerkungen darüber machte, was für eine Ironie es doch sei, dass die Anwesenden an einem so bewölkten Tag Sonnenbrillen trugen, und das Eis brach. Damit erinnerte sie alle daran, dass sie trotz Trauerkleidung noch sie selbst war, und gab auch den anderen die Erlaubnis dazu. Der steife Händedruck wich der herzlichen Umarmung und dem vertrauten Gespräch. Humor ist offenbar einer der einschlägigen Tricks erfolgreicher Überlebender, um ihre Helfer nicht auszulaugen.

Wenn Sie ernst und traurig sind, geben Sie damit den Ton an. Wenn Sie hoffnungslos sind, empfinden andere es als respektlos, Ihre Gefühle *nicht* zu spiegeln. Sie fürchten vielleicht, wenn sie von der witzigen Szene in einer der Spätsendungen erzählten, würden sie damit Ihre Gefühle bagatellisieren oder das, was Sie durchgemacht haben, schmälern. Aber manchmal ist das Beste, was Ihnen passieren kann, wenn jemand Sie *nicht* in Ihrer deprimierten Stimmung verharren lässt. Ihr Humor gibt auch anderen die Erlaubnis, in Ihrer Gegenwart nicht ganz so niedergedrückt zu sein.

Nebenbei hat Humor auch eine normalisierende Wirkung auf *denjenigen, der den Witz macht*. Wenn wir zulassen, dass wir in Verzweiflung versinken, fangen wir an, wie Opfer zu denken, und vergessen, dass wir die Wahl haben. Wenn sich Gefühle von Hilflosigkeit einschleichen, sind wir nicht mehr in der Lage, Probleme zu lösen oder einen Ausweg aus unserer Zwickmühle zu finden. Humor dagegen erinnert uns an Persönlichkeitsaspekte, die nichts mit der Krise zu tun haben, und an Bewältigungsmechanismen, die wir in schweren Zeiten oft vergessen.

> Wenn wir Witze machen, nutzen wir die Ressourcen einer alternativen inneren Persönlichkeit, die eine ganz andere Perspektive hat als das innere Opfer.

Humor befreit Sie aus der Opferhaltung und erleichtert es anderen, Ihnen zu helfen.

Manchmal hat man den Eindruck, man hätte nicht allzu viel zu lachen. Wenn Sie resiliente Überlebende ansehen, werden Sie allerdings erstaunt feststellen, dass sie selbst in einer misslichen Lage die Ironie erkennen, einen Witz machen oder das Geschehen anderweitig mit Humor in die richtige Perspektive rücken.

Eine meiner Patientinnen witzelte während ihrer Krebsbehandlung: »Da halte ich seit Jahren Diät, und auf einmal habe ich Größe 36!« Ein anderer Patient war als Rettungs-

sanitäter am Ground Zero im Einsatz. Er scherzte: »Jahrelang rettete ich Menschen das Leben, und niemand hielt
mich für einen Helden. Dann kam der 11. September, und
ich rettete niemandem das Leben, aber auf einmal war ich
ein Held.«

Humor erleichtert anderen den Umgang mit Ihnen, wenn
Sie Schweres durchmachen. Wie Faye, die nach der Scheidung mit ihrer Bitterkeit und ihrer Wut ihr soziales Netz
schwächte, vertreiben wir andere (ungewollt) gerade dann,
wenn wir sie am dringendsten brauchen.

Während des Medizinstudiums beobachtete ich bei der
Visite besorgt, wie wenig Zeit wir im Zimmer des deprimierten Krebspatienten verbrachten und wie viel länger wir uns
bei der Frau im Zimmer gegenüber aufhielten, die sich ein
ganzes Kabarettprogramm zu dem Thema ausgedacht hatte,
wie sehr ihr die Chemotherapie das Frisieren erleichterte.
Obwohl der deprimierte Patient unsere Aufmerksamkeit
sehr wahrscheinlich mehr gebraucht hätte, war es die Frau,
die mit ihren Perückenwitzen unsere Unterstützung bekam.
Sie verschaffte sich auf diese Weise eine Verschnaufpause
von ihrer eigenen Anspannung, erteilte uns die Erlaubnis,
ihre Heiterkeit zu spiegeln, und nahm so die Menschen für
sich ein. Ihr Humor verleugnete oder verharmloste ihr Problem nicht, sondern half ihr, ein soziales Netz aus Helfern
zu knüpfen.

Kennen Sie Ihre – emotionalen – Bedürfnisse, wenn Sie in
der Krise stecken? Brauchen Sie Mitgefühl, wollen Sie Ihre
Gedanken mit jemandem durchdiskutieren, benötigen Sie
einen Realitätscheck oder einen Ort, an dem Sie gefahrlos
weinen können? Brauchen Sie jemanden, der Ihnen zuhört,
ohne die Sache in Ordnung bringen zu wollen und ohne
Ihnen das Gefühl zu geben, Sie würden sich in Selbstmit-

leid suhlen? Brauchen Sie jemanden, der einspringt und für Sie übernimmt?

Wie sorgen Sie dafür, dass diese Bedürfnisse befriedigt werden? Ist Ihre Methode im Allgemeinen erfolgreich? Es gibt viele Möglichkeiten, andere mit Ihrem Verhalten dazu zu bringen, dass sie Ihnen geben, was Sie brauchen. Aber sind Ihre Methoden auch gesund? Schenkt die Art und Weise, wie Sie sich Hilfe holen, anderen ein Gefühl von Wohlbehagen oder fühlen sie sich ausgenutzt?

Die Macht der anderen

Resiliente Überlebende wissen, dass sie einander brauchen. Sie machen sich die Prinzipien der Gemeinschaftlichkeit und der Gegenseitigkeit zu eigen. Es lohnt sich, ihnen darin nachzueifern, doch das geht nur, wenn Sie fleißig Beweise dafür ernten, dass es dort draußen gute Menschen gibt, die bereitwillig helfen.

Meine persönliche Einstellung zu den Menschen änderte sich radikal, als ich Psychiaterin wurde. Es war, als bekäme ich wie durch einen venezianischen Spiegel tiefe Einblicke in das Leben der anderen und bliebe dabei doch selbst unsichtbar. Das, was mir meine Patienten offenbarten, übertraf meine höchsten Erwartungen.

Ich begegnete Menschen voller Güte, Menschen, die ihren Angehörigen auch in den schlechtesten Tagen treu zur Seite standen. Menschen, die bereitwillig halfen, ohne dies als Last zu empfinden, und für die es eine Ehre war, wenn sie um Hilfe gebeten wurden. Ich lernte Menschen kennen, denen ihre Ehepartner, ihre Kinder, ihr soziales Engagement sowie die Qualität und der Wert ihrer Arbeit sehr am Herzen lagen.

Ich traf viele beeindruckend wortgewandte Menschen und sah, zu was für beispiellosen Akten des Mitgefühls und der Barmherzigkeit sie fähig waren. Ich begegnete Menschen, die bereit waren, für Gerechtigkeit zu kämpfen, es mit dem System aufzunehmen, und die damit rechneten zu gewinnen. Ich sah, wie Menschen mit großer Würde enorme Schwierigkeiten bewältigten.

Die Gespräche mit ihnen öffneten mir die Augen: Sicher waren nicht nur meine Patienten so liebevoll, mutig und rechtschaffen, vielleicht war ja die ganze Welt voll solcher Menschen, und ich hatte sie bislang nur nicht bemerkt, weil ich meine Traumabrille aufgehabt und mit dem Schlimmsten gerechnet hatte. Ich begann, Beispiele für Anständigkeit, Mitgefühl, geistige Großzügigkeit und Zusammenhalt zu ernten – und wurde reich belohnt. Zuvor hatte ich meinen Mitmenschen stets das Schlimmste zugetraut, nun aber stellte ich fest, dass sie meine positiven Erwartungen regelmäßig übertrafen. Diese Wertschätzung für zwischenmenschliche Beziehungen und den Wert der Gemeinschaft ist das vielleicht größte Geschenk meines Traumas.

Möglicherweise zweifeln Sie daran, dass Sie ebenso erfolgreich sein werden wie die Menschen in meinen Beispielen. Vielleicht entdecken Sie einen Mangel an Selbstwirksamkeit und sorgen sich, dass es Ihnen selbst dann nicht gelingen könnte, die nötige Unterstützung zu bekommen, wenn Sie andere um Hilfe bitten würden. Erinnern Sie sich bei derartigen Zweifeln daran, dass Sie in einer von Permatraumagefühlen geprägten Welt gelebt haben und Ihre Erwartungen vielleicht noch verzerrt sind.

Falls Sie andere um etwas bitten, sich an sie wenden oder ihnen etwas erzählen und nicht die erhoffte Reaktion erhalten, ist das deren Problem, nicht Ihres. Erinnern Sie sich in einem solchen Fall an den folgenden Trick aus dem Kapitel über Selbstwirksamkeit: Rechnen Sie sich alles, was funktioniert, als Ihren Verdienst an, und machen Sie äußere Faktoren für die Dinge verantwortlich, die danebengehen. Natürlich gibt es schlechte, selbstsüchtige und boshafte Menschen, die meisten aber sind gut, anständig, fürsorglich und hilfsbereit. Wenn Sie sich auf die Suche nach ihnen machen, werden Sie sie auch finden.

Teil III | Das Fühlen verändern

| 15 |
Finden Sie Ihre Steine
Wie Sie das Schlechte
durch Gutes ersetzen

In den vorangegangenen Kapiteln habe ich mit Hilfe eines Bildes erklärt, wie Sie Ihre Vergangenheit überwinden können. Ich habe davon gesprochen, dass Sie Steine in eine mit Flüssigkeit gefüllte Vase fallen lassen, um die gewohnte Negativität darin zu verdrängen. Auf den restlichen Seiten dieses Buches werden wir diese Metapher konkretisieren.

Das Bild von der mit Steinen gefüllten Vase beruht auf der Annahme, dass die Menge der möglichen Gefühle im Laufe eines Tages endlich ist. Da die meisten von uns negative Denkgewohnheiten haben, tropft, ohne dass wir uns dessen bewusst wären oder gar willentlich etwas dafür täten, immer mehr Flüssigkeit in die Vase und füllt sie bis zum Rand. Am Ende fühlen wir uns hundeelend und wissen nicht warum.

Es gibt zwei Möglichkeiten, dieser gewohnheitsmäßigen Negativität entgegenzuwirken: Sie können entweder den Anteil der schlechten Dinge verringern oder den Anteil der guten Dinge erhöhen. Wir werden beide nutzen.

Manche Steine werden Ihnen helfen, sich dabei zu ertappen, wenn Sie der Negativität, dem Pessimismus und dem Opferdenken Tür und Tor öffnen. Auf diese Weise sorgen Sie dafür, dass die Flüssigkeit langsamer in Ihre Vase fließt. Andere Steine werden Ihnen helfen, die vorhandene Negativität zu »verdrängen«, so wie ein echter Stein eine randvoll gefüllte Vase zum Überlaufen bringt und die seinem Volumen entsprechende Menge Flüssigkeit abfließen lässt.

Wenn Sie genügend Wohlfühlsteine in ein mit Schlechtfühlflüssigkeit gefülltes Gefäß werfen, wird irgendwann der größte Teil der Negativität abgeflossen sein. In gleicher Weise werden diese Steine, wenn Sie die Kontrolle über Ihre Gedanken übernehmen und sich immer wieder zwingen, positiver zu denken und zu empfinden, die sich im Laufe eines Tages ansammelnde Negativität und die unangenehmen Empfindungen verdrängen und sie durch gesündere Gedanken und Gefühle ersetzen. Während Sie sich neue Fähigkeiten aneignen und neue Gewohnheiten bilden, wird sich Ihre Vase mit Steinen füllen, die für angenehme oder glückliche Gefühle sowie andere wichtige Emotionen wie eine gesunde Anspruchshaltung, angemessenen Zorn oder Vergebung stehen.

Sie werden im Laufe eines Tages häufig Gelegenheit bekommen, **mit diesen Steinen zu arbeiten** und damit neue Gewohnheiten zu festigen. Sie können aber auch danach greifen, wenn es Ihnen schlecht geht oder irgendetwas an Ihr Trauma rührt, und sie als Bewältigungsmechanismus verwenden, um sich wieder besser zu fühlen. Die in den ersten beiden Teilen des Buches vorgestellten Konzepte bilden die theoretische Grundlage für diese Steine.

Ich möchte Sie ermuntern, diese Steine gewissermaßen als Inhalt einer Art ganzheitlichen Pillendöschens zu betrachten.

Ihre Steine ermöglichen es Ihnen, sich eine »Dosis« der Gefühle, Gedanken und Bewältigungsmechanismen zu holen,
die resilienten Überlebenden die Kraft geben, sich zu wehren, wenn ihre Dämonen die hässlichen Häupter erheben.

Am Ende des Buches werden Sie drei Steine haben, um
negative Gedankengänge zu unterbinden, und sieben Steine,
um gewohnheitsmäßige Negativität durch gesündere, positivere, optimistischere Gedanken, Gefühle und Bewältigungsmechanismen zu ersetzen. Ihre Steine werden auf
Ihre Bedürfnisse und Erfahrungen zugeschnitten sein. Sie
werden berücksichtigen, wer Sie sind und was Sie durchgemacht haben. Sie werden so angelegt sein, dass sie genau
der Art von Opferdenken entgegenwirken, das Sie quält.
Dabei wird es unser Ziel sein, den verinnerlichten Aspekt
Ihres Traumas so weit wie möglich abzubauen.

Reden wir hier eigentlich über echte Steine? Jawohl! Ich
sammle beruflich und privat wunderschöne polierte Fels-
brocken, glatte Flusssteine und schwere Halbedelsteine in
allen Größen, Farben und Formen. Sie können auch gern
einen besonderen Talisman oder ein Amulett, eine Muschel
oder einen Knopf verwenden, wenn dieser Gegenstand für
eine Übung steht, an der Sie gerade arbeiten. Es hat allerdings seinen Grund, weshalb ich persönlich am liebsten mit
Steinen arbeite und dies auch meinen Patienten empfehle.

Seit Jahrhunderten nutzt der Mensch Handschmeichler
zur Entspannung, als Gedächtnisstütze und als Schutz. Das

Gewicht des Steins in unserer Hand, die Art und Weise, wie wir ihn immer wieder mit unseren Fingern erforschen, wie sich seine uralte, komplexe Molekularstruktur an unsere Fingerspitzen schmiegt, fühlt sich einfach kraftvoll an.

Wenn ich mit Patienten bestimmte Übungen mache, stelle ich ihnen einen Korb mit herrlich bunten Trommelsteinen hin. Ich bitte sie, einen davon auszusuchen, der ihnen künftig als Symbol für diese Übung dienen soll. Ich liebe es, den Menschen zuzusehen, wie sie in dem Korb wühlen, einzelne Steine in die Hand nehmen, sie betrachten, erforschen und prüfen, bis sie den »richtigen« für die jeweilige Aufgabe gefunden haben.

Es ist eine Sache, etwas über eine neue Art zu denken, zu fühlen und über neue Bewältigungsmechanismen zu lesen. Eine ganz andere ist es, die daraus folgenden Übungen zur täglichen Praxis werden zu lassen. Das Schöne an den Steinen ist, dass Sie sie als Gedächtnisstütze bei sich tragen können. Sie können sie mit einem Wort oder Symbol versehen, um sich daran zu erinnern, was Sie tun müssen. Es ist auch hilfreich, sich auszumalen, wie Sie den Stein in eine randvoll gefüllte Vase fallen lassen und sehen, wie er die entsprechende Menge Flüssigkeit verdrängt. Dieses Bild untermauert die Vorstellung, dass Sie das Steuer Ihrer Gefühle selbst in der Hand haben. Denn in dem Maße, in dem Sie bereit sind, »mit Ihren Steinen zu arbeiten«, versorgen Sie Kopf und Herz mit einer gesunden und ausgewogenen emotionalen Kost, pflegen einen auf persönlicher Macht basierenden Umgang mit der Welt und können sich als die versierte Überlebende sehen, die Sie tatsächlich sind.

Wenn Sie diszipliniert üben, werden Sie Ihre Tage nicht mehr an Permatraumagefühle verlieren. Resiliente Menschen wissen, dass ihnen eine Spur aus Brotkrumen den Weg aus dem Traumadickicht weist, und das macht es ihnen leichter, Risiken einzugehen – sich einer neuen Freundin gegenüber verletzlich zu zeigen, mit einem Liebhaber an ihre Grenzen zu gehen, für ihre Kinder emotional verfügbar zu sein. Dies wird es auch Ihnen erleichtern, das volle Spektrum der Gefühle zu erleben, denn dadurch wird es Ihnen gelingen, zu genesen und die Angelegenheit endlich hinter sich zu lassen.

So funktioniert's

Wenn Sie eine Schmerztablette nehmen, gehen Sie davon aus, dass Ihre Kopfschmerzen verschwinden werden. Ich möchte, dass Sie auch Ihre Steine als Möglichkeit betrachten, bestimmte »Zielgefühle« zu erzeugen.

Das sind die Gefühle, von denen Traumaopfer meist nicht genug haben – und von denen alle Überlebenden mehr haben sollten. Es hat seinen Grund, weshalb wir einen ganzen Haufen von Steinen zusammentragen werden, denn die einen werden mehr, die anderen weniger hilfreich sein. Halten Sie sich an das, was funktioniert, und verwerfen Sie alles andere. Wenn sich Traumagefühle bemerkbar machen, können Sie Ihren Steinhaufen betrachten und sich fragen: »Was wird funktionieren? Was brauche ich jetzt?«

Sobald Sie den Bogen heraushaben und wissen, was ein Stein ist und wie man damit arbeitet, können Sie mehr davon zusammentragen und dabei so komplex werden, wie Sie möchten.

Meine Steine verkörpern all jene Dinge, von denen ich weiß, dass ich mich ständig darum bemühen muss, sie in meine Tage einzubauen, damit mein Leben erfüllend und glücklich ist. Wenn ich sie alle auf einem Haufen sehe, weiß ich, was mein Leben schön macht. Sie werden mich nur selten ohne einen oder zwei Steine in der Tasche antreffen, die mich daran erinnern, welche Dinge ich im Leben kultiviere, an welchen Fähigkeiten ich arbeite, von welchen Gefühlen ich mehr brauche.

Einer meiner Steine ist hellgrün wie die zarten Triebe im Frühling. Ich habe ihn mir besorgt, als ich erfuhr, dass ich mit meiner Tochter schwanger bin; denn als ich wusste, dass ich ein Kind erwartete, drehte Miesepetra so richtig auf. Ein Risiko meines Berufes ist, dass ich viele schreckliche Dinge höre, wodurch – um bei unserem Bild zu bleiben – mehr Flüssigkeit in meine Vase strömen kann. Mit einem Mal fand ich, dass es keineswegs eine gute Idee war, ein verletzliches Neugeborenes in diese, meiner Ansicht nach doch sehr grausame Welt zu setzen. Meine emotionale Verfassung war weder der Erziehung eines Kindes zuträglich, das an Märchen glaubte, noch der eines jungen Erwachsenen, der auf seine Träume vertraute. Ich wollte diesem neuen Leben, das ich zur Welt brachte, nicht den Spaß verderben.

Dieser Stein sollte meinen Zynismus bremsen. Jedes Mal, wenn ich in die Tasche griff, erinnerte er mich daran, die zarten Pflänzchen nicht zu zertreten. Die Arbeit mit diesem Stein beinhaltete das Ernten von Beweisen, dass es auf dieser Welt keineswegs vor Traumata nur so wimmelt, wie ich manchmal meine. Ich arbeitete hart daran, Tag für Tag und überall Beweise dafür zu finden, dass auf dieser Welt genügend Platz ist, damit zarte, unschuldige Dinge gedeihen können.

Ich suchte nach Beweisen in Menschen, Dingen und der Natur – und fand sie auch. Ich erstellte Listen mit Liedern, in denen die Unschuld gefeiert wurde. Ich studierte Internetseiten, auf denen freiwillige Gefälligkeiten gewürdigt werden. Ich beobachtete aufmerksam, wie viele Kinder in meiner Umgebung ein glückliches und behütetes Leben führten. In meinem Herzen gab es eine Waage, die sich vorübergehend zum Negativen geneigt hatte, und ich warf so viele Beweise in die andere Schale, bis der Zynismus und die Angst verdrängt waren und sich die Waage wieder zum Positiven neigte.

Bei diesem Stein erinnerte mich die hellgrüne Farbe an seine Bedeutung, die meisten meiner Steine sind jedoch mit einem Wort oder Symbol versehen, das für andere kryptisch oder unverständlich ist. Je konkreter das Symbol, desto kraftvoller und persönlicher ist es. Ich bin gern bereit, Ihnen einige meiner Steine vorzustellen; das, wofür sie stehen, geht mir näher als alles andere. Meine Symbole geben mir das Gefühl, in meiner eigenen Sprache zu mir zu sprechen.

Ich werde Ihnen sagen, wie Sie sowohl in Krisenzeiten als auch in Ruhephasen »mit Ihrem Stein arbeiten« können. Es ist wichtig, den Umgang mit dem Stein zu üben, wenn Sie sich gut fühlen, damit Sie sich an die Abläufe erinnern, wenn Sie ihn brauchen. Ich benutze meine Steine so oft, dass mir die entsprechenden Übungen – und die Erleichterung, die sie mir verschaffen – in Fleisch und Blut übergegangen sind. Wenn ich in alte Gewohnheiten zurückfalle oder merke, dass ich ins Grübeln komme, wähle ich einen besonders kraftvollen Stein und arbeite fleißig damit. Ich weiß, dass ich aus dem Gleichgewicht geraten bin und meine »Medizin« nehmen muss, damit es mir wieder gut geht.

So wie seit dem Vorfall Ihr Trauma ein fester Bestandteil Ihres Lebens ist, müssen Sie auch Ihre Steine (im wörtlichen wie im übertragenen Sinn) immer bei sich tragen, um sie jederzeit zur Verfügung zu haben – ob auf einer überfüllten Party oder beim Strandspaziergang.

Die Vase mit meinen Steinen ist ein Kunstwerk. Sie verkörpern mein Leben, meine größten Triumphe. Sie erinnern mich tagtäglich daran, dass jemand versucht hat, mir das Geschenk meines Lebens zu entreißen, und ich ihm eine Weile sogar in die Hände gespielt habe. Aber ich habe mein Leben zurückerobert, Stein für Stein – und Sie können es ebenfalls.

Was macht einen guten Stein aus?

Ein guter Stein ist stark ritualisiert, verlässlich, symbolisch, handlich und mit einer konkreten Übung verbunden. Fragen Sie sich deshalb, während Sie Ihre Steine zusammentragen:

Sagt Ihnen der Stein, was Sie tun (und nicht nur, was Sie denken) sollen?

Wenn Sie lediglich einen Stein mit der Aufschrift »Hoffnung« herumtragen müssten, um Ihre Zuversicht wiederzufinden, wäre dieses Buch überflüssig. Ein Stein muss mit einer konkreten Maßnahme verbunden sein, mit einer Übung, die Sie sich leicht merken und die Sie leicht ausführen können, selbst wenn Ihnen gerade nicht danach ist und Sie von Traumagefühlen geplagt werden.

Ist er klein und handlich?

Ein Stein muss benutzerfreundlich sein. Können Sie auch im Straßenverkehr, in der Arbeit oder nachts damit arbeiten? Im Allgemeinen treten Traumagefühle nicht unter perfekten Bedingungen wie etwa in Ihrem Meditationsraum auf. Sie überfallen Sie unvorbereitet im Kino, bei einer Besprechung oder beim Festtagsschmaus. Wenn es Ihnen nicht gelingt, Mittel und Wege zu finden, überall mit einem Stein zu arbeiten, wird er weniger hilfreich sein, als nötig wäre.

Deckt er sich mit Ihren Grundwerten und feiert den Wagen jenseits der Beule?

Ihre Steine sollen Ihren Gefühlen eine neue Richtung geben und Ihnen helfen, erfolgreich Ersatz für schlechte und unproduktive Emotionen zu finden. Doch dazu müssen sie mehr bieten als bloße Zerstreuung. Ablenkung ist wichtig, wird aber nur funktionieren, wenn Sie von einer Sache wirklich gefesselt sind. Andernfalls werden Sie lustlos in einer Zeitschrift blättern und sich weiterhin furchtbar fühlen. Damit ein Stein eine wirklich durchschlagende Wirkung hat, sollten Sie ihn so gestalten, dass er Ihre Signatur-Stärken und Grundwerte spiegelt.

Es gibt verschiedene Möglichkeiten, mit Steinen zu arbeiten

Wie Sie sehen werden, gibt es zwei Möglichkeiten, mit einem Stein zu arbeiten: Man kann ihn als *Notfall-* oder als *Instandhaltungs*stein verwenden.

Instandhaltungssteine sind wie Vitamine. Streng genommen sind Vitamine selbst keine Energieträger, aus denen im Stoffwechselprozess Energie gewonnen wird, sondern sie ermöglichen nur die chemischen Reaktionen, die zur Verstoffwechselung von Energie nötig sind. Da der Körper auf Vitamine angewiesen ist, muss er einen Vorrat davon anlegen. Wenn ich davon spreche, mit einem Stein eine positive Grundeinstellung zu bewahren, meine ich damit, dass Sie die tägliche Arbeit damit zur Gewohnheit werden lassen müssen. Nicht, weil Sie Traumagefühle hätten, sondern weil es Ihnen hilft, ein weniger traumatisiertes Leben zu führen oder sich weniger als Opfer zu fühlen. Es hilft Ihnen, sich ein positiveres, optimistischeres und machterfüllteres Denken anzugewöhnen, mit dem sich jeder besser fühlt.

Wenn dann der Tag kommt, an dem es Ihnen hundeelend geht – weil eine Krise Ihre Bewältigungsmechanismen fordert oder Sie an Ihr Trauma erinnert werden –, sind diese Fähigkeiten jederzeit abrufbar. Dass Sie unter normalen Umständen gelernt haben, mit einem Stein zu arbeiten, kann sich in Momenten, in denen Sie die Kontrolle zu verlieren glauben, als Geschenk des Himmels entpuppen. Wenn Sie sich deprimiert, gestresst und elend fühlen, müssen Sie sich darauf verlassen können, dass bestimmte Steine einen ordentlichen Schwall Negativität aus Ihrer Vase verdrängen. Diese Notfallsteine sind Ihr Erste-Hilfe-Koffer, Ihre Brotkrumenspur aus dem Gefühlstief.

Die Steine

Wenn Sie lernen möchten, Ihre Befindlichkeit zu beeinflussen, müssen Sie dazu ein paar langjährige Gewohnheiten verändern. Dies bedarf der regelmäßigen Wiederholung. Indem Sie aus der Arbeit mit einem Stein ein Ritual machen, sorgen Sie dafür, dass Sie das Optimum aus dem Prozess herausholen und Ihre Fortschritte voll auskosten.

Bei der Arbeit mit einem Ihrer Steine sollten Sie stets die folgenden fünf Schritte durchlaufen:

1. Werden Sie sich Ihrer Traumagefühle bewusst: In diesem Zusammenhang wird Ihnen die Blaue Liste der Permatraumagefühle gute Dienste leisten. Es ist unerlässlich, dass Sie sich Ihrer Traumagefühle bewusst werden, denn nur so können Sie umgehend darauf reagieren.

2. Greifen Sie nach einem Stein und arbeiten Sie damit: Wir werden in diesem Kapitel zehn Steine zusammentragen, die individuell auf Sie zugeschnitten sind, damit Ihnen eine ganze Palette von Möglichkeiten zur Verfügung steht. Wenn Sie dieses Buch durchgearbeitet haben, werden Sie wissen, wie Sie mit den einzelnen Steinen arbeiten müssen, um verlässlich ein bestimmtes Zielgefühl zu erzeugen.

3. Machen Sie sich bewusst, wie viel Flüssigkeit Sie verdrängt haben: Manche Steine funktionieren mehr, andere weniger gut; an manchen Tagen fällt die Arbeit mit ihnen leichter, an anderen schwerer. Spüren Sie daher jedes Mal, wenn Sie mit einem Stein arbeiten, kurz in sich hinein und beurteilen Sie Ihren Erfolg. Achten Sie darauf, wie Sie sich vor und nach einer Übung fühlen. Geht es Ihnen hinterher besser? Sind Sie erleichtert? Fühlen Sie sich gesünder? Haben Sie das Gefühl, die Dinge fester im Griff zu haben? Denken Sie an die Metapher von der Vase. Wie viel Flüssigkeit hat der Stein, den Sie hineingeworfen haben, verdrängt? Fällt die Arbeit mit dem Stein allmählich immer leichter?

4. Klopfen Sie sich auf die Schulter, weil Sie aktiv geworden sind, und führen Sie sich vor Augen, dass dies Ihre Resilienz erhöht: Sie waren *nicht* bereit, in einer negativen oder unangenehmen Stimmung zu verharren. Damit haben Sie sich bewiesen, dass Sie Ihren Gefühlen keineswegs hilflos ausgeliefert sind, sondern sie kontrollieren können. Sie können sehr stolz darauf sein, dass Sie im rechten Moment daran dachten, nach einem Stein zu greifen, statt sich in Ihren Traumagefühlen zu verlieren. Dies ist bereits ein großer Fortschritt. Es sind diese kleinen Momente, die den Menschen, der Sie einmal waren und der Ihnen so viel Kummer bereitet hat, von dem Menschen unterscheiden, der Sie heute sind und der große Ähnlichkeit mit Ihren Helden hat. Nehmen Sie sich die Zeit, sich dafür auf die Schulter zu klopfen.

Das Selbstgewahrsein und die Bewältigungsmechanismen, die Sie mit Hilfe dieses Buches erlernen, verleihen Ihnen Resilienz. Das heißt, Sie können sich mutig auf Ihre Lebensreise begeben, denn Sie wissen, dass Sie mit allem fertig werden – ganz gleich was geschieht. Überlegen Sie kurz, welche Resilienzfaktoren bei der Arbeit mit einem Stein zum Einsatz kamen. Haben Sie andere um Hilfe gebeten? Haben Sie die rosarote Farbe benutzt? Denken Sie daran, dass diese Methoden nicht nur jetzt, sondern auch in Zukunft funktionieren werden.

5. Kosten Sie Ihren Erfolg aus. Führen Sie sich ein paar Stunden später unbedingt vor Augen, dass Sie Ihre Welt mit Freude und weiteren angenehmen Gefühlen füllen können und jetzt die Kontrolle darüber haben, auch wenn dies während der traumatisierenden Erfahrung nicht der Fall war. Vergegenwärtigen Sie sich noch einmal, in welchen Situationen es Ihnen gelungen ist, emotionales Junkfood durch emotionale Seelennahrung zu ersetzen. Sonnen Sie sich in einer höheren Selbstwirksamkeit, in dem Gefühl von Macht, Freude und Stolz. Teilen Sie Ihre Erfolge mit den Menschen, die zu Ihrem sozialen Netz gehören. Sie wissen am ehesten, was dies für Sie bedeutet, und feiern mit Ihnen, wie weit Sie es schon gebracht haben. (Eine Zusammenfassung der Schritte zur Arbeit mit einem Stein finden Sie als Ausdruck für den Geldbeutel auf www.aliciasalzer.com.)

Die drei »Gratis«-Steine

Ich bezeichne die ersten drei Steine, die wir zusammentragen werden, als »Gratis«-Steine. Denn um damit zu arbeiten, müssen Sie nicht viel tun, Sie müssen sich lediglich bei alten, selbstverletzenden Gewohnheiten ertappen und sich vornehmen, sie abzulegen. Diese drei Steine sollen dafür sorgen, dass weniger Flüssigkeit in Ihre Vase fließt.

In vorangegangenen Kapiteln war von einigen Denkgewohnheiten die Rede, die Traumaüberlebenden schaden. Aller Wahrscheinlichkeit nach waren Sie sich dieser Dinge noch nicht einmal bewusst. Selbst, wenn Sie nichts weiter aus diesem Buch mitnehmen, wird es von großem Vorteil für Sie sein zu lernen, sich bei diesen negativen Denkvorgängen zu ertappen: Sobald Sie sich auf die Schliche kommen, werden Sie deutlich sehen, wie sehr ein ganz normaler Tag von Negativität durchdrungen und wie zerstörerisch das ist.

Gratis-Stein Nr. 1: Der Trudelstein
Jeder sollte einen einfachen, mit einer Spirale bemalten Stein besitzen, der unsere Tendenz symbolisiert, in negatives Denken zu verfallen und nicht mehr herauszufinden. Wenn Sie sich beim Autofahren dabei ertappen, dass Sie grübeln und eine Auseinandersetzung wiederkäuen, in der Sie gern anders reagiert hätten, oder sich den ganzen Tag lang prophezeien, man würde Ihnen wegen einer Konfrontation mit Ihrem Chef kündigen, können Sie sich klarmachen: »Ich bin ins Trudeln geraten«, und sich eingestehen, dass diese Art zu denken emotionales Junkfood ist. Falls Sie diesen Stein für ein Leichtgewicht halten, stecken Sie ihn in die Tasche und bemühen Sie sich einen Tag lang, sich automatischer unschöner Grübeleien bewusst zu werden.

Dieser Stein verlangt nicht von Ihnen, im Anschluss daran noch etwas zu tun. Es ist bereits ein großer Fortschritt, wenn Sie sich dabei ertappen, wie Sie unangenehme Ereignisse persönlich nehmen, sie als allumfassend und dauerhaft betrachten, und wenn Sie sich bewusst machen, dass die von Ihnen gezogenen katastrophalen »Schlüsse« keineswegs Tatsachen sind. Um sich wieder wohlfühlen zu können, dürfen Sie sich selbst nicht mehr so viel Schaden zufügen. Werfen Sie deshalb sofort den Trudelstein in Ihre Vase, wenn Sie sich dabei ertappen.

Achten Sie bitte darauf, alle fünf Schritte auszuführen: Erkennen Sie, dass Sie mit Ihrem Denken das verinnerlichte Trauma am Leben halten. Werden Sie sich bewusst, wie viel besser es Ihnen geht. Belohnen Sie Ihre Bereitschaft, etwas Neues auszuprobieren. Überlegen Sie abends kurz, wie oft Sie sich dabei ertappt haben, dass Sie geistig ins Trudeln gerieten. Beobachten Sie, wie Ihre Resilienz wächst, wenn Sie gleich im Anschluss mit einem weiteren Stein arbeiten, um das Gefühl des Trudelns durch einen gesünderen emotionalen Snack zu ersetzen.

Gratis-Stein Nr. 2: Der Miesepetra-Stein
Hier genügt oft schon ein Stein mit einem unglücklichen Gesicht, denn Sie müssen nichts weiter tun, als Miesepetra auf frischer Tat zu ertappen. Wenn Sie merken, dass Sie in einen bestimmten geistigen Trott geraten sind und nicht mehr herausfinden, brauchen Sie den Trudelstein. Der Miesepetra-Stein ist dagegen für die Momente, in denen Sie jene Stimme vernehmen, die Ihnen den Spaß verdirbt und Ihnen einen Impuls ausreden möchte, der sich anfangs richtig angefühlt hat.

Sie dürfen immer dann einen Miesepetra-Stein in Ihre Vase werfen, wenn Ihre innere Stimme Sätze sagt wie:

- Versuch es erst gar nicht; du wirst es sowieso nicht schaffen.
- Halt lieber den Mund; man wird dir sowieso nicht glauben.
- Fall bloß nicht auf diesen Mann herein; er wird dich nur betrügen.
- Lass die Finger von dieser Freizeitaktivität – auch wenn sie vielleicht Spaß macht; die Sache ist gefährlich und kann nur Scherereien machen.

Erinnern Sie sich daran, dass Miesepetra ein Überbleibsel Ihres primitiven Gehirns ist, das Sie auf die falsche Weise vor einer erneuten Traumatisierung bewahren möchte. Diese Erkenntnis wird bereits sehr viel dazu beitragen, ihren falschen Rat auszublenden – selbst, wenn Sie noch nicht wissen, wie Sie ihn durch gütigere und ermunterndere Worte ersetzen können.

Mein Miesepetra-Stein ist mit der Zeichnung einer widerwärtigen kleinen Hexe versehen. Er erinnert mich daran, wie hässlich sie die Welt mit ihrem Rat macht. Wie beim Trudelstein werden Sie vielleicht gleich im Anschluss mit einem der sieben anderen Steine arbeiten. Einstweilen müssen Sie sich freilich nur bewusst machen, dass Sie eine Gewohnheit verändern, und sich dazu gratulieren, dass Sie die Kontrolle über Ihr Denken übernehmen, um Ihr Fühlen zu verändern.

Gratis-Stein Nr. 3: Der »Monsterfüttern verboten«-Stein
Jeden Tag streuen zahllose Botschaften der Medien, der Gesellschaft, unserer Freunde und unserer Angehörigen Salz in unsere Wunden. Sie dürfen den »Monsterfüttern

verboten«-Stein immer dann in Ihre Vase werfen, wenn Sie merken, dass sich äußere Faktoren nachteilig auf Ihre Laune oder Ihre Weltanschauung auswirken – und nein sagen. Dieser Stein verkörpert die gewohnheitsmäßige Negativität, die Sie abwehren, sobald Sie sich eingestehen, dass berufliches, mediales oder zwischenmenschliches Gift den Flüssigkeitspegel in Ihrer Vase erhöht, und sich im Interesse einer ausgewogeneren emotionalen Kost davon fernhalten. Sie bekommen mit anderen Worten auch diesen Stein nur dafür, dass Sie Dinge *unterlassen,* die Sie noch vor der Lektüre dieses Buches getan hätten:

- Sie entscheiden sich gegen einen Kinofilm, von dem Sie wissen, dass er Traumagefühle wecken wird.
- Sie nehmen sich fest vor, jeden Abend ins Fitnessstudio zu gehen, statt sich die Nachrichten anzusehen, die Ihren Eindruck, die Welt sei ein gefährlicher Ort, noch verstärken.
- Sie beschließen, sich mit Ihrer Familie nicht mehr die Boxkämpfe im Bezahlfernsehen anzusehen, da Sie wissen, dass es Sie beunruhigen wird, wenn die anderen der Gewalt zujubeln.
- Sie schränken Begegnungen mit Menschen, die Ihnen das Gefühl geben, mehr »Beule« als »Wagen« zu sein, konstruktiv ein.

Stellen Sie sich vor, wie viel Wasser allein dadurch verdrängt wurde, dass Sie die unangenehmen Gefühle verhindert haben, die diese giftigen Einflüsse unweigerlich zur Folge gehabt hätten. Können Sie statt eines gewalttätigen Films eine inspirierende Dokumentation über ungewöhnliche Menschen ansehen, die erfolgreich große Schwierigkeiten überwunden haben? Können Sie sich an einen Freund oder

Angehörigen wenden, der Ihnen als Vorbild dafür dient, wie man lebt, ohne in die Opferrolle zu verfallen? Können Sie mit jemandem zum Kaffeetrinken gehen, in dessen Gegenwart Sie sich wie ein auf Hochglanz poliertes Auto fühlen und die Beule kaum spüren? Mein »Monsterfüttern verboten«-Stein ist mit einem Achteck versehen, das Ähnlichkeit mit einem Stoppschild hat. Tragen Sie den Stein einen Tag lang bei sich und stellen Sie fest, wie oft Ihnen das Leben Gelegenheit gibt, nein zu Einflüssen zu sagen, die Sie in Alarmstufe rot versetzen oder dazu beitragen würden, dass Sie die Welt mit den Augen eines Opfers sehen.

Wir werden nun sieben Steine zusammentragen, mit denen bestimmte Übungen verbunden sind. Das bedeutet, Sie werden einige Dinge anders handhaben müssen als bisher.

Stein Nr. 4: Der TEA-Heilstein
Inzwischen sind Sie mit einigen Ihrer unbewussten traumaerhaltenden Annahmen vertraut – mit müßigen Verallgemeinerungen wie: »Alle Männer wollen nur das Eine«, oder: »Nachts ist es gefährlich«, oder: »Man kann niemandem trauen.« Da das Glas *sowohl* halb leer *als auch* halb voll ist, ist es nicht unser Ziel, Ihre traumaerhaltenden Annahmen zu widerlegen. Da wir aber wissen, dass resiliente Menschen in erster Linie das Positive sehen, möchte ich Sie bitten, vorübergehend in Betracht zu ziehen, dass *auch* das Gegenteil Ihrer traumaerhaltenden Annahme wahr sein könnte. Wählen Sie eine dieser Annahmen aus und kehren Sie sie um, um zu einer Alternativhypothese zu gelangen.

Hier einige beispielhafte Heilmittel zu den oben genannten traumaerhaltenden Annahmen:

- Die meisten Männer sind anständige Menschen.
- Man kann auch nachts wunderbare Dinge erleben, ohne sich in Gefahr zu bringen.
- Die Welt ist voller vertrauenswürdiger Menschen.

Sie werden mit diesem Stein arbeiten, indem Sie in die Welt hinausgehen und Beweise für Ihr TEA-Heilmittel ernten.

Mein hellgrüner Antizynismus-Stein war ein TEA-Heilstein. Ich erntete Beweise dafür, dass auch unschuldige und verletzliche Dinge in dieser Welt gedeihen können. Auf diese Weise schuf ich eine Alternative zu einer hässlichen traumaerhaltenden Annahme, die mich um die Sicherheit meines ungeborenen Kindes bangen ließ.

Sehen wir uns nun an, wie man mit einem TEA-Heilstein arbeitet. Francesca kämpft mit der traumaerhaltenden Annahme, Männer seien gefährlich. Eines Nachmittags hielt sie an einem Rastplatz an und stieg aus. Sie begegnete ein paar Halbstarken, die auf dem Parkplatz herumlungerten und sich ordinär und anzüglich benahmen. Sofort stieg Panik in ihr auf, und sie fühlte sich bedroht. Ein solches Erlebnis hätte durchaus zur Folge haben können, dass sie den ganzen Nachmittag durch den Wind gewesen wäre. Sehen wir uns an, wie Francesca stattdessen mit ihrem TEA-Heilstein arbeitet, um den von den Teenagern ausgelösten unangenehmen Gefühlen entgegenzuwirken.

Schritt eins:
Werden Sie sich Ihrer Traumagefühle bewusst

Francesca machte sich zunächst bewusst, dass sie Traumagefühle hatte. Sie hatte Angst und empfand es als demütigend, dass einfache Jungs eine erwachsene Frau derart beunruhigen und Gefühle von ihrer Blauen Liste verursachen konnten. Deshalb griff sie nach einem Stein und machte sich an die Arbeit.

Francesca arbeitete auch in ruhigen Phasen regelmäßig mit ihrem TEA-Heilstein. Ihre Aufgabe bestand darin, Beweise für die Behauptung zu ernten, dass die Welt voller guter, freundlicher Männer sei. Schließlich beruhigte sie sich also so weit, dass sie einen älteren Herrn nach dem Weg fragen konnte. Sie achtete sorgfältig darauf, wie ausführlich und detailliert seine Anweisungen waren, wie er sich bei seiner Frau wegen der Wegbeschreibung rückversicherte und mit zusätzlichen Hinweisen zurückkehrte. Francesca registrierte seine ruhige, zurückhaltende Art und den freundlichen Blickkontakt. All das zeigte ihr, dass die Welt voll anständiger Männer war – man musste nur Ausschau nach ihnen halten.

Der Aufkleber auf seinem Wagen verriet ihr, dass er ein pensionierter Marinesoldat war, was ihre Beweisführung weiter untermauerte. Dieser Mann (so stellte sie sich zumindest vor), hatte sein Leben riskiert, um seinem Land zu dienen. Trotz der Traumata, die er dabei vielleicht erlitten hatte, war er weder bitter noch hart, weder egoistisch noch wütend geworden, sondern hatte sich zu einem wahren Gentleman entwickelt.

> Gehen Sie beim Ernten stets davon aus, dass Sie
> finden werden, wonach Sie suchen.

Francesca weiß, dass es bei der Arbeit mit diesem Stein darum geht, angenehmere Gefühle zu kultivieren. Aus diesem Grund hätte sie so gut wie überall Beweise für die Fürsorglichkeit der Männer gefunden – selbst wenn sie dazu ins Internet gehen oder eine Freundin in Spanien hätte anrufen müssen. In diesem Fall war Francesca so motiviert, positive Beispiele zu finden, dass sie selbst dann das Beste in dem pensionierten Marinesoldaten gesehen und in der Begegnung einen Beweis für seine Rechtschaffenheit gefunden hätte, wenn er einen Hauch weniger nett gewesen wäre.

Anschließend folgte die emotionale Bestandsaufnahme, der dritte Schritt in der Arbeit mit dem Stein. Francesca dachte daran, wie sie sich bei der Begegnung mit den Teenagern gefühlt hatte, und verglich dies mit ihrem Befinden nach dem Gespräch mit dem Marinesoldaten. Ihre Verletzlichkeit war dem angenehmeren Gefühl gewichen, die Kontrolle zu haben. Eine liebevolle Zuneigung hatte Angst und Demütigung ersetzt.

Manchmal hat es den Anschein, als gäbe es parallele Universen. An jenem Tag wechselte Francesca von einer gefährlichen, von ordinären Jungs bevölkerten Welt in eine Dimension mit anständigen und tapferen Menschen, die ebenfalls Schwierigkeiten überwunden hatten und einander halfen.

Im vierten Schritt müssen Sie Ihren Zuwachs an Resilienz würdigen. Francesca konnte zu Recht stolz darauf sein, dass sie bereit gewesen war, nicht in einem negativen emotionalen Zustand zu verharren – selbst wenn sie dazu eine

Situation konstruieren musste, die ihre traumaerhaltende Annahme widerlegte. Hätte sie dies nicht getan, hätte sie in Panik in ihren Wagen steigen und weiterfahren müssen. Abends hätte sie sich verstört und aufgewühlt um ihre Kinder gekümmert, statt das Gefühl zu haben, ihnen ein Vorbild für Resilienz zu sein. Francesca kann zwar nichts an ihrem Trauma ändern, aber sie hat im Hinblick darauf, wie gut es ihr gelingt, den verinnerlichten Aspekt davon zu kontrollieren, echte Fortschritte gemacht.

Andernfalls wäre sie am Nachmittag vielleicht in Gedanken abgeschweift, hätte an die Jugendlichen gedacht und sich ausgemalt, was alles hätte passieren können. Damit hätte sie die Traumagefühle, die sie zuvor so erfolgreich unterbunden hatte, erneut entfacht. Stattdessen schloss Francesca den fünften Schritt an und kostete ihren Sieg aus. Sie hatte eine schwierige Situation ins Positive verkehrt und sich Unterstützung geholt, statt sich zurückzuziehen und zu grübeln.

Sie sehen also, wie wirkungsvoll ein Stein sein kann, wenn man alle fünf Schritte durcharbeitet. Sie werden sie daher nicht nur bei diesem, sondern bei allen Steinen absolvieren.

Stein Nr. 5: Der Stein der heilenden Gefühle
Nach einem Trauma schrumpft unser emotionales Repertoire, und wir stellen fest, dass uns viele Wohlfühlemotionen abhandengekommen sind. Wir werden vorsichtig. Wir ziehen uns in unser Schneckenhaus zurück. Der Verlust dieser Gefühle ist einer der Gründe, weshalb Traumata so quälend sind, da sie uns zu dem Menschen machen, der wir sind; sie bilden den Kern unserer Identität.

Wie ich bereits sagte, weisen uns am Ende oft gerade die Gefühle, deren Verlust wir betrauern, den Weg zurück ins Leben. Deshalb haben wir in Kapitel 7 eine Liste der verschollenen Gefühle aufgestellt und anschließend in »Liste der heilenden Gefühle« umbenannt. Nun wird es allmählich Zeit, dass wir zu einem dieser Gefühle einen Stein anfertigen und herausfinden, wie wir es in unser Leben zurückholen können.

Die Vorstellung, sich eine Dosis eines Gefühls zu verschaffen, nach dem sich Ihre Seele sehnt, sollte Ihnen nicht fremd sein. Wir sind im Leben ständig auf der Suche nach emotionalen Erfahrungen abseits der Alltagsroutine. Wir schalten den Discovery Channel ein, um uns an der Schönheit der Natur zu erfreuen, wir lesen einen guten Roman, um uns von einer Liebesgeschichte mitreißen zu lassen, und wir gehen nach der Arbeit mit Freunden aus, weil wir wissen, dass wir Fröhlichkeit und Gelächter brauchen.

Schlagen Sie noch einmal die Seiten 143–145 auf und sehen Sie sich die Liste Ihrer heilenden Gefühle an. Am heilsamsten sind oft diejenigen, die am unwiederbringlichsten und unzugänglichsten erscheinen. Versuchen Sie, ein heilendes Gefühl zu finden, dem Sie zutrauen, genau die Wunde zu schließen, die das traumatische Erlebnis hinterlassen hat. Wenn Ihnen zum Beispiel bewusst ist, dass Sie sich erniedrigt oder beschämt fühlen, sollten Sie überlegen, ob ein Gefühl von Stolz Sie vielleicht heilen kann. Ist Ihnen andererseits bewusst, dass Sie sich nach dieser Erfahrung ohnmächtig fühlen, wird vielleicht ein Gefühl von Macht die größte Hilfe sein.

Wie aber findet man erneut Zugang zu einem verschollenen Gefühl? Bisweilen genügt die lebhafte Erinnerung an eine Zeit oder eine Erfahrung, als Sie das heilende Gefühl empfanden, um es aus seiner Starre zu lösen. Oft lässt es sich auch dadurch wecken, dass Sie Dinge tun, die Sie aufgegeben haben. Verlieren Sie nicht den Mut, wenn Sie feststellen, dass Sie diese Betätigungen scheuen oder dazu körperlich nicht in der Lage sind. Ich sage oft, ich möchte einen Jogger, der im Wald überfallen wurde, nicht dazu bringen, wieder dorthin zurückzukehren. Es lohnt sich allerdings, wenn Sie die Suche nach Alternativen, die Ihnen ein ganz ähnliches Gefühl geben, zur Priorität erklären.

Manchmal aber möchte das Herz stur an seinem Elend festhalten. Dann müssen Sie es mit einem Trick dazu bringen, dass es loslässt und sich wieder erholt. Ich arbeitete einmal mit einer Gruppe depressiver Jugendlicher. Sie waren der Ansicht, sie hätten gute Gründe, sich mies zu fühlen – und in ihrem Elend zu verharren. Ich wollte, dass sie ein verschollenes Gefühl wiederfanden, und hatte mir eine Übung dazu ausgedacht, bei der sie Bilder aus Zeitschriften schneiden und zu Collagen zusammenstellen sollten, in denen das Wort »triumphierend« zum Ausdruck kam. Sie maulten heftig, schnitten aber dennoch widerwillig Bilder von Wanderern aus, die mit erhobenen Armen auf Berggipfeln standen, und von Lotteriegewinnern, die Freudensprünge machten. Während sie schnitten und klebten und plauderten, konnte ich sehen, wie ihnen diese Gefühle allmählich unter die Haut gingen. Als sie fertig waren, debattierten sie hitzig, wessen Collage nun die beste sei. Sie lachten, imitierten die Menschen auf den Abbildungen und erinnerten sich an Augenblicke, in denen auch sie sich so gefühlt hatten. In nur zwanzig Minuten hatten sie ein seit langem verschüttetes Gefühl wiedergefunden, und das tat ihnen in der Seele wohl.

Wenn Collagen nicht Ihr Ding sind, Sie aber dennoch ein wenig nachhelfen müssen, um wieder Zugang zu einem verschollenen Gefühl zu finden, können Sie den Tipp aus Kapitel 11 ausprobieren: Erstellen Sie eine Liste mit Liedern, die das heilende Gefühl zum Ausdruck bringen. Ziehen Sie Kategorien wie Stolz, Zärtlichkeit, Sexualität, Dankbarkeit, Gerechtigkeit, Hoffnung und Trauer in Betracht. Zu allen Gefühlen auf der Liste Ihrer heilenden Gefühle gibt es Lieder, die Sie unter Garantie in diesen Zustand versetzen werden. Bitte beachten Sie, dass nicht alle heilenden Gefühle »Wohlfühlemotionen« sind. Das ist in Ordnung. Einige von uns sind wie betäubt und müssen sich ausweinen, andere fühlen sich ohnmächtig und profitieren davon, wenn sie ihren gerechten Zorn wiederfinden. (Eine Liste der fünf wichtigsten heilenden Emotionen sowie Vorschläge, wie Sie Zugang dazu bekommen, finden Sie auf meiner Homepage www.aliciasalzer.com. Dort können Sie auch berichten, wie Sie mit dem Stein der heilenden Gefühle arbeiten.)

Musik kann dafür sorgen, dass sich ein zerbrechlicher und schreckhafter Mensch mutig und stark fühlt. Wenn Sie meinen, der Liebe nicht würdig zu sein, kann Musik Ihnen die Gewissheit geben, dass es Sie stark machen wird, wenn Sie eine Beziehung beenden, und dass Sie etwas Besseres finden werden. Musik kann zarte und komplexe Gefühle und sogar solche Empfindungen in uns wecken, die wir nicht in Worte fassen können. Ich habe eine Wiedergabeliste mit Liedern, die mir das Gefühl geben, die Welt ist ein Ort der Fülle und alles ist gut.

Eine solche Liste zu erstellen kann sogar wirkungsvoller sein, als die Musik tatsächlich anzuhören. Sie werden auf Ihrer Suche nämlich unweigerlich auf Lieder stoßen, die zwar nicht so recht ins Konzept passen, aber so unwiderstehlich sind, dass Sie sie dennoch auf Ihre Liste setzen möchten. Fragen Sie sich immer wieder: »Bestätigt dieses Lied meine traumaerhaltenden Annahmen oder hilft es mir, Zugang zu den Gefühlen zu bekommen, von denen ich mehr brauche?«

Ihr Gewahrsein, Ihr Mangel an Passivität gegenüber der eigenen Stimmung, Ihre *Entscheidung*, etwas anderes fühlen zu wollen – das ist das, was Ihnen hilft.

Ich hätte eine Chance verpasst, meinen jungen Collage-künstlern etwas beizubringen, wenn wir im Anschluss nicht kurz innegehalten und die erstaunliche Leistung gewürdigt hätten, die sie da vollbracht hatten. So wie diese Übung im Grunde kein Kunstprojekt war, umfasst auch die Arbeit mit Ihrem Stein sehr viel mehr, als lediglich eine Wiedergabe-liste zusammenzustellen. Das bringt Sie nämlich nur bis zum zweiten Schritt, der Sie auffordert, nach Ihrem Stein zu grei-fen und damit zu arbeiten. Wenn es Ihnen schlecht geht, ist es keine Kleinigkeit, sich in ein Projekt zu stürzen und zu versuchen, etwas so Ungewohntes zu tun, wie eine Collage zu basteln oder eine Wiedergabeliste zusammenzustellen. Doch genau in diesem Bemühen spiegeln sich die Macht und die Bereitschaft, alte Verletzungen loszulassen, eine alte emotionale Gewohnheit abzulegen und nach Wohlbefinden zu streben. Sobald Ihre Wiedergabeliste fertig ist, müssen Sie deshalb auch die Schritte drei bis fünf absolvieren. Nur dann werden Sie merken, wie viel besser es Ihnen hinterher geht, nur dann werden Sie Ihre neuentdeckte Resilienz zu würdi-gen wissen und auskosten.

Stein Nr. 6: Der Ablenkungsstein

Wenn es Ihnen schlecht geht, müssen Sie manchmal mit je-mandem sprechen, Ihre Erlebnisse verarbeiten und Gehör finden. Ein anderes Mal aber wirkt Ablenkung Wunder –

wie alle Eltern wissen. Sinn und Zweck eines Ablenkungssteins ist es, Ihre Aufmerksamkeit so vollständig zu fesseln, dass es Ihnen einfach unmöglich ist, sich weiterhin auf das zu konzentrieren, weswegen es Ihnen schlecht geht. Leider genügt es nicht, wenn Sie sich die Fernsehübertragung eines Fußballspiels zu Gemüte führen, um sagen zu können, Sie hätten mit Ihrem Ablenkungsstein gearbeitet. Anders als bei normalen Ablenkungstaktiken müssen Sie Ihre Aufmerksamkeit ganz bewusst auf etwas richten, so wie Meditierende es tun. Die Arbeit mit einem Ablenkungsstein verlangt Stille und volle Konzentration.

Das Schwierigste daran ist nicht, etwas zu finden, das funktioniert, das Schwierigste daran ist, sich dazu zu bringen, es im Eifer des Gefechts auch zu *tun*. Wer Traumagefühle hat, wird sich meist nur sehr schwer davon überzeugen können, sie loszulassen. Würde jemand mitten in eine Ihrer gedanklichen Abwärtsspiralen platzen und Sie auffordern: »Schluss mit der Grübelei! Freu dich lieber am Duft dieser Blume!«, würden Sie ihm vermutlich am liebsten eine Ohrfeige verpassen.

Ich rate meinen Patientinnen und Patienten, auf der Suche nach ihren Ablenkungssteinen bei den fünf Sinnen anzusetzen. Sinneseindrücke sind jederzeit verfügbar und können uns zudem helfen, Frieden mit unserem Körper zu schließen. Eine starke Empfindung kann tatsächlich helfen, Sie aus einer kognitiven, grüblerischen Abwärtsspirale oder einem Wutanfall herauszureißen. Falls Ihre Traumagefühle eher dem schmerzlichen Spektrum aus Depression, Angst, Trauer oder Verlust angehören, lässt sich mit einem auf Sinneseindrücken beruhenden Ablenkungsstein wunderbar ein angenehmes Gegengewicht schaffen. Hier ein paar Vorschläge.

ABLENKUNG ÜBER DEN GESICHTSSINN

Ein Video benötigt mehr Speicherplatz auf dem Computer als ein Textdokument. Analog dazu haben auch die über den Gesichtssinn aufgenommenen Informationen von allen Sinneseindrücken die größte Datendichte. Somit scheint ein beruhigender, inspirierender Anblick eine natürliche Möglichkeit zu sein, um sich abzulenken. Leider wissen die meisten von uns nicht, wie man etwas so eingehend betrachtet, dass man voll davon in Anspruch genommen und abgelenkt wird. Stellen Sie sich vor, ich würde Sie bitten, sich Ihre Umgebung ganz genau einzuprägen, um sich auf ein Quiz vorzubereiten. Wie viele Fenster hat dieses Gebäude? Wie viele Straßenlaternen säumen den Häuserblock? Welche Farbe hat der Rock der Frau auf der Bank? Um diese Fragen beantworten zu können, müssten Sie sehr viel genauer hinsehen als üblich.

Falls Sie künstlerisch veranlagt sind, können Sie einen Anblick wählen, der bestimmte Gefühle in Ihnen weckt oder Sie reizt, besonders genau hinzusehen. Nehmen wir an, Sie sähen beim Blick aus dem Fenster, wie sich das türkisblaue Wasser im Pool kräuselt und in der Sonne glitzert. Um dieses Bild als optischen Ablenkungsstein verwenden und damit arbeiten zu können, müssen Sie sich vom Anblick des Wassers zu weiteren Assoziationen führen lassen, die auch die übrigen Sinne einbeziehen: dem Geruch des Chlorwassers im Pool Ihrer Eltern, dem Quietschen Ihres nassen Fingers auf der Luftmatratze, auf der Sie darin treiben.

Optische Eindrücke können auch dadurch zu Ablenkungssteinen werden, dass Sie die Farben in Ihrer Umgebung so wahrnehmen, als wollten Sie ein Bild malen und müssten auf einer Palette die perfekte Farbe mischen. Ein solches Vorgehen zwingt Sie zu einer eingehenden Betrachtung, die Sie sehr stark gefangen nehmen kann. Wenn Ihr Stein Sie lediglich auffordern würde:»Lenk dich ab«, würden Sie sich vermutlich darüber ärgern und dagegen sträuben. Wenn Sie dagegen künstlerische Neigungen oder eine tiefe Liebe zur Farbe haben, ist die Aufforderung, sich darin zu versenken, vielleicht verlockend genug, dass Sie Ihre schlechte Laune fahren lassen und etwas Neues ausprobieren.

ABLENKUNG ÜBER DEN GERUCHSSINN

Gerüche können die vielleicht stärksten Empfindungen überhaupt wecken. Der Geruchssinn ist mit dem limbischen System, also dem Zentrum in Ihrem Gehirn verbunden, das für Erinnerungen und Gefühle zuständig ist. Wegen der engen Verknüpfung mit diesem primitiven Hirnareal können uns Gerüche auch so gut in Momente zurückversetzen, in denen wir uns glücklich und geborgen fühlten.

Hier geht es nicht darum, etwas »Gutes« zu riechen, ein Spritzer Parfum ist bei Traumagefühlen sicher nicht die Lösung. Oft lenken Gefühle mit psychologischer Ladung und emotionaler Komplexität am besten ab.

Erinnern Sie sich an einen Geruch, zu dem Sie immer noch Zugang haben, und während er Ihnen in die Nase steigt, stellen Sie im Geiste eine Art »Fotoalbum« aus all den Bildern zusammen, die dabei in Ihnen aufsteigen. Finden Sie so viele Assoziationen wie möglich.

Wenn gerade kein Duft zur Hand ist, der Erinnerungen in Ihnen weckt, drehen Sie den Spieß einfach um: Statt mit einem Geruch eine Erinnerung oder ein Gefühl zu wecken, verwenden Sie eine Erinnerung oder ein Gefühl, um einen Geruch zu finden. Erinnern Sie sich an ein schönes Erlebnis oder ein tolles Gefühl, durchleben Sie den Augenblick noch einmal und versuchen Sie, sich an die damit verbundenen Gerüche zu erinnern.

Diese vagen und nicht alltäglichen Geruchserinnerungen führen uns die Kontinuität zwischen dem Punkt vor Augen, an dem wir jetzt sind, und dem, an dem wir uns früher einmal befanden. Eine fest verankerte Erinnerung an unsere frühere Identität liefert ein zwingendes Argument gegen die traumaerhaltende Annahme, dass unsere Erfahrung uns unwiederbringlich verändert hätte.

ABLENKUNG ÜBER DEN TASTSINN

Berührungen sind für Traumaüberlebende oft eine heikle Angelegenheit. Falls Körperkontakt Ihnen unangenehm ist, können Sie sich eventuell dadurch wieder daran gewöhnen, dass Sie mit Wärme, Kälte oder räumlichem Empfinden arbeiten, da Sie dabei nicht auf die Hilfe anderer angewiesen sind.

Die Konzentration auf den neurologischen Aspekt der Berührung ist ein guter Einstieg. Im Medizinstudium begegnet jeder Student dem sogenannten sensorischen Homunculus. Dabei handelt es sich um die Zeichnung eines seltsamen kleinen Kerls mit riesengroßem Kopf, wulstigen Lippen, großer Zunge und ausgeprägten Fingerspitzen. Die Größe der einzelnen Körperteile des Homunculus entspricht der Größe den Areale, die den jeweiligen Empfindungen im somatosensorischen Cortex zugeordnet sind. Demnach nehmen Lippen und Zunge den größten Teil ein, während die Haut über dem Nabel eher unempfindlich ist. (Personen mit Nabelpiercings mögen da anderer Ansicht sein.)

Die Beschäftigung mit dem eigenen sensorischen Homunculus kann eine sichere und angenehme Möglichkeit sein, einerseits Berührungen allmählich wieder zuzulassen und sich andererseits damit abzulenken. Schließen Sie die Augen und spüren Sie, wie unterschiedlich sich ein Wattestäbchen auf

Ihrem Knie, Ihrer Nasenspitze, Ihrer Wange und Ihrem Unterarm anfühlt. Sie können dabei feststellen, dass manche Körperregionen berührungsempfindlicher sind als andere. Machen Sie sich bewusst, dass Sie beim Griff in die Tasche eine Centmünze allein dadurch von einem Zehncentstück unterscheiden können, wie sie sich anfühlt. Wie weit müssen zwei Bleistiftspitzen voneinander entfernt sein, damit Ihre Haut sie als zwei verschiedene Punkte wahrnimmt? Variiert der Abstand je nachdem, welchen Körperteil Sie damit berühren?

Unsere Fähigkeit, Berührungen wahrzunehmen, ist erstaunlich komplex und erinnert uns an die vielen Dinge, die wir für selbstverständlich halten, wie etwa die unglaublichen Leistungen, die unser Körper vollbringt – ohne dass wir überhaupt Notiz davon nehmen. Aus diesem Grund kann es richtig sein, sich mit Berührungen abzulenken, wenn Ihre traumaerhaltenden Annahmen Ihnen weismachen wollen, Ihr Körper sei Ihr Feind.

ABLENKUNG ÜBER DEN GESCHMACKSSINN

Ich bin gewiss nicht die Erste, die anmerkt, wie schlecht es uns Amerikanern gelingt, langsam zu essen und unsere Mahlzeiten zu genießen. Oft müssen wir uns zu Recht vorwerfen lassen, wir würden kaum wahrnehmen, was wir essen.

Wenn wir uns mit einem Geschmackserlebnis ablenken möchten, müssen wir uns mit derselben Detailfreude darauf konzentrieren, die wir auch im visuellen Bereich an den Tag legen. Damit Ihnen dies gelingt, sollten Sie die Augen schließen und versuchen, mit der nichtdominanten Hand zu essen. Beschreiben Sie den Geschmack in allen Einzelheiten, als würden Sie einen Artikel für eine Feinschmeckerzeitschrift verfassen.

Vergleichen Sie bei einer Blindverkostung Ihre beiden Lieblingssorten Eistee, Diätcola oder Nuss-Nougat-Creme, und finden Sie heraus, welche Ihnen *tatsächlich* am besten schmeckt. Nehmen Sie die winzigen Unterschiede in Beschaffenheit und Salzigkeit, Süße und Nachgeschmack wahr. Ist die eine Sorte im Mund, die andere im Abgang angenehmer? Wenn Sie die Augen wieder öffnen, können Sie vielleicht mit einem Mal nicht mehr sagen, ob Sie nun Nutella oder Nusspli bevorzugen, obwohl der Unterschied zwischen beiden Marken gerade noch so deutlich war.

Lassen Sie es mich noch einmal sagen: Der Zauber dieses Steins liegt zum einen darin, dass wir ganz und gar in einer Erfahrung aufgehen und dadurch abgelenkt werden, er beruht aber auch auf dem, was passiert, wenn wir die restlichen vier Schritte absolvieren. Kosten Sie die Erfahrung aus und machen Sie sich bewusst, dass dieser Geschmackstest eine starke Botschaft vermittelt: Unserer innerer Kompass weist uns den Weg, aber manchmal ist das Signal so schwach, dass wir es nur hören können, wenn wir uns bewusst konzentrieren.

ABLENKUNG ÜBER DAS GEHÖR

Das Schöne an diesem Ablenkungsstein ist, dass Sie jederzeit und überall damit arbeiten können. Sie müssen sich dazu nur intensiv auf die vorhandene Geräuschkulisse konzentrieren.

Üben Sie mit diesem Stein, während es Ihnen gut geht. Suchen Sie sich eine geräuschvolle Umgebung und lauschen Sie dem Lärm, der Sie umgibt. Was dominiert? Konzentrieren Sie sich auf das vernehmlichste Geräusch und lauschen Sie ihm eine Weile, wie Sie der Melodie eines Liedes lauschen würden. Blenden Sie es nun aus und hören Sie auf die

Geräusche *dazwischen.* Nehmen Sie das Summen der Neon-röhren, das Brummen des Verkehrs, die Musik im Fahrstuhl, die Gespräche der anderen Menschen im Raum wahr. Diese Übung ist, als hörten Sie ein Musikstück, bei dem die Melodie ausgeblendet wurde. Falls Ihre Umgebung eher ruhig ist, legen Sie Musik auf und achten Sie nacheinander auf die einzelnen Instrumente. Was macht das Schlagzeug? Können Sie den Bass heraushören? Gibt es Backgroundsän-ger? Wenn ja, wie viele? Handelt es sich um Männer oder Frauen?

Von allen besprochenen Sinneswahrnehmungen ist das selektive Hören die vielleicht ausdrucksvollste Metapher für die von mir empfohlene Methode, die Kontrolle zu ergrei-fen und zu bestimmen, welche Gedanken Sie in Ihrem Kopf haben möchten. Viele Menschen sind nicht in der Lage, Hintergrundgeräusche auszublenden: Menschen mit sen-sorischen Integrationsstörungen, mit Schizophrenie oder Gehörverlust empfinden das Besteckklappern in einem Restaurant als so laut, dass es alle anderen Gespräche über-lagert. So gesehen ist unsere Gabe, Geräusche zu filtern, ein Geschenk und eine Erleichterung. Dort draußen gibt es alle möglichen Geräusche – aber so, wie Sie Ihre Aufmerksamkeit auf die einzelnen Instrumente in einem Lied richten kön-nen, können Sie auch lernen, Ihren emotionalen Filter zu verstärken und nur noch Reize durchzulassen, die zu Ihrem Wohlbefinden beitragen. Die Übung des selektiven Hörens soll Sie daran erinnern, dass Sie lernen können auszuwäh-len, welchen Gefühlen Sie Einlass in Ihren Kopf gewähren möchten. Wenn Ihnen dies gelingt, können Sie die Emoti-onen unter Kontrolle bringen, die Ihren Tag beherrschen.

Überlegen Sie sich ein Symbol für Ihren Ablenkungsstein, das Ihnen konkret vor Augen führt, wie Sie auf Traumagefühle reagieren möchten. Versehen Sie ihn zum Beispiel mit einem Auge oder einer Musiknote.

Die fünf sinnesgestützten Ablenkungssteine sind sehr nützlich, stellen aber nicht unsere einzige Chance auf Zerstreuung dar. Wie immer ist es am effektivsten, wenn Sie mit Ihren Signatur-Stärken arbeiten. Die sinnesgestützten Ablenkungssteine dürften besonders hilfreich sein, wenn Ihre Stärke Ihr Sinn für Schönheit und Vortrefflichkeit ist. Sind Sie dagegen ein intellektuell neugieriger Mensch, werden Sie sich vermutlich eher dadurch ablenken können, dass Sie etwas Neues lernen – und sich zum Beispiel das Schachspielen beibringen oder sich im Internet eine Vorlesung zu einem Thema ansehen, das Sie interessiert.

Wenn Ihre Signatur-Stärken im sozialen Bereich liegen, können andere Menschen eine starke Ablenkung für Sie sein. Falls Sie also einen Ablenkungsstein planen, der Sie auffordert:»Sprich mit jemandem!«, sollten Sie eine kluge Wahl treffen. Die Person am anderen Ende der Leitung sollte verlässlich dafür sorgen, dass es Ihnen besser und nicht schlechter geht. Vergewissern Sie sich, dass eine Handvoll Menschen auf Ihrer Liste stehen, damit Sie nicht allzu häufig aus derselben Quelle schöpfen müssen. Ein Stein funktioniert nur, wenn Sie auch damit arbeiten können, und niemand ist – oder sollte! – ständig verfügbar sein.

Stein Nr. 7: Der Heldenstein
Wie Sie inzwischen wissen, wählen wir unsere Helden nicht zufällig aus. Ob die von Ihnen verehrten Menschen nun berühmt sind oder nicht, oft verkörpern sie entweder Ihre Signatur-Stärken oder haben mühelos Zugang zu Ihren verschollenen Gefühlen. Sie repräsentieren Eigenschaften, von denen Sie gern mehr hätten oder die Sie gern grundsätzlich

häufiger bei den Menschen sähen. Aus diesem Grund müssen wir unsere Helden kennen und wissen, weshalb wir sie bewundern und uns mit ihnen identifizieren: Sie geben uns Einblick in unsere Weite. Gleich im ersten Kapitel dieses Buches haben wir uns mit Ihren Helden beschäftigt. Nutzen Sie das gewonnene Wissen, um einen Aspekt dessen zu finden, was Ihr Held tut, und einen Stein daraus zu machen. Wählen Sie eine Facette seines Heldentums, eines der Dinge, die er tut, und versuchen Sie, ihm darin nachzueifern. Mag sein, dass wir weniger talentiert sind oder über weniger Ressourcen verfügen als unsere Helden; dennoch beinhaltet die Art, wie diese Menschen ihre Schwierigkeiten bewältigen, was sie tun und wofür sie stehen, stets auch Aspekte, die wir in den eigenen Alltag einbauen können. Auf diese Weise verbinden wir uns mit einer Gruppe von Personen, die über Tragödien triumphierten, und stärken unsere äußere Selbstwirksamkeit. Dies wiederum hilft uns, ein wertorientiertes Leben aufzubauen, und verleiht uns ein Gefühl von Macht.

Viele Menschen, die erfolgreich große Schwierigkeiten überwunden haben, bewältigen ihr Schicksal, indem sie anderen helfen oder versuchen, die Welt zu verbessern. Obwohl sie anderen damit helfen, müssen sie nicht *völlig* selbstlos sein – ebenso wenig wie Ihr Heldenstein. Da uns heroisches Handeln eine Dosis Selbstwirksamkeit und Macht verschafft, helfen wir damit auch uns selbst. Indem wir andere unterstützen, erinnern wir uns daran, wie viel wir zu geben haben, und stärken so unseren Stolz, überlebt zu haben.

Rameck Hunt gehört zu einem Männertrio, das unter der Bezeichnung »Die drei Ärzte« bekannt ist. Er wuchs mit seinen Freunden Sampson Davis und George Jenkins in den Straßen von Newark auf und wurde dort mit allen Problemen und Versuchungen konfrontiert, die junge Männer in so einer Umgebung daran hindern, Erfolg zu haben. Aber die drei schworen, sich in ihrem Traum, Ärzte zu werden, gegenseitig zu unterstützen – mit Erfolg. Ihr Buch *The Pact* erzählt ihre Geschichte und ist eine Art Leitfaden zum Thema Resilienz.

Einer der frühen Helden Ramecks war der Autor eines Buches über Mentoringprogramme für junge Männer, die ohne Vater aufwuchsen. Das Werk sprach Rameck so stark an, dass er zusammen mit seinen Freunden ein eigenes Mentoringprogramm für begabte Kinder aus den meist sozial schwächeren Innenstadtgebieten ins Leben rief, das sie nach einem in dem Buch erwähnten Begriff aus dem Swahili benannten. Hätte Rameck einen Heldenstein angefertigt, hätte er ihn wohl mit dieser Bezeichnung versehen und damit gearbeitet, indem er alles Nötige tat, um den Traum von seiner Organisation Wirklichkeit werden zu lassen.

Natürlich wollte Rameck anderen helfen. Werfen wir nun aber einen Blick auf die weniger selbstlosen Vorteile des Heldensteins. Die Arbeit als Mentor, ja bereits der *Aufbau* des Mentoringprogramms war eine Übung in Selbstwirksamkeit, die es Rameck gestattete, sich als gebildeten Menschen und nicht nur als Opfer zu sehen. Er musste etwas Konkretes tun, um sich auf der Sonnenseite des Lebens fühlen zu können. Somit war die Gründung des Mentoringprogramms ein Heldenstein und auch ein gesunder Snack, nach dem er greifen konnte, wenn alte Junkfood-Gefühle aufkamen. Er sagte, er sei in seinem Leben nie so stolz gewesen wie in diesem Augenblick. Er bedeutete nicht nur eine radikale Veränderung für einen jungen Mann, der noch wenige Monate zuvor seine Zukunft aufs Spiel gesetzt hatte, weil er in der

Universitätsbuchhandlung geklaut und sich im Studenten-
wohnheim geprügelt hatte – Sie können sicher sein, dass
es sich auch in seiner emotionalen Welt angenehmer lebte,
wenn er seinem Helden nacheiferte.

Schreiben Sie den Namen Ihres Helden auf einen Stein
und notieren Sie alle Möglichkeiten, wie Sie ihm in dem Aspekt nacheifern können, der Sie an ihm am meisten bewegt.
Ein Heldenstein ist zweifellos eine wunderbare Möglichkeit,
wertorientiertes Handeln und angenehme Gefühle in Ihren
Alltag einzubauen, indem Sie ihn als Instandhaltungsstein
verwenden. Er eignet sich aber auch für den Notfall. Natürlich können Sie sich mitten in der Nacht um niemanden
kümmern, aber Sie können *Pläne schmieden*. Informieren
Sie sich über das Big-Brothers-Big-Sisters-Programm, für
das Sie sich ehrenamtlich engagieren können, oder stellen
Sie sich einfach vor, eine junge Frau zu betreuen. Schreiben
Sie ihr einen Brief, in dem Sie erklären, wie Sie ihr helfen
können. Notieren Sie alle Erfahrungen, von denen Sie ihr
berichten möchten; alle Unternehmungen, die sie stärken
und ihren Horizont erweitern sollen. Setzen Sie eine E-Mail
zur Unterstützung eines neuen Bildungsgesetzes auf. Oder
planen Sie einen Kuchenbazar, dessen Erlös einer Stiftung
zugute kommen soll, die Studenten mit Stipendien unterstützt.

Denken Sie daran, derartige Aktivitäten zu planen ist
ebenso wirkungsvoll, wie sie auszuführen.

> Ihr Überleben hängt nicht davon ab, wie viele dieser
> Pläne Sie in die Tat umsetzen.

Wirklich wichtig ist, dass Sie nach diesem Stein greifen und etwas tun, das Ihre Wirklichkeit verändert, wenn Traumagefühle aufkommen; wenn Sie sich schwach fühlen und glauben, Sie hätten keine Stimme und keine Macht; wenn Sie meinen, passiv zu sein und keine Kontrolle zu haben. Viele Menschen behaupten, anderen zu helfen sei der Königsweg zur Genesung. Vielleicht stellen auch Sie fest, dass Sie in niedergedrückter Stimmung leichter Zugang zu Ihren Stärken finden, wenn Sie Ihre Aufmerksamkeit auf die Bedürfnisse anderer richten.

Stein Nr. 8: Der »Wagen jenseits der Beule«-Stein
Bereits im ersten Kapitel habe ich erwähnt, dass Traumaüberlebende oft nur noch ihre Symptome, ihre Diagnose oder das überwundene Trauma sehen und darüber vergessen, auch den Rest ihrer Person zu würdigen. Ich habe in diesem Zusammenhang die Analogie von der Beule mit Wagen gebraucht.

In jenem Kapitel haben Sie auch eine Liste der Eigenschaften zusammengetragen, die Sie an sich mögen, sowie der Dinge, die Sie gern tun und gut können. Nun soll Ihnen ein weiterer wunderbarer Stein helfen, den Menschen wiederzufinden, der Sie vor dem Trauma waren – und der zweifellos noch in Ihnen steckt und nur darauf wartet, wieder zum Vorschein kommen zu dürfen.

Ich habe kürzlich eine Vorführung Australischer Schäferhunde beim Schafhüten gesehen. Als ich sah, wie aufmerksam und lebendig, wie begeistert und vertieft sie in ihre Aufgabe waren, wurde ich an Mihaly Csikszentmihalyis Konzept vom Flow erinnert, von dem ebenfalls im ersten Kapitel die Rede war. Bei Betätigungen, die ein Flow-Erlebnis auslösen, stimmt das Verhältnis zwischen Anforderung und Können. Dadurch entsteht eine Konzentration, die sowohl fesselnd als auch reinigend wirkt. Haben Sie so etwas schon einmal erlebt? Haben Sie sich vor kurzem einmal so gefühlt? Ich glaube, wir brauchen Flow-Erfahrungen ebenso sehr wie Nahrung oder Schlaf, um uns zu erholen.

Wenn diese Steine der Inhalt eines ganzheitlichen Pillendöschens sein und uns helfen sollen, uns besser zu fühlen, ist Flow eine natürliche Methode, um Stress abzubauen, Erfrischung zu finden und neue Energie zu tanken. Es spielt keine Rolle, ob sich diese Erfahrung einstellt, wenn Sie Kreuzworträtsel lösen oder Langstrecken laufen. Die entsprechenden Aktivitäten sind eine zuverlässige Quelle für Stolz, Selbstwirksamkeit, Freude und allgemeines Wohlbefinden.

Sie werden möglicherweise feststellen, dass Sie sich selbst dann in eine Flow-Aktivität vertiefen können, wenn es Ihnen schlecht geht. Ein banaleres »Hobby« würde Sie niemals derart in Anspruch nehmen. Aus diesem Grund ist ein Flow-Stein sowohl als Instandhaltungs- als auch als Notfallstein nützlich. Wenn meine Patienten etwas haben, das ihnen Flow-Erlebnisse beschert (oder bescherte), ist dies wie ein gebrauchsfertiger Stein, den sie in ihre Vase werfen können. Aktivitäten und Bemühungen, bei denen Flow entsteht, erinnern uns an den »Wagen« – sie bringen uns zurück an den Ort, an dem wir uns vor dem Trauma befanden, und zu dem Menschen, der wir damals waren.

Wenn wir ebenso regelmäßig mit diesen Steinen arbeiten wie wir unsere Vitamine nehmen, fördern wir das Gewahrsein einer friedlichen Welt, in der wir mehr sind als unsere Verletzungen und Symptome. Schaffen Sie Platz dafür. Wir alle brauchen fesselnde Erfahrungen und Ruhephasen. Indem Sie diese Aktivitäten wieder in Ihren Alltag einbauen, sorgen Sie dafür, dass Sie mit diesem Stein arbeiten können, wenn es wirklich nötig ist. Machen Sie nicht den Fehler, ihn als Hobbystein zu unterschätzen. Der Augenblick, in dem jemand den Wagen jenseits der Beule wiederentdeckt, ist in einer Autobiografie oft der Augenblick der Erkenntnis, der aus der Geschichte eines Opfers die Geschichte eines Überlebenden macht.

Stein Nr. 9: Der Retterstein

Bruce war ein Patient von mir, der als Kind viele Jahre in Angst vor seinem tobsüchtigen alkoholabhängigen Vater gelebt hatte. Rückblickend hat er das Gefühl, sich damals Tag und Nacht versteckt und gehofft zu haben, nur ja nicht seinem Vater zu begegnen. Bei jeder Sternschnuppe, bei jeder Geburtstagskerze betete Bruce um einen freundlichen, sanftmütigen Menschen, der selbstsicher zu ihm sprechen, ihm die Hand reichen und ihn aus seiner beängstigenden Welt führen würde.

Bruce wurde erwachsen, entkam und wurde zu dem Retter, von dem er immer geträumt hatte: Er wurde Feuerwehrmann. Als ich ihn kennenlernte, war er bereits auf dem besten Wege, von seinem Kindheitstrauma zu genesen, da ihm seine Arbeit tagtäglich Gelegenheit bot, die hässliche traumaerhaltende Annahme zu widerlegen, die aus seinen Kindheitserfahrungen entstanden war: dass jeder Mensch allein ist, dass es keinen Ausweg gibt und dass es niemanden interessiert. Tag für Tag lieferte ihm seine Arbeit den Beweis, dass die Welt besser war, als man ihn gelehrt hatte.

Dann kam der 11. September 2001. Körper fielen vom Himmel. Freunde kehrten nicht zu ihren schluchzenden Frauen zurück. Trotz der beruflichen Fertigkeiten, die sich Bruce angeeignet hatte, konnte er nicht viel tun. Nach einigen Tagen am Ground Zero fühlte er sich verloren und orientierungslos, gefangen und isoliert – genau wie als Kind. Es ist eine Sache, sich einzugestehen, dass es einem nicht gut geht – etwas ganz anderes ist es zu erkennen, dass ein Trauma wiederentfacht wurde und man alle Gefühle von der blauen Permatraumaliste empfindet. Bruce erkannte, dass *jeder* am Ground Zero deprimiert und fassungslos war, bei ihm aber sein Kindheitstrauma aufgeflammt war. »In der einen Sekunde arbeite ich, und in der nächsten werde ich wieder zu dem kleinen Jungen, der sich im Haus seines Vaters unter dem Bett versteckt.«

Bruce hatte den ersten Schritt bereits getan und erkannt, dass er Traumagefühle hatte, er wusste allerdings nicht, wie er nun weitermachen sollte. Ohne konkrete und verlässliche Hilfsmittel konnte er diese Gefühle nicht in den Griff bekommen. Deshalb begannen wir sofort damit, mit einem Stein zu arbeiten, an dem er sich festhalten konnte, wenn sich diese Gefühle regten.

Es kommt recht häufig vor, dass Traumaüberlebende bereits selbst herausgefunden haben, was sie brauchen, aber statt dafür zu sorgen, dass sie diese Dinge auch bekommen, verteilen sie sie großzügig an andere. Bruce hatte als Kind jahrelang davon geträumt, gerettet zu werden. Nun war er selbst zu einem Retter herangewachsen und schenkte anderen die beruhigende, tröstende Sicherheit, nach der er sich als Kind so sehr gesehnt hatte.

Bruce brauchte einen Retterstein, der ihm half, sein Wissen um die Bedürfnisse von Menschen in Not auf sich selbst anzuwenden. Um ihm dabei zu helfen, fragte ich ihn, welche seiner Rettungseinsätze ihn besonders zufrieden und stolz gemacht und welche Berichte ihn am stärksten bewegt hätten. All diesen Geschichten war eines gemeinsam: Der Retter war stark, ruhig und hatte alles unter Kontrolle (oder konnte zumindest den Anschein erwecken), so dass sich der Gerettete sicher und geborgen fühlen konnte.

Dann sahen wir uns an, welche Techniken und Fähigkeiten Bruce entwickelt hatte, um den von ihm geretteten Menschen diese Sicherheit zu vermitteln. Er erzählte mir, seine Frau sei gegen Ende ihrer schweren Geburt so verletzlich und ängstlich gewesen wie nie. Er habe ihre Hand ergriffen, ihr tief in die Augen gesehen und gesagt: »Alles ist gut. Ich bin da. Du bist in Sicherheit.« Mit Berührungen, Blickkontakt und einem selbstbewussten, beruhigenden Auftreten konnte er den väterlichen Eindruck erwecken, dass er ab jetzt übernehmen würde.

Bruce gab seiner Frau genau das, was er als kleiner Junge gebraucht, aber nie bekommen hatte. Dies zeigte uns, dass wir Mittel und Wege finden mussten, wie er sich dieses Gefühl in seiner aktuellen Krise verschaffen konnte. Vor diesem Hintergrund begaben wir uns auf die Suche nach Möglichkeiten, wie er mit seinem Retterstein arbeiten und sich eine Dosis seiner ganz persönlichen Form von Trost holen konnte.

Zunächst erkannte er, dass er seiner Arbeit keineswegs entfliehen wollte, sondern sie brauchte. Die Tätigkeit als Feuerwehrmann hatte ihm geholfen, die Welt als einen von fürsorglichen Menschen bevölkerten Ort zu sehen, sie hatte es ihm ermöglicht, Anschluss an eine Gruppe zu finden, für die Hilfe und Mitgefühl Priorität hatten. Diese Weltsicht war für ihn sehr wichtig.

Außerdem führte er ein für ihn schrecklich peinliches Gespräch mit seiner Frau. Er bat sie, genau das für ihn zu tun, was er bei der Geburt für sie getan hatte, wenn er in Panik geriet. Seine Frau war so klug, keine Witze zu machen, und tat einfach, worum er bat. Sie berührte ihn, sah ihm in die

Augen und versicherte ihm, dass sie bei ihm sei. So bekam
Bruce nicht nur den Trost, den er brauchte, sondern erhielt
darüber hinaus die Bestätigung dafür, dass sein Trauma
seine Perspektive künstlich getrübt hatte. Die Bereitwillig-
keit seiner Frau, seinem Bedürfnis zu entsprechen, diente
ihm als Beweis für sein TEA-Heilmittel, die Welt sei voll
von anständigen und hilfsbereiten Menschen.

Bruces Retterstein ist mit einer Leiter versehen und soll
ihn sowohl an die Feuerwehrleitern als auch die Stricklei-
ter erinnern, mit der er als Junge aus dem Fenster geklettert
und geflohen war, wenn die Streitereien im Erdgeschoss zu
bedrohlich wurden. Wenn sich Traumagefühle regen, erinnert ihn der Stein daran, dass er eine Dosis jener warmen,
schützenden, väterlichen Geborgenheit braucht, die ihm
vermittelt:»Ich bin bei dir. Bei mir bist du in Sicherheit«,
und die er anderen so großzügig schenkt.

Er arbeitet damit so oft es geht, um seine positive Grund-
stimmung zu bewahren, und macht sich bewusst, wie viele
Menschen anderen helfen und Trost spenden. Dadurch erinnert er sich daran, dass die Welt nicht von übelgesinnten
Alkoholikern wie seinem Vater, sondern von sehr viel besseren und freundlicheren Menschen bevölkert ist. Wenn ihn
Traumagefühle plagen, fällt es ihm deshalb leichter, die richtige Art der Rückversicherung zu finden, die ihm die Sicherheit gibt, seine Gefühle unter Kontrolle zu haben.

Wie möchten Sie gerettet werden? Suchen Sie beruflich
oder ehrenamtlich nach Möglichkeiten, andere zu retten?
Übernehmen Sie diese Rolle auch in der Familie und im
Freundeskreis? Was hätte Ihrer Ansicht nach im Augenblick
der traumatisierenden Erfahrung oder danach geschehen
sollen, und was verraten diese Grübeleien, diese *Wünsche*
über Ihre Bedürfnisse? Wenn Sie aufgefordert würden, einen

Menschen zu retten, der das Gleiche durchmacht wie Sie, welche Hilfe würden Sie ihm anbieten? Wenn Sie sich eingestehen, dass Sie all dies zur *Ihrer eigenen* Genesung brauchen, lautet das neue Rezept, Beweise dafür zu ernten, dass diese Hilfe dort draußen in der Welt auch zu bekommen ist. Sobald Sie anfangen, Indizien dafür zu sammeln, werden Ihnen diese Beobachtungen den Weg zu einem neuen Weltbild ebnen, und am Ende wird es Ihnen vor diesem Hintergrund leichter fallen, sich Hilfe zu holen.

Einer der eindrucksvollsten Momente meiner Karriere – und meiner persönlichen Heilung – kam während meiner Arbeit in der psychiatrischen Notaufnahme in New York City. Wir bekamen ein 13-jähriges Mädchen herein, das von ihrem Vater geschlagen worden und mit blauen Flecken übersät war.

Ich wünschte, ich könnte sagen, dass es leichter für sie wurde, nachdem sie in der Notaufnahme »in Sicherheit« war. Aber Mariposa musste endlos lange verängstigt und mit Schmerzen auf einer Krankenhausmatratze aus Plastik ausharren, während das Personal in ihrem Interesse soziale und gesetzliche Schritte in die Wege leitete. Es wurden Arrangements getroffen, die bestenfalls suboptimal sein konnten. Und es sollte noch schlimmer kommen: Die Polizisten, die ihre Verletzungen fotografierten, verhielten sich geschäftsmäßig und unsensibel. Als sie fort waren, drehte Mariposa das Gesicht zur Wand, weinte und wollte weder etwas sagen noch etwas essen. Mein Herz blutete; dennoch verhielt ich mich so, wie man es mich gelehrt hatte: Ich hielt mich an die langjährige Tradition, dass wir Patienten weder anfassen noch umarmen und ihnen auch nichts von uns selbst erzählen. Wir behalten die Kontrolle und wahren unsere Grenzen. Als meine Schicht zu Ende war, verließ ich das Krankenhaus, doch als ich auf dem Heimweg darüber nachdachte, dass Mariposa die Nacht allein im Krankenhaus verbringen würde, musste ich mich übergeben. Ihre Not hätte jedem zugesetzt, aber ihr Alter, ihre Hilflosigkeit und ihre Einsamkeit erinnerten mich an das Trauma, das ich ebenfalls mit dreizehn Jahren durch die Hand eines sadistischen pädophilen Arztes erlitten hatte. Ich wusste nur zu gut, wie es war, wenn man mit dreizehn Jahren mutterseelenallein in einem Krankenhaus lag und sich wünschte, die Qualen mögen nun ein Ende haben, und doch wusste, dass dem vermutlich nicht so sein würde.

Ich hatte das Helfen zu meinem Beruf gemacht und dies meist als befriedigend und heilsam empfunden. An jenem Tag aber hatte ich das Gefühl, auf ganzer Linie versagt zu haben: Was um alles in der Welt konnte ich in meinem weißen Ärztekittel und mit meinem Klemmbrett einem Mädchen wie Mariposa schon geben? An jenem Abend überlegte ich, was ich für sie getan – und nicht getan – hatte. Ich beschloss, einen Teil der Wände einzureißen, die man infolge der psychiatrischen Ausbildung zwischen sich und seinen Patienten errichtet.

Zu Beginn meiner Schicht am nächsten Morgen setzte ich mich mit einem Päckchen Taschentücher in der Hand zu Mariposa und zählte unter Tränen der Empörung alle Ungerechtigkeiten auf, die sie erdulden musste. Ich entschuldigte mich für die Plastikmatratze, für das blöde, durchsichtige und am Rücken offene Krankenhaushemd und für die dämliche Regel, dass man in der Notaufnahme seine Habseligkeiten nicht bei sich haben durfte (die für psychotische und gewalttätige Patienten gemacht war und auf sie ja gar nicht zutraf). Ich entschuldigte mich dafür, dass es weder kuschelige Decken noch mollige Schlafanzüge und anstelle von Kis-

sen nur zusammengefaltete Handtücher gab. Ich entschuldigte mich für den kalten Raum, die gleichgültigen Polizisten
und das zutiefst marode System. Ich sagte, wie unfair ich
es fände, dass sie einen gewalttätigen Vater habe und ihre
Mutter die Kinder im Stich gelassen habe. Ich erzählte zwar
nicht, was ich erlebt hatte, aber ich ließ sie wissen, dass auch
mir in ihrem Alter etwas Schreckliches zugestoßen war. Ich
sagte, ich hätte damals nicht geglaubt, dass sich je etwas an
meiner Situation ändern oder dieses Gefühl je wieder verge-
hen würde. Aber es war vergangen, und ich glaubte, dass dies
auch bei ihr irgendwann der Fall sein würde.

Irgendwann hatte sie aufgeblickt und mich angesehen.
Bei meiner Tirade über die Schlafanzüge hatte sie sogar
gelacht. Wir haben eine Menge Taschentücher verbraucht.
Als Mariposa die Notaufnahme verließ und die nächste
Phase ihres Lebens begann, hoffte ich, einen Unterschied in
ihrem Leben gemacht zu haben. Umgekehrt war ihr dies auf
jeden Fall gelungen. Ich habe von ihr viele wichtige Dinge
über die Arbeit in der Traumapsychiatrie und über mich
selbst gelernt.

Ich konnte Mariposa zwar nicht retten, aber ich konnte
ihr anbieten, sie auf diesem beängstigenden Weg zu begleiten, ihr zuzuhören, ihr Bestätigung zu geben und ihr zu
helfen, die Gefühle einzudämmen, die sie zu überwältigen drohten. Ich konnte mir gestatten zu weinen, und ich
konnte die Taschentücher mit ihr teilen. Ich konnte ihr zeigen, dass ihre Welt weder normal noch akzeptabel war, und
sie wissen lassen, dass es dort draußen unendlich viele Menschen gab, die ihre Situation furchtbar und herzzerreißend
und ihren Vater verabscheuungswürdig fanden. Ich konnte
ein Vorbild für angemessene Wut und Empörung sein. Ich
konnte ihr die Vorstellung einimpfen, dass sie möglicher-

weise doch stark genug war, ihre Erfahrungen zu bewältigen, und dass sie dies nicht allein tun musste.

Mein Retterstein trägt ihren (echten) Namen und erinnert mich daran, dass auch ich all diese Dinge brauche. Wenn mich Traumagefühle plagen, muss ich spüren, dass man mir Gehör und Glauben schenkt. Ich muss wissen, dass ich nicht verrückt bin – wie ich es mit dreizehn dachte – und dass das, was ich sage, einen Sinn ergibt. Der Stein erinnert mich daran, wenn ich mich in diesen Momenten nach der Gegenwart anderer sehne, mir jemanden auszusuchen, der meine Traurigkeit ertragen kann, ohne meine Gefühle abzuwerten oder an meiner Geschichte zu zweifeln. Der Stein erinnert mich daran, dass ich damals mit dreizehn keine andere Wahl gehabt habe, meine Situation nun aber zum Glück eine andere ist und ich den verinnerlichten Aspekt meines Traumas kontrollieren kann.

Als ich sah, wie schwer es Mariposa fiel, die richtigen Worte zu finden, war mir klar, dass diese Schwierigkeiten nicht ihre Schuld waren. Viele Dinge lassen sich mit dem begrenzten Wortschatz und der ebenso begrenzten Lebenserfahrung einer Dreizehnjährigen einfach nicht beschreiben. Deshalb erinnert mich mein Retterstein daran, nachsichtig mit den Menschen in meinem Leben zu sein, von denen ich mich damals im Stich gelassen fühlte, weil sie nicht auf wundersame Weise wussten, was ich nicht sagen konnte, und mir nicht glaubten, als ich es versuchte.

Bei diesem Stein arbeite ich mit meinem inneren Stier. Ich bin mit reichlich Liedern und Zitaten (wie dem einleitenden Zitat zu diesem Buch) gerüstet, die mir einen Schubs geben, wenn ich nicht weiß, wie ich anfangen soll. Mein imaginärer Retter ist zornig und wild, bringt Veränderung, ist Instrument der Gerechtigkeit und mitfühlender Beschützer.

Aber die Art und Weise, wie ich mit diesem Stein zu arbeiten gelernt habe, all die beruhigenden und heilenden Tricks, sind Mariposas Geschenk an mich: die Erkenntnis, dass wir das, was wir so stark und durchdringend für andere empfinden, auch für uns selbst fühlen müssen.

Stein Nr. 10: Der Dankbarkeitsstein
Wenn meine Tochter früher unglücklich war, sangen wir ihr ein beruhigendes Liedchen vor. Es begann mit den Worten: »Du hast deine Mami, du hast dein Schäfchen…« Wir zählten alle Freunde, alle Verwandten, alle Kuscheltiere in ihrem Bettchen, alle Dinge und Menschen in ihrem Leben auf, die sie liebte und von denen sie geliebt wurde.

Indem wir uns all das Gute in ihrer Welt bewusst machten, war dies – für uns alle – eine starke Ablenkung und ein großer Trost. Als meine Tochter älter wurde, lernte sie allmählich, diese Punkte selbst aufzuzählen und die Lücken zu füllen, während ich sang. Es machte ihr große Freude, ihre Welt nach Dingen zu durchforsten, die sie ihrer Liste hinzufügen konnte.

Unser kleines Lied ist eine Übung in Dankbarkeit. Aufgaben wie das Verfassen eines Dankesbriefes, den man dem zugedachten Empfänger vorliest, können das Wohlbefinden verlässlich steigern. Wenn man diese und ähnliche Übungen aus der positiven Psychologie ritualisiert und zu einem festen Bestandteil des Alltags macht, lässt sich eine starke und dauerhafte Wirkung erzielen. Wie mit allen anderen Steinen, die ein traumafreies Weltbild unterstützen sollen, müssen Sie auch mit dem Dankbarkeitsstein regelmäßig daran arbeiten, Ihr seelisches Gleichgewicht zu erhalten. Auf diese Weise wissen Sie, dass er Ihnen zur Verfügung steht, wenn Sie ihn am dringendsten brauchen.

Ich schlage vor, die Dinge, für die Sie dankbar sind, in Kategorien einzuteilen. Halten Sie beispielsweise in der ersten Woche regelmäßig inne, um all die Menschen und Beziehungen aufzuzählen, für die Sie dankbar sind. Gewöhnen Sie sich in der darauffolgenden Woche an, täglich Ihre Dankbarkeit für die vielfältige Fülle des Universums zum Ausdruck zu bringen. Irgendwie wird aus Samen, Sonne, sauberem Wasser und brauner Erde süßes, leuchtend buntes und nahrhaftes Obst. Was unterscheidet diesen Vorgang von Zauberei? Überlegen Sie in der Woche danach jeden Tag ein paar Minuten, wie gut Ihr Körper funktioniert und wofür Sie ihm dankbar sind.

Einer meiner Patienten kämpfte mit einem Dankbarkeitsstein gegen Gefühle der Angst und der Verletzlichkeit, die ihn nach einer Naturkatastrophe quälten. Wenn diese Empfindungen aufkamen und er sich dünnhäutig und zerbrechlich fühlte, arbeitete er mit einem Stein, den er mit der Aufschrift »sanfter Regen« versehen hatte. Er erinnerte ihn daran, kurz innezuhalten, sich voll Dankbarkeit auf die Natur und das Wetter zu konzentrieren und zu erkennen, dass er dafür gemacht und ganz wunderbar geeignet war, den Elementen zu widerstehen, und dass der Regen ihn nicht verletzte, obwohl er aus so großer Höhe herabfiel. Es musste nicht regnen, damit er erfolgreich mit diesem Dankbarkeitsstein arbeiten konnte – obwohl ihm ein Unwetter als Anregung dafür gedient hatte. Er konnte jederzeit innehalten und sich voll Dankbarkeit bewusst machen, dass der menschliche Körper – abgesehen von seltenen Naturkatastrophen – stark, robust und bestens in der Lage war, den Elementen zu trotzen.

Eine wunderbare Möglichkeit, mit einem Dankbarkeitsstein zu arbeiten, besteht darin, dass Sie all die Dinge in

Ihrem Leben anführen, für die Sie dankbar sind, die Sie an sich mögen oder die Sie ausmachen. Zählen Sie alle Menschen auf, die Sie lieben. Zählen Sie alle Lektionen auf, die Sie gelernt haben. Würdigen Sie all die Dächer, die Sie im Laufe Ihres Lebens über dem Kopf hatten. Eine der von mir betreuten Familien hat ein Ritual daraus gemacht: Beim Essen zählen die Anwesenden jeweils eine Sache auf, für die sie den anderen dankbar sind.

Das Beste an diesem Stein aber ist, wenn Sie sich zurücklehnen, um sich die radikalen Veränderungen Ihrer Einstellung vor Augen zu führen und auszukosten. Sie haben schmerzliche Grübeleien durch Ehrfurcht, Staunen und Dankbarkeit ersetzt. Dadurch ist es wahrscheinlicher denn je, dass sich Ihre Vase eines Tages automatisch mit guten Dingen füllen wird.

ZUSAMMENFASSUNG

Ich habe _____ überlebt.

Der Wagen hinter der Beule ist _____, _____, _____.

Meine traumaerhaltenden Annahmen sind _____, _____, _____.

Ich bin ein Stier/eine Biene/eine Maus/ein Wolf. (Zutreffendes einkreisen.)

Meine Signatur-Stärken sind _____, _____, _____.

Mein Held/meine Heldin ist _____, weil er/sie demonstriert, wie man _____ als Bewältigungsmechanismus nutzt und als Wert lebt.

Ich bemühe mich um folgende Resilienzfaktoren: Flexibilität, Eigenverantwortung, Rosatünchen, Gemeinschaft, innere Selbstwirksamkeit, äußere Selbstwirksamkeit. (Zutreffendes einkreisen.)

Wenn ich Traumagefühle habe, fühle ich mich _____, _____, _____.

Meine heilenden Gefühle sind _____, _____, _____.

Meine Steine:

1. Trudelstein
2. Miesepetra-Stein
3. »Monsterfüttern verboten«-Stein
4. TEA-Heilstein (zeichnen Sie das entsprechende Symbol in die Lücke): _____; so arbeite ich damit: _____.
5. Stein der heilenden Gefühle
6. Ablenkungsstein: Sehen, hören, schmecken, riechen, fühlen. (Beste Möglichkeiten einkreisen.) So arbeite ich damit: _____ _____.
7. Heldenstein: _____; so arbeite ich damit: _____

8. »Wagen jenseits der Beule«-Stein: _____; so arbeite ich damit: _____

9. Retterstein: _____; so arbeite ich damit _____.

10. Dankbarkeitsstein: _____; so arbeite ich damit _____ _____.

| Schlusswort |

NACHDEM MAN IHR DIE BRUST ABGENOMMEN HATTE, wurde Geralyn Lucas gebeten, sich oben ohne für die amerikanische Frauenzeitschrift *Self* fotografieren zu lassen. Eine berühmte, für ihre großformatigen und fast zweieinhalb Meter hohen Polaroidbilder bekannte Fotografin sollte die Aufnahmen machen. In der Hoffnung, zeigen zu können, dass auch eine Frau mit nur einer Brust schön sein kann, willigte Geralyn ein. Am Tag des Fotoshootings aber geriet sie angesichts der vielen Stylisten und Assistenten in Panik.

Ihre Brustrekonstruktion war asymmetrisch, und die Brustwarze fehlte noch. Sie hatte daher angenommen, dass man sie irgendwie verhüllen oder bedecken würde. Aber es sollte keine kunstvolle Pose geben, sondern die Fotografin drehte sie so, dass sie mit den Händen auf den Hüften frontal zur Kamera stand. Geralyn fühlte sich verletzlich und ungeschützt. Genau in dem Augenblick, als sie daran dachte, einen Rückzieher zu machen, drückte die Fotografin auf den Auslöser. Sie sagte, in diesem Augenblick sei sie dagestanden mit »einer Brust, die ein Baby gesäugt hatte, und einer Brust, die mich beinahe umgebracht hätte. Dieser Widerspruch ist es, der mich quält: Leben und Tod sind meinem Herzen nun so nah.«

Wir Überlebende haben stets die Dunkelheit zu unserer Linken und das Leben zu unserer Rechten. Manchmal wenden wir uns nach links und müssen uns mit Zähnen und Klauen gegen die Dunkelheit verteidigen, und ein anderes Mal wenden wir uns nach rechts und leben so gierig, als könne unser Glück jederzeit versiegen. Beides ist eine Illusion. Unsere Füße stehen immer am selben Fleck.

Jeder Mensch lebt in dem Raum zwischen Leben und Tod, zwischen Tapferkeit und Mut, zwischen Scham und Stolz. Wir Überlebende wissen nur zu gut, was rechts und links davon ist, und dieses Wissen beeinflusst die Art, wie wir leben. Es ist ein zentraler Aspekt dessen, was es heißt, überlebt zu haben. Es ist das größte Geschenk unseres Traumas und das größte Hindernis für unsere Heilung.

Geralyn beobachtete ängstlich, wie das riesengroße Polaroidfoto zum Entwickeln aufgehängt wurde. Sie wagte kaum, einen Blick darauf zu werfen. Als aber ihr Abbild allmählich sichtbar wurde, verliebte sie sich in eine neue und andere Version ihrer selbst.»Ich erkenne mich nicht wieder. Ich sehe eine völlig neue Tiefe in meinen Augen. Ich sehe eine Reise … Die berühmte Fotografin hatte gezaubert. Sie hat den mit meiner Angst verflochtenen Mut eingefangen und eine ehrliche, ursprüngliche Schönheit hervorgebracht, die mir fremd ist.« Geralyn sieht sich als Überlebende. Die Narben ihres Wissens, wie nah Leben und Tod, Scham und Stolz, Angst und Mut beieinanderliegen, schmälern diese Schönheit nicht; sie machen sie sogar noch größer.

Wenn Sie erkennen, dass Sie den Kampf aufgeben und einfach *sein* können, werden Sie von einem erstaunlichen Gefühl der Gnade erfasst. Dies ist der Moment in der Nationalhymne der Vereinigten Staaten, in dem sich der Rauch lichtet und wir sehen, dass die Fahne noch weht; dass das, was geschehen ist, geschehen ist; dass unser Leben auf uns wartet; dass der Tod zum Leben gehört – und wir aufhören können, ihn zu unserer Linken zu bekämpfen und gierig das Leben zu unserer Rechten zu verschlingen, sondern tapfer dazwischen stehen können. Als Überlebende. Dass eine Narbe, aber auch der Rest von uns bleibt.

Nichts kann das, was Ihnen zugestoßen ist, ungeschehen machen. Sie können die Zeit nicht zurückdrehen. Und selbst, wenn dies möglich wäre, hat Ihre Erfahrung Sie Dinge gelehrt, die Sie vermutlich nicht würden eintauschen wollen. Unser Wissen gibt uns das einzigartige Rüstzeug an die Hand, ein vollständiges, lebendiges und mutiges Leben zu führen. Unsere Erfahrungen haben uns eine große, zuweilen sogar schmerzliche Empfindsamkeit verliehen. Was wir aushalten mussten, hat uns stärker, weiser und mitfühlender gemacht. Wir haben gelernt, die Dinge klarer und schöner zu sehen, ein vollständigeres und sinnerfüllteres Leben zu führen. Wir sind ein stolzes Völkchen.

Ich hoffe, dieses Buch wird Ihnen ein Spiegel sein und Ihnen helfen, die Schönheit in Ihren Augen und das Geschenk Ihrer Reise zu erkennen. Und ich hoffe, Sie werden sich – gerüstet mit einer Handvoll Steine – bereit fühlen, die große Fülle und Vielfalt des Lebens zu erfahren, das Sie erwartet.

| Danksagung |

NOCH NIE IST EINE BLUME ohne Wurzeln, Wasser und Sonne gewachsen. All das ist meine Partnerin Leslie für mich. An jeder Gabelung des Weges sagst du zu mir: »Ja.« Dein Glaube ermöglicht es mir, meine Talente und Interessen bis in die fernsten Winkel zu erkunden, denn ich weiß, ganz gleich wie es ausgeht, du bist da, wie der Boden unter meinen Füßen.

Zutiefst dankbar bin ich auch meinen Eltern Rita und Jerry, die stets bereit sind, Berge für ihre Kinder zu versetzen. Ihr habt uns zu unkonventionellem Denken erzogen, und ich weiß, manchmal habt ihr euch gewünscht, dass ich etwas weniger unkonventionell wäre. Aber ich sehe, wie ihr euch streckt und wachst, um mir zu folgen, und liebe euch beide dafür.

Ich danke auch meinem großen Bruder Steve. Du hast Orte bereist und Dinge getan, die ich nicht für möglich gehalten hätte, hätte ich sie nicht mit eigenen Augen gesehen. Dank deines Vorbilds lege auch ich die Messlatte höher.

Meine Freunde spielen für mich eine ebenso wichtige Rolle wie meine Familie. Christina, beste Freundin und Seelsorgerin in Personalunion: Wie kann ich dir je dafür danken, dass du den Glauben und die Gnade, den Spaß und das Spiel, das Leben und die Liebe zurückgebracht hast, die im Medizinstudium in den Hintergrund getreten waren? Tony und Gary, Brüder einer anderen Mutter: Ihr lehrt mich so viel darüber, welche Magie möglich wird, wenn wir dem Leben mit offenem Herzen begegnen und ihm die Hand reichen. Julie und Joy, ihr seid meine Seelenschwestern und mein Sicherheitsnetz. Ich danke auch Evie und Michael, den Besitzern des Cafés Doma, das sich eine Schriftstellerkolonie wähnte. Ich hatte Glück, einen so fruchtbaren Ort des Schaffens zu finden. Wenn ich nicht weiterwusste, saß meist irgendein Autor zum Ideenaustausch am Nebentisch.

An vielen wichtigen Gabelungen meines Berufsweges gab es Menschen, die an mich geglaubt oder mich unter ihre Fittiche genommen haben. Dafür gebührt ihnen mein besonderer Dank. Dr. Ira Lesser erlaubte mir, während der Facharztausbildung eine Radiosendung zu moderieren: Ihnen habe ich es zu verdanken, dass ich es zum Beruf gemacht habe, die Öffentlichkeit über die Psychiatrie zu informieren. Garrett Simmons: Wenn ich am Scheideweg stehe, bist du da. Diane Rappoport und Nancy Walzog: Ihr wusstet, wie viel ich zu sagen hatte, und kamt zu dem Schluss, ich sollte es im Fernsehen tun. Montel Williams: Du hast mich gelehrt, dass Myelin – im wörtlichen wie im übertragenen Sinn – der beste Freund der Nerven ist, dass es gelegentlich aber auch ohne gehen muss. Tapferer Krieger, der du die Schlachten anderer schlägst: Tausend Dank, dass du mir geholfen hast, meine Stimme zu finden.

Als dieses Buch noch ein kleines Ei war, trug ich es zu meiner Freundin Alexis Hurley von Inkwell Management. Sie polierte es mit sanfter Hand und gab es mir zurück, damit es wachsen und reifen konnte. In deinen Händen, Alexis, ist ein Vöglein daraus geschlüpft, und ehe ich mich versah, hattest du es aus dem Nest geschubst und es das Fliegen gelehrt. Manchmal schließt sich im Leben auf wunderbare Weise der Kreis.

Man braucht ein Dorf … und dieses Buch ist bei HarperCollins mit einer ganzen Schar hervorragender und liebevoller Lektorinnen gesegnet. Caroline Sutton, die dieses Projekt ursprünglich erwarb, war die erste »fremde« Leserin. Bis zu diesem Augenblick weiß niemand so recht, ob die leidenschaftlichen Worte, die er da auf die Seiten ergießt, überhaupt einen Sinn ergeben. Den Augenblick des Lichts, als ich die Bestätigung dafür bekam, werde ich nie vergessen. Mary Ellen O'Neill stieg mit unbändiger Begeisterung in das Projekt ein, als Kräfte, die größer waren als wir beide, es beinahe aufs Meer hinausgetragen hätten. Sie lachte nicht, als ich dieses Buch als eine Art Bibel bezeichnete, sondern schloss es und mich ins Herz. Ihre Kraft und ihr Geist inspirieren mich. Laurie Chittendens Glaube an mich als Erstlingsautorin und an diesen neuen Heilansatz ist ein großes Geschenk. Danke, dass Sie an diese Idee glauben und mir helfen, sie zu verbreiten.

Darüber hinaus möchte ich folgenden Mitarbeitern bei HarperCollins danken: Der geduldige und gut organisierte Mac Mackie achtete während des gesamten Projekts darauf, dass alle Rädchen reibungslos ineinandergriffen, und lehrte mich den Verlagsjargon. Danke Mac, dass Sie mich regelmäßig mit großartigen Romanen versorgt und darauf geachtet haben, dass ich stets ein Lächeln auf den Lippen hatte. Mumtaz Mustafa entwarf den Buchumschlag. Es heißt, kein Autor mag den Erstentwurf, aber als ich ihren Vorschlag sah, war es Liebe auf den ersten Blick. Aja Pollock versah die

Seitenränder mit Anmerkungen, und als sie fertig war, war alles herrlich glatt.

Ein riesengroßes Dankeschön geht an meine Mitautorin Laura Tucker. Du hast jede Anmerkung, jede Anekdote, jede Seite meiner Recherchen tief in dein Herz aufgenommen, mit deiner Seele geprüft und dann zurückgegeben, damit ich sie zu Papier bringen konnte. Du hast mir geholfen, mich selbst zu verstehen, meine Stimme zu finden und zu lernen, wie ich all das in Kapitel verpacken konnte.

Zum Schluss ist da noch Folgendes: Lange, bevor ich eine Autorin oder eine Ärztin oder gar eine Frau war, war ich ein Mädchen, das einen Menschen brauchte, der hinter seine Wut blickte. Ich hatte das große Glück, in jener dunklen Phase meines Lebens die ruhige Gegenwart meiner Großmutter Gussie zu haben. Eines Abends kurz vor ihrem Tod nahm sie mich beiseite und zählte all das Gute auf, das sie in mir sah, und sprach von einer glänzenden Zukunft, die damals unvorstellbar für mich war. Dies war Gussies großes Geschenk an mich. Wenn Ihnen dieses Buch eine Hilfe ist, werden Sie sich hoffentlich daran erinnern, was ein einziges Gespräch in einem Leben bewirken kann, und Gelegenheiten finden, Menschen einen Samen der Hoffnung zu schenken, auch wenn es aussieht, als wollten sie Sie wegstoßen. Gussie, ich danke dir jeden Tag dafür.

| Literatur |

Optimismus, Positive Psychologie und Glück

Glücklich ohne Grund!: Das Glück entdecken, das längst in Ihnen steckt von Marci Shimoff mit Carol Kline (Goldmann, 2010).

Der Glücks-Faktor: Warum Optimisten länger leben von Martin E. P. Seligman (Bastei-Lübbe, 2009).

What Happy Women Know: How New Findings in Positive Psychology Can Change Women's Lives for the Better von Dr. phil. Dan Baker, Dr. phil. Cathy Greenberg und Ina Yalof (Rodale, 2007).

www.authentichappiness.sas.upenn.edu

Hier erfahren Sie mehr über Martin E. P. Seligman, den Vater der Positiven Psychologie, und sein Team an der University of Pennsylvania. Auf seiner Internetseite können Sie testen, wie groß Ihr Vorrat an Optimismus, Dankbarkeit, Durchhaltevermögen und anderen Eigenschaften ist, die für Ihre Lebenszufriedenheit und Ihr Glück von Bedeutung sind.

Wenn Sie mehr darüber erfahren möchten, was Ihrem Leben Sinn verleiht

www.viastrengths.org

Auf der Internetseite des Values in Action Institute können Sie mit einem Online-Test Ihre Signatur-Stärke ermitteln und mehr darüber erfahren, welche Auswirkungen es hat, ein wertorientiertes Leben zu führen.

Character Strengths and Virtues: A Handbook and Classification von Christopher Peterson und Martin E. P. Seligman (Oxford University Press, Values in Action Institute, American Psychological Association, 2004).

Wenn Sie mehr darüber erfahren möchten, wie man mit Krisen umgeht und positive Möglichkeiten findet, sein Leben weiterzuleben

Willkommen in der Krise: Ihre Chance für ein neues Leben von Laura Day (Allegria, 2007).

How Did I Get Here? Finding Your Way to Renewed Hope and Happiness When Life and Love Take Unexpected Turns von Barbara De Angelis (St. Martin's Griffin, 2006).

Die Kunst, sich nicht unterkriegen zu lassen: 40 Probleme, die jeder hat, und ihre Lösung von Dr. Mark Goulston und Philip Goldberg (Droemer Knaur, 1997).

Wenn Sie mehr darüber erfahren möchten, wie man starke Emotionen kontrolliert, indem man im Hier und Jetzt bleibt und die Konzentration wahrt

Achtsamkeit für Anfänger, Buch und Audio-CD von Jon Kabat-Zinn (Arbor-Verlag, 2009).

Wenn Sie mehr über den emotionalen Zustand namens »Flow« erfahren möchten
Flow: Das Geheimnis des Glücks von Mihaly Csikszentmihalyi (Klett-Kotta, 2010).

Wenn Sie Ihre Kommunikationsfähigkeit verbessern möchten, um anderen Grenzen zu setzen
The Complete Idiot's Guide to Assertiveness von Jeff Davidson (Alpha Books, 1997).

Wenn Sie mehr darüber erfahren möchten, welche Eigenschaften Kindern einen resilienten Umgang mit Hindernissen ermöglichen und ihnen helfen, sich trotzdem gut zu entwickeln
Raising Our Children to Be Resilient: A Guide to Helping Children Cope with Trauma in Today's World von Linda Goldman (Routledge, 2006).
Freedom Writers: Wie eine junge Lehrerin und 150 gefährdete Jugendliche sich und ihre Umwelt durch Schreiben verändert haben von den Freedom Writers mit Erin Gruwell (Autorenhaus-Verlag, 2007).

Wenn Sie mehr über Sekundärverletzungen wissen möchten
Wie kann ich es nur überwinden? Ein Handbuch für Trauma-Überlebende von Aphrodite Matsakis (Junfermann, 2004).

Von Helden lernen
Great Failures of the Extremely Successful: Mistakes, Adversity, Failure and Other Steppingstones to Success von Steve Young (Tallfellow Press, 2002).
The Hero Book: Learning Lessons from the People You Admire

von Ellen Sabin (The Watering Can Press, 2004). Ein Buch für Kinder von 6 bis 12 Jahren.

Wer überlebt? Warum manche Menschen in Grenzsituationen überleben, andere nicht von Bob Sherwood (Riemann, 2009).

Für Kriegsveteranen, die wieder ins Zivilleben zurückfinden müssen

Courage After Fire: Coping Strategies for Troops Returning Home from Iraq and Afghanistan and their Families von Keith Armstrong, Suzanne Best und Paula Domenici (Ulysses Press, 2006).

Neue Quellen für gute Nachrichten, die Ihnen in der Seele wohltun und Ihren Monstern keine Nahrung geben

www.goodnewsnetwork.org
www.only-positive-news.com
www.gimundo.com

Unvergesslich positive Memoiren von Menschen, die erfolgreich große Schwierigkeiten überwunden haben und von denen wir lernen können

Die Jahre der Veränderung von Abigail Thomas (dtv, 2008). Diese Autobiografie porträtiert eine Frau, die sich von Selbstmitleid und Schuldgefühlen befreit. Als der Mann der Autorin eine Gehirnverletzung erleidet, verändert sich ihr Leben unwiderruflich. Das Buch gibt einen faszinierenden Einblick in das Denken einer Frau, die nicht um die Vergangenheit trauert, sondern sich lieber auf die Suche nach den Dingen macht, die ihr neues Leben und ihren stark veränderten Ehemann liebenswert machen.

Happy-End einer Ehe: Eine allzu wahre Geschichte von Isabel Gillies (Piper, 2010).
Als das perfekte Leben der Autorin an der Untreue ihres Mannes zerbricht, muss sie lernen, ihre Identität und ihr Leben neu zu erschaffen. Bewältigen Sie Ihre Probleme, indem Sie die Hilfe anderer annehmen und sogar in schwierigen Situationen die Komik erkennen? Dann werden Sie dem Weg dieser Autorin einiges abgewinnen können, als sie entdeckt, dass einem niemand nehmen kann, was man am liebsten an sich mag.

Celebrity Detox: The Fame Game von Rosie O'Donnell (Grand Central Publishing, 2007).
Die Autorin hat sowohl Kindesmissbrauch als auch den Tod ihrer Mutter überlebt. Sie versteht es meisterhaft zu erkennen, wann sich ihr Trauma bemerkbar macht, und schildert detailliert, wie sie Kunst, Musik und das Zusammensein mit ihren Kindern als Steine nutzt, um sich angesichts derartiger Herausforderungen zu beruhigen, zu trösten und zu inspirieren.

Why I Wore Lipstick to My Mastectomy von Geralyn Lucas (St. Martin's Press, 2007).
Die Autorin dieses witzigen und aufschlussreichen Buches weigerte sich, den Wagen jenseits der Beule aus den Augen zu verlieren, ihre Vor-Krebs-Identität aufzugeben und sich in die Rolle der Kranken zu fügen. Es ist eine wunderbare Möglichkeit, einen Blick auf das Denken einer Frau zu werfen, die an die innere Selbstwirksamkeit glaubt und die Disziplin besitzt, ihr Denken durch zähes Ringen positiver zu gestalten. Es ist aber auch das Porträt einer Heldin von nebenan, die viel Kluges darüber zu sagen hat,

wie Sie verhindern können, dass Ihr Trauma Ihnen einen Strich durch die Lebensplanung macht.

Golden Bones: An Extraordinary Journey from Hell in Cambodia to a New Life in America von Sichan Siv (St. Martin's Press, 2007).
Wenn Sie Schicksalsschläge mit geistiger Disziplin und Durchhaltevermögen bewältigen, wird diese Autobiografie Sie ansprechen. Ganz egal, ob der Autor vor dem terroristischen Regime in seiner Heimat flieht, im Flüchtlingslager die Hoffnung bewahrt oder sich in einem neuen Land voll neuer Herausforderungen behauptet – sein außerordentliches Arbeitsethos, Geduld und Beharrlichkeit ermöglichten es ihm zu triumphieren und zum UN-Botschafter aufzusteigen.

The Pact: Three Young Men Make a Promise and Fulfill a Dream von Sampson Davis, George Jenkins und Rameck Hunt mit Lisa Frazier Page (Riverhead Books, 2002).
Dieses Buch ist ein Leitfaden zum Thema Resilienz und zollt der Macht des Mentorenprinzips Tribut. Drei junge Männer aus sozial schwachen Verhältnissen versprechen einander, sich dabei zu helfen, den Traum vom Arztberuf zu verwirklichen. Sie schildern dem Leser die zahlreichen Hindernisse, an denen sie beinahe gescheitert wären, und wie sie die Geschichte eines Schicksals umgeschrieben haben, das sie nicht akzeptieren wollten.

Resilience: Reflections on the Burdens and Gifts of Facing Life's Adversities von Elizabeth Edwards (Broadway Books, 2009).
Ob es nun darum geht, wie die Autorin den Tod ihres

Sohnes, die Untreue ihres Mannes oder die eigene Krebserkrankung bewältigt – sie spricht freimütig über Verhaltensweisen, die ihr mehr schadeten als nützten. Zudem
schildert sie, welche Veränderungen sie vorgenommen
hat, um weiterhin ein werteorientiertes Leben führen
zu können. Ihre Autobiografie zeigt: Wenn man in einer
schwierigen Situation die Kunst der Problembewältigung
erlernt, stärkt dies für künftige Herausforderungen.

Always Looking Up: The Adventures of an Incurable Optimist
von Michael J. Fox (Hyperion, 2009).
Viele von uns bewältigen schwierige Situationen, indem
sie das Kommando übernehmen und etwas tun. Dies ist
die Autobiografie eines solchen Mannes. Der Autor ist
fest entschlossen, sich trotz seiner Parkinson-Erkrankung
seine Selbstwirksamkeit zu bewahren, und sein Trauma
nährt seinen Aktivismus. Dies ist das Porträt eines Mannes, der seine Situation mit Humor bewältigt, mit Hilfe
seines sozialen Netzes Veränderungen bewirkt und ständig
gegen Gefühle der Hoffnungslosigkeit ankämpft, indem
er dem Fortschritt den Weg ebnet.

Dienstags bei Morrie: Die Lehre eines Lebens von Mitch
Albom (Goldmann, 1998).
Der Silberstreif am Horizont vieler Traumata ist, dass
sie uns zeigen, was im Leben wirklich wichtig ist. Diese
Geschichte vermittelt die Weisheit eines todkranken
Mannes: Wie man seine Würde bewahrt, das Leben beim
Schopf packt, gut liebt und dankbar für die Dinge ist, die
der Tag so bringt.

Trotzdem Ja zum Leben sagen von Viktor Frankl (dtv, 2005).
Oft ist es eine großartige und stolze Leistung, wenn
jemand die Traumata seines Lebens überwindet. Frankl
reflektiert darüber, wie er und andere die Gefangenschaft
in einem Nazi-Konzentrationslager überlebten. Der Autor
betont, wie wichtig es ist, sich seine Würde zu bewahren
und einen Sinn im eigenen Leiden zu finden. Er glaubt,
dass die Art und Weise, wie wir den unvermeidlichen
Schwierigkeiten des Lebens begegnen, unseren Charakter formt und zum Testament unseres Lebens wird.

Rosa Parks von Douglas Brinkley (Viking Penguin, 2000).
Wir können viel von Bürgerrechtlern lernen, die sich
gegen ständige Unterdrückung zum Beispiel in Form von
Rassismus zur Wehr setzen. Rassismus ist ein Trauma, das
Menschen ihres Wertes und ihrer Macht zu berauben versucht. Diese Biografie ist das Porträt einer Frau, deren
Leben und Werk vom Bewusstsein ihrer Werte geprägt
sind. Das Buch gestattet dem Leser einen Blick in den
Kopf und auf die Bewältigungsmechanismen einer Frau,
die im Laufe ihres Lebens viele Rückschläge verkraften
musste, die nur langsame Fortschritte sah, und doch nie
ihr Selbstwertgefühl und ihre Selbstwirksamkeit verlor.

Der lange Weg zur Freiheit von Nelson Mandela (Fischer,
2008).
Nur selten betrachten wir den Autor dieser Memoiren
als Überlebenden eines Traumas. Das Buch zeichnet das
Porträt eines Mannes, der nach siebenundzwanzig Jahren Haft weder bitter noch besiegt ist. Seine Geschichte
erzählt davon, wie ein optimistischer Überlebender und
siegreicher Held das Bild von einer besseren Welt ent-

wirft und es sich zur Lebensaufgabe macht, es auch zu verwirklichen. Das Buch wird vor allem Menschen mit Signatur-Stärken in den Bereichen Gerechtigkeit, Menschenführung und Menschenfreundlichkeit ansprechen.

Für alle, die lieber inspirierende Romane lesen
Die Bienenhüterin von Sue Monk Kidd (Goldmann, 2005). Ein Mädchen findet Heilung, als sie die Gefühle wiederentdeckt, die durch ihr Trauma aus ihrem emotionalen Repertoire verschwunden sind. Falls Spiritualität, Freundlichkeit und Liebe Ihre Signatur-Stärken sind, wird diese Geschichte Ihnen viele Bewältigungsmechanismen zeigen, die Ihre Liebe zur Schönheit, Ihren Wunsch nach emotionalem Trost und Ihr Bedürfnis nach zwischenmenschlichem Kontakt erfüllen.

| Anmerkungen |

1. R. A. Bryant, K. Felmingham, A. Kemp, P. Das, G. Hughes, A. Perduto, L. Williams: »Amygdala and ventral anterior cingulate activation predicts treatment response to cognitive behaviour therapy for post-traumatic stress disorder.« In: *Psychological Medicine* 38 (2008), S. 555–561.
2. S. C. Rose, J. Bisson, R. Churchill, S. Wessely: »Psychological debriefing for preventing post traumatic stress disorder (PTSD).« In: *Cochrane Database of Systematic Reviews* 2 (2008), Art. Nr. CD000560. DOI: 10.1002/14651858.CD00560.
3. J. W. Pennebaker, K. D. Harber: »A social stage model of collective coping: The Loma Prieta earthquake and the Persian Gulf war.« In: *Journal of Social Issues* 49 (1993), S. 125–145.
4. C. Peterson, M. E. P. Seligman: *Character Strengths and Virtues: A Handbook and Classification.* New York: Oxford University Press; Washington, D. C.: American Psychological Association 2004.
    Anmerkung der Übersetzerin: Der Begriff »signature strengths« findet sich auch in Martin Seligmans Buch »Der Glücks-Faktor: Warum Optimisten länger leben«; gemeint sind die typischen, individuellen Stärken eines Menschen, auch »Kernstärken« genannt.
5. C. Peterson, N. Park, M. E. P. Seligman. 2006. »Strengths of character and recovery.« In: *Journal of Positive Psychology* 1 (2006), S. 17–26.
6. Lisa Sewards: »Charlize Theron: I Stole Bread to Get My Big Break.« *Daily Express,* 12. März 2009.
7. Anmerkung der Übersetzerin: Diese Punkte finden sich auf Seite 111 in einem kurzen Abriss der Logotherapie, den Frankl der englischen Ausgabe seines Werkes *Man's Search for Meaning* beifügte, die

im dt. Original nicht existiert; ähnliche Aufzählungen findet man auch in *Der unbewusste Gott: Psychotherapie und Religion*, München 2008, S. 75, S. 87.

8. Ben Sherwood: *Wer überlebt? Warum manche Menschen in Grenzsituationen überleben, andere nicht.* München 2009, S. 394–396.

9. Stevan E. Hobfoll: *Stress, Social Support, and Women: Series in Clinical and Community Psychology.* Philadelphia 1986.

10. A. T. Beck, A. J. Rush, B. E. Shaw, G. Emery: *Kognitive Therapie der Depression.* Weilheim 1994. (Vgl. auch: Beck, Judith: *Praxis der kognitiven Therapie.* Weinheim 1999, S. 121. Auf dieser Seite sind alle kognitiven Verzerrungen aufgezählt.)

11. Anmerkung der Übersetzerin: Die »kognitive Triade«, die gelegentlich – nicht aber von Aaron T. Beck oder Judith Beck selbst – als »kognitive Triade der Depression« bezeichnet wird, ist ursprünglich etwas anderes; nämlich eine negative Sicht von sich, der Welt und der Zukunft.

12. Edward C. Chang (Hrsg.): *Optimism & Pessimism. Implications for Theory, Research, and Practice.* Washington D. C.: American Psychological Association 2001, XXI, S. 53–75, S. 395.

13. Aphrodite Matsakis: *Wie kann ich es nur überwinden? Ein Handbuch für Trauma-Überlebende*, Paderborn 2004.

14. B. L. Fredrickson: »The role of positive emotions in positive psychology: The broaden-and-build theory of positive emotions.« In: *American Psychologist* 56 (2001), S. 218–226.

15. Anmerkung der Übersetzerin: Wenn Alicia Salzer im Zusammenhang mit diesen Steinen von »verdrängen« spricht, meint sie tatsächlich eine räumliche Verdrängung, kein Verdrängen im psychologischen Sinn.

16. Anmerkung der Übersetzerin: Sie kämpfte für das Frauenwahlrecht

17. S. Gonca, I. Savasir: »The relationship between interpersonal schemas and depressive symptomatology.« In: *Journal of Counseling Psychology* 48 (2001), S. 359–364.

18. B. L. Fredrickson: »The Value of positive emotions.« In: American Scientist 91 (2003), S. 330–335.

19. Anmerkung der Übersetzerin: Die folgenden fünf Punkte stammen aus: Seligman, Martin. *Der Glücks-Faktor: Warum Optimisten länger leben.* Köln 2003, S. 183 f.

20. W. Fleeson, A. B. Malanos, N. M. Achille: »An intraindividual process approach to the relationship between extraversion and positive affects: Is acting extraverted as ›good‹ as being extraverted?« In: *Journal of Personality and Social Psychology* 83 (2002), S. 1409–1422.

| Register |